일본열도 7000km 자전거로 여행하다

일본열도 7000km 자전거로 여행하다
74일간의 땀찬노숙, 후쿠오카에서 홋카이도까지

지은이 · 정원진
일러스트 · 정현경
펴낸이 · 김언호
펴낸곳 · (주)도서출판 한길사

등록 · 1976년 12월 24일 제74호
주소 · 413-756 경기도 파주시 교하읍 문발리 520-11
www.hangilsa.co.kr
E-mail: hangilsa@hangilsa.co.kr
전화 · 031-955-2000~3   팩스 · 031-955-2005

상무이사 · 박관순
영업이사 · 곽명호
편집 · 배경진 서상미 신민희
전산 · 김현정
마케팅 및 제작 · 이경호 이연실
관리 · 이중환 문주상 장비연 김선희

출력 · 지에스테크 | 인쇄 · 중앙문화인쇄 | 제본 · 일광문화사

제1판 제1쇄 2009년 7월 15일

값 16,000원

ISBN 978-89-356-6139-8   03800

• 잘못 만들어진 책은 구입하신 서점에서 바꿔드립니다.

이 도서의 국립중앙도서관 출판시도서목록(CIP)은
e-CIP 홈페이지(http://www.nl.go.kr/cip.php)에서 이용하실 수 있습니다.
(CIP제어번호: CIP2009002006)

길을 가다 문득
길 위에 머물러 있는 그림자를 보았습니다.
바람이 스쳐 지나가고
햇살이 쏟아져 내리는
먼 풍경 속으로 이어지는 길 위에서
그림자가 제게 말을 걸었습니다.

       "너는 지금 모든 게 길 위의
        그림자일 뿐이라고 생각하고 있겠지.
        이 세상에서 언제나 가고 싶고,
        가야 하고,
        또 갈 수 있는 길은
        바로 너로 인해 시작되는 길이야."

저는 다시 그림자와 함께
이 세상으로 뻗은 길을 향해
힘차게 페달을 밟았습니다.

일본열도 7000km 자전거로 여행하다
74일간의 풍찬노숙, 후쿠오카에서 홋카이도까지

9 .... 백수, 터닝포인트를 찾다

제1부 땅을 밟고 하늘에서 미끄러지며
🚲 후쿠오카에서 도쿄까지

25 .... 물음, 버려야 할 생각들
45 .... '나'는 언제나 '너'에게로 여행 중
67 .... 행복한 낮잠
103 .... 네 젊음을 가지고 뭘 했니?

제2부 기억 저편의 파도 소리를 타고
🚲 도쿄에서 아오모리 오마 항까지

127 .... 길, 나의 몸을 숙주로 삼는 아름다운 에어리언

제3부 홋카이도, 돌아온 연어가 노을에 잠기는 섬
🚲 하코다테에서 오타루까지

151 .... 길 위에 그림자
177 .... 여행, 세상과의 대화
203 .... 길을 아는 것과 길을 가는 것의 차이

제4부 남쪽 바다, 집으로 가는 꿈길

마이즈루에서 다네가시마, 야쿠시마 그리고 후쿠오카까지

235......... 바람, 보이지 않는 당신
255......... 길 위에서 만난 친구
269......... 두 개의 섬, 야쿠시마와 다네가시마
287......... 여행, 한 여자에 관한 명상

297......... 다시 보는 달
301......... 그 후 2년
305......... 부록: 떠나기 전에 이것만은 알아두자

백수, 터닝포인트를 찾다

• 프롤로그

다시 심장이 뛴다

'자, 그럼 생각하자. 그리고 차분히 생각을 정리해보자.'

더는 삶을 견딜 수 없다는 생각, 아니 그것은 분명 생각 이전의 본능이다. 이러한 본능이 갑작스레 찾아와 대책 없이 삶을 송두리째 뒤흔들 때가 있다. 매우 강렬한 성욕과 동시에 간절한 갱생의 욕구를 불러오는 감당하기조차 힘든 본능. 이런 본능이 여행이라는 구체적인 형태로 다가오는 순간, 그런 순간을 만나면 미련 없이 떠나야 한다. 삶의 중요한 전환점이 될 수도 있는 본능, 그 본능이 여행으로 반영되는 순간은 삶에서 자주 찾아오지 않는다. 자주 찾아온다면 글쎄, 아주 곤란한 삶이거나 아주 멋진 삶이 틀림없다.

'이제 어떻게 할까?'

창가에 머리를 내민 나뭇잎들이 바람에 살랑였다. 오후 네 시의 햇살이 조금씩 기울어져 나른한 거리를 서서히 감싸 안았다. 다시는 돌아오지 않을 이가 남기고 떠난 풍경, 그 풍경 속에 갇혀 나는 꼼짝할 수 없었다. 그때 내 시야를 가로지르며 자전거 한 대가 들어왔다. 순간 지상으로 내려앉던 시간의 속눈썹 같은 오후의 햇살이 구르는 자전거 바퀴살에 반짝였다. 살아 있음의 슬픔과 그리움 같은 풍경 속으로 굴러가는 자전거를 바라보며 나는 깨달았다. 아니, 본능적으로 직감했다. 무조건 떠나야 한다는 것을. 그리고 이번에는 자전거와 함께 가야 한다는 것을. 나는 이 사실을 오래전에 주어진 신들의 예언처럼 받들 수밖에 없었다.

다시 심장이 뛴다. 실로 오래간만에 살아 있다는 게 느껴진다. 가슴 뛰는 삶, 그것은 여행하는 삶이 분명하다. 여행에 대한 흥분과 설렘 속에서 '임포텐스'발기부전의 계절을 앓고 있던 백수가 생의 오르가슴을 느낀다.

2001년 여름, 무작정 인도 여행을 결행했을 때가 되살아난다. 어느 날 조깅을 하다가 인도가 떠올랐고, 방 안에 돌아와 줄담배를 피우면서 인도 여행을 결심하던 그때, 급격하게 올라간 심장의 RPM분당 회전수이 다시금 전해진다. 다른 세계로 뛰쳐나가려고 발버둥치는 심장의 아우성이 그녀와의 첫 키스만큼이나 짜릿하다. 그래, 내가 그녀를 안았을 때도 내 심장은 내 심장이 아니었지. 다른 세계, 다른 현실에서 박동하는 정신 나간 나의 심장이여! 워— 워—, 진정해, 착하지. 떠나기 위해서는 냉정해질 필요가 있는 거야.

삶 자체가 여행이지만 나는 그동안 나의 삶, 내가 존재하는 시간과 공간을 방치해왔다. 기억은 빛을 잃어 탈색되었고, 감각은 뻘건 녹이 슬어 제 기능을 발휘하지 못했다. 그저 죽은 나무처럼 서 있었다. 나그네새조차 쉬지 않는 메마른 가지들은 스치는 바람에 툭툭 꺾이곤 했다. 때론 대책 없이 끓어오르는 분노로 마른 몸뚱이를 불사르고도 싶었지만 분노보다 더 깊은 허무가 죽은 나무의 시간을 위로했다. 나는 사랑을 잃었고, 내 마음의 주인공은 보이지 않는 세계로 방출되었다.

그러던 어느 날 나는 우체통에 꽂힌 오래전에 반송된 수취인불명의 편지를 발견했다. 주인 없는 편지는 내게 다가와 오래전부터 당신을 사랑해왔고 사랑하고 있다고 고백했다. 나는 후회했다. 수취인불명의 편지를 발견한 것에서부터 주인 없는 편지의 내용을 끝까지 읽어 내려간 것을. 하지만 내가 편지를 봉투에 다시 넣었을 때 나는 이미 떠나고 있었는지도 모른다. 사랑을 고백하는 수취인불명의 편지를 쓴 주인을 찾아서.

어느 날 한 권의 책을 읽었다.
그리고 나의 모든 인생은 바뀌었다.

오르한 파묵의 소설 「새로운 인생」의 첫 문장은 안타깝게도 한 권의 책을 읽고 모든 인생이 바뀔 수 있다는 순수한 가능성을 더 이상 믿지 않는 나를 일깨워준다.

"Impossible Nothing!"

세상에 그런 가능성이 존재한다면 그것은 거짓말뿐이다. 순수한 거짓말! 그리고 나의 거짓말은 이미 오래전에 부패했다. 그럼에도 나는 파묵식으로 말할 수 있으리라. "어느 날 자전거배낭여행을 결정했고 나의 모든 게 바뀌었다"고.

그럼, 도대체 뭐가 바뀌었지? 현실적으로 나는 1년 전부터 백수였고 아직까지도 백수이며, 앞으로도 기약 없이 백수일지도 모른다. 백수의 앞날을 걱정하는 주위의 변함없는 잔소리. 닳고닳은 지인과의 그렇고 그런 술타령에 이은 꼬장. 담뱃값과 차비 외에는 꺼낼 일이 없는 지갑의 단조로운 사생활. '도'道나 '기'氣에 관심 있냐고 물어도 좋을 어쩔 수 없는 청렴과 금욕을 가장한 생활. 나를 둘러싼 상황과 조건에서 바뀐 것은 털끝만큼도 없고 앞으로도 없을지 모른다. 로또라는 미래불이 현세에 강림하지 않는 이상 그 무엇이 바뀔까.

그런데도 변하는 게 있다. 몸 안의 변화. 비록 세상의 변화와는 상관없고, 세상을 변화시키지는 못할지언정, 나는 나의 변화를 지금 이 순간 몸으로 느낀다. 더 이상 구차하게 백수의 수명을 연장시키는 의기소침한 실업자가 아니며, 세상의 변화와 로또 신이 강림하기만을 바라는 비이성적인 광신도도 아니다. 그렇다면 나는 나의 변화를 정의할 수 있을까? 증가된 아드레날린 같은 몸 속 호르몬의 변화가 의미하는 것은? 그것이 가져올 변화는?

알 수 없다. 하지만 불확실성으로 가득 찬 내적 변화의 가능성을 안고 나는 떠나리라. 자, 가자. 떠나자. 그럼 어디로 갈까?

내일의 양식을 걱정하지 말라

바닥을 만나고 싶어. 아니 만나야만 해. 언제 꿈을 꾸었는지 가물가물해. 꿈속에서 언제나 너의 손을 잡고 하늘을 봤는데, 더 이상 꿈꿀 수가 없어. 꿈꿀 수 없는 삶이 무중력 속에 부유하는 먼지 같아. 손에 닿는 모든 게 먼지처럼 부서져. 낭만적인 허위 같은 꿈의 밑바닥, 두 발이 딛고 있는, 디뎌야 하는 그 바닥을 다시 만날 수 있다면 난 너의 손을 다시 잡고 꿈꿀 수 있을까.

그래, 알아. 허공을 떠도는 민들레 홀씨가 꿈을 싹틔우기 위해서는 단단한 바닥이 필요하다는 걸. 그 바닥을 만날 때까지 나는 페달을 밟을 거야.

전국 해안도로 일주를 비롯한 국내 자전거여행은 이런 나의 바람을 충족시킬 수 없었다. 나는 나를 철저히 고립시키고 싶었고, 그 고립 속에서 나를, 내가 바라보는 세상을, 바라봐야 하는 세계를 다시 만나고 싶었다.

가깝지만 가깝지 않고, 멀지만 멀지도 않은 이상한 관계에 놓인 일본. 바로 옆집에 사는 이혼한 전처 같은 나라. 너무도 많은 타성과 관성, 너무도 손쉬운 이해와 상식이 지배하고, 꼭 그만큼의 이해와 상식을 불가능케 하는 나라 '닛폰'. 무엇보다 네팔에서 만난 점쟁이가 예언한 내 미래의 배필이 국적으로 삼고 있는 섬나라. 그래, 일본으로 가자.

어떻게 갈지, 어디로 갈지 정해졌지만 여행 준비는 뜻대로 되지 않았다. 자전거여행에 관한 책들과 '자여사'^{자전거로 여행하는 사람들}, '자출사'^{자전거로 출퇴근하는 사람들} 등의 인터넷 카페에 실린 다수의 자전거여행에 관련된 글들은 유익한 정보를 많이 주었지만, 동시에 혼란과 갈등을 가중시켰다.

그러던 차에 2개월 동안 실크로드를 함께 달릴 동지를 구하는 글을 인터넷 카페에서 발견, 즉각적인 쪽지와 문자로 단기간에 낯선 이와 의기투

합하게 되었다. 인터넷 공간에서 만난 그는 자전거여행 경험이 많은 고수였고, 그에게 많은 조언을 구할 수 있었던 나는 비로소 안도의 한숨을 내쉬었다. 더불어 실크로드의 한 지선을 자전거로 갈 수 있게 되었다는 설렘에 한껏 부풀었다.

실크로드, 얼마나 멋진 말인가. 19세기 독일 지리학자 리히트호펜이 명명한 이래 사람의 가슴을 이토록 뛰게 한 길이 있었을까. 사상과 문명, 삶과 죽음, 극과 극, 성聖과 속俗, 유형과 무형, 경계와 경계, 그야말로 인간의 모든 잣대를 살포시 뛰어넘는 길 위의 길.

들어간 자 살아서 돌아올 수 없다는 타클라마칸 사막, 장건張騫의 서역 착공과 반초班超의 서역 경략, 파미르 고원을 넘은 고선지 장군이 이슬람 군대를 맞이했던 탈라스 평원, 피땀을 흘리는 적토마의 시조 한혈마汗血馬가 한가로이 풀을 뜯는 초원, 천축에서 불법佛法을 구하고 돌아오던 혜초가 둔황 천불동에 남긴 『왕오천축국전』의 필사본, 침략주의 시대에 모험과 탐험을 빌미로 실크로드 유적을 유린한 수많은 실크로드의 악마, 그 악마들로 인해 다행히 풍화되지 않고 이국의 박물관에 고이 보관되어 관람조차 쉽게 허하지 않는 주옥같은 박제된 유산들…….

그날 밤 기타로喜多郎의 「실크로드」 음반을 들으며 이스탄불에서 장안까지 걸어간 베르나르 올리비에가 알려준 페르시아의 수학자이자 천문학자 오마르 하이얌의 시를 오래도록 음미했다.

인생의 대상隊商이 지나가는 모습을 보아라.
매순간 환희를 맛보라!

오! 샤키술시중 드는 아이여, 내일의 양식을 걱정하지 말라.
잔을 돌려 포도주를 채우고 내 말을 들어라, 밤이 가고 있다.

출발! 일본 자전거배낭여행

　　일본에서 중국으로 여행길이 급변하게 되고, 운 좋게 만난 노련한 동행자 덕분에 여행준비는 급물살을 탔다. 서로 이메일을 주고받으며 필요한 정보를 교환하고 일정을 조율한 다음 출발일자를 잡았다. 어디까지나 튼튼한 엔진인 두 다리와 열정만 있으면 된다는 그의 격려에 나는 마라톤·축구·꾸준한 자전거타기로 다져진 체력 빵빵한 백수의 정열을 보였는데, 그가 넌지시 물어왔다.

　　"근데, 자전거 스펙은?"

　　보급형 MTB, 일명 유사 MTB, 철 TB 또는 신문사 경품자전거로 불리는 내 자전거에 따로 스펙이라고 할 만한 것은 당연히 없었다. 6개월 전 운송비를 포함해서 인터넷 쇼핑몰에서 11만 원 주고 구입한 아직까지도 뽀송뽀송한 빨간색 '아메리칸 이글'. 이놈을 타고 현해탄玄海灘을 건너 일본으로 갈 생각이었다. 하지만 가야 할 길이 바뀐 만큼 그에 합당한 튼튼한 놈이 필요하다는 점에 스스로 동의했다.

　　그가 추천하는 브레이크/기어 시마노SHIMANO사의 데오레DEORE급이나 엑스엘XL급에 크게 무겁지 않은 차체를 사양으로 갖춘 웬만한 자전거의 가격대는 가난한 백수가 감당하기에는 너무 버거웠다. 카본과 티타늄으로 만들어진 수천만 원대에서부터 기백만 원 하는 자전거까지 다양한 신분 고하의 자전거세계가 있다는 것쯤은 알고 있었으나, 그런 자전거는 나와 무관한 세계의 자전거였다. 언제나 내 자전거는 바퀴 두 개에 안장과 브레이크, 그것만 이상 없이 달려 있으면 족했다. 어떤 재질로 만들어졌건, 중량이 어떻게 나가건, 기어가 몇 단이건 내겐 중요치 않았다. 그러나 새로운 스펙, 적어도 실크로드를 가기에 합당한 자전거를 선택하는 것은 내게 현실적이면서도 중요한 문제로 다가왔다.

수차례의 문의와 고심과 번민 끝에 결국 나는 네이버 카페 '자여사' 중고 장터에서 50만 원을 주고 나의 애마 '팽이'를 간택했다. 신림역 1번 출구에서 현금직거래를 마치고 '팽이'를 지하철에 태워 끌고 올 때에는 멀리 중앙아시아에서 명마를 얻어 고향으로 돌아오는 듯 우쭐했다.

그러나 첫 시승에서 기어 작동이 잘 안 되는 것을 발견하고는 거의 울 뻔했다. 핸드폰을 받지 않는 판매자에게 온갖 욕설과 저주를 퍼붓는 동안 후회의 쓰나미가 빠듯한 여행경비를 품은 가슴을 사정없이 할퀴었다. 다행히 MTB 전문 수리점에서 수리비 3만 원을 주고 새것처럼 나온 '팽이'를 보고서야 마음이 놓였지만······.

자전거 철학자 이반 일리히는 "행복은 자전거를 타고 온다"고 했지만, 모든 사람이 자전거를 탄다고 해도 그 사람들이 모두 행복하지는 못할 거라는 확신이 들었다. 다양한 스펙의 자전거, 그것만으로도 여러 가지 욕망을 자극해 에너지 사용의 일정량을 훌쩍 뛰어넘을 테니깐.

애마 '팽이'를 구입한 뒤 본격적인 애마 훈련에 들어가기에 앞서 여행에 적합하도록 애마를 튜닝해야 했다. 앞서 나는 이번 여행을 '자전거배낭

자전거 부분별 명칭

1. 핸들
2. 전방 라이트
3. 변속기·브레이크 조작기
4. 앞 브레이크
5. 타이어
6. 프레임
7. 수통과 수통케이지
8. 크랭크
9. 체인
10. 뒷 브레이크
11. 스프라켓
12. 여행용 짐받이

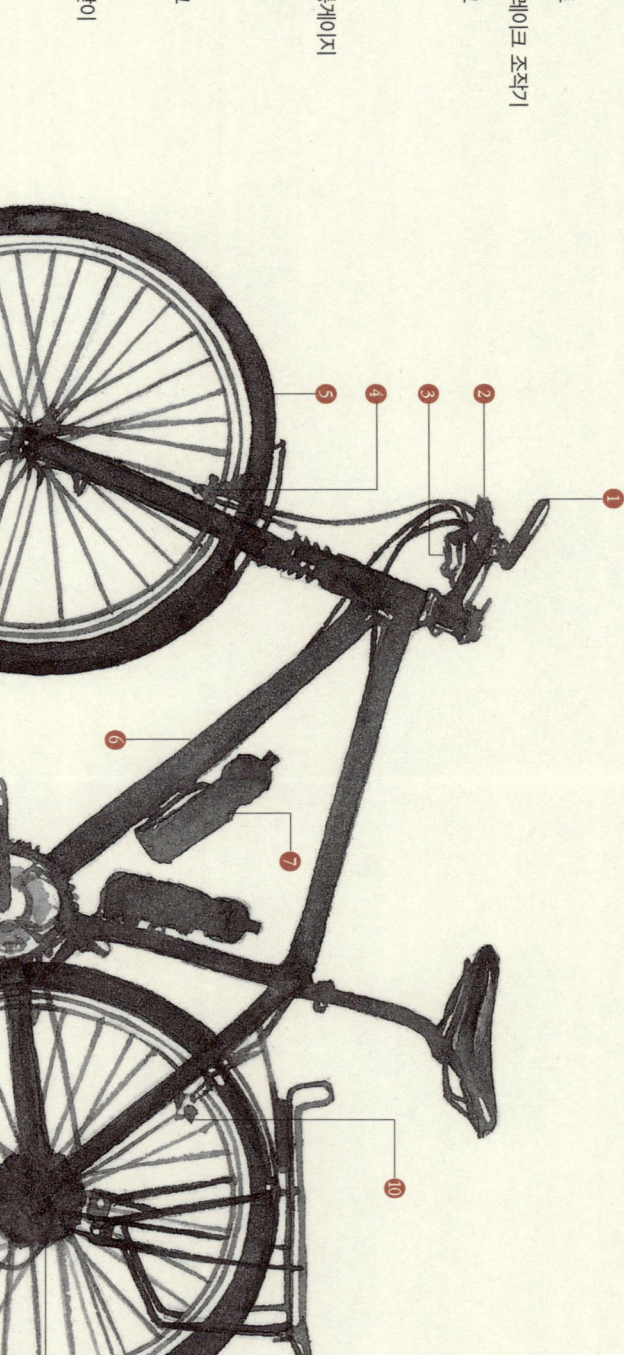

여행'이라 명명했는데, 이것은 말 그대로 자전거로 떠나는 배낭여행이다. '자전거여행' 하면 누구나 그려지는 그림이 있을 것이고, '배낭여행' 또한 당연히 그려지는 그림이 있으니, 이 두 가지 그림을 중첩시켜놓은 것이 바로 내가 생각하는 '자전거배낭여행'이다.

좀더 정확히 말한다면 자전거를 타고 이동하면서 최대한 숙식을 자체 해결하는 여행이 내가 생각하는 자전거배낭여행이다. 말과 낙타를 타고 여행하는 유목민들이 그러했듯이, 나는 자전거를 타고 유목민처럼 길을 갈 것이다. 아니 그렇게 가야 했다. 왜냐하면 나는 충분히 가난했고 넉넉히 젊기 때문에. 젊음의 특징 가운데 하나가 무모함이라고 한다면, 무모함에 쉽게 빠져 허우적거리는 어리석음마저 겸비한 나는 젊다고 자부할 수 있었다. 그저 바람이 있다면 그 무모함과 어리석음으로 인해 조금씩 무모함과 어리석음에 대해서 깨닫게 되기를 희망할 뿐. 하지만 언제나 '글쎄요'다.

평소 같았으면 이 '글쎄'라는 안개 속에서 그저 '멍' 때리고 있었을 테지만 자전거여행을 앞둔 나는 놀라운 직접성과 주체성을 발휘하며 애마를 개조하기 시작했다. 인터넷에서 정보를 검색하고, 장비를 구매하고, 드라이버와 스패너를 들고 해결되지 않는 문제 앞에서 뻘뻘 땀을 흘렸다. 나사 돌리는 방법 하나, 그 작은 깨달음을 몸소 얻어, 별것도 아닌 여행용 짐받이를 무사히 장착했을 때는 정말이지 좋아 죽는 줄 알았다.

페니어와 속도계, 수통 게이지 두 개를 다는 것으로 기본 튜닝이 끝났을 때, 실크로드행을 결의한 동행자에게서 전화가 왔다.

"친한 친구가 죽어서 장례와 사십구재를 주관해야 하기에 이번에는 좀 어려울 것 같아요……."

 친한 친구의 죽음과 현실적인 직분이 스님인 그의 입장을 백번 이해하면서도 약간의 배신감이 들었다. 그나마 비행기 표를 구하기 전이라는 사실에 위안을 삼으며 나는 또다시 갈등으로 엉겨들었다.

 홀로 실크로드에 가느냐, 아니면 애초의 계획대로 일본을 가느냐. 장대한 실크로드에 무작정 끌리면서도 나는 내가 처한 상황과 모든 조건을 재검토해야 했다. 실크로드와 일본, 일본과 실크로드 사이에서 갈팡질팡하다 그만 여행을 포기해버리는 것은 아닌지 불안해지고 조급해졌다.

 '그래 애초의 계획대로 일본으로 가자.'
 이러한 결정에는 얼마 전 친구에게 들었던 중국에 관한 믿지 못할 황당한 이야기가 상당히 결정적으로 반영되었음을 밝히지 않을 수 없다.

 "중국에서 까딱 재수 없으면 쥐도 새도 모르게 끌려가 눈이며 콩팥이며 장기란 장기는 영원히 장기 외출한대. 조심혀."

 제기랄……. 건성으로 내뱉은 친구의 말이 이토록 뇌리 깊숙이 박혀 있었다니. 나는 친구의 건성 조언을 떠올리며 일본으로 가는 것이 살아 돌아올 확률이 높다는 점에 손을 들지 않을 수 없었다. 어차피 살아 돌아오는 것이 목표라는 변명을 대면서…….

 일을 다녀오신 늙으신 엄마와 자전거배낭여행을 떠나려 하는 서른 중반이 다 된 백수 아들이 말없이 밥을 먹는다. 메뉴는 아침에 먹다 남은, 물을 부어 다시 끓인 된장찌개. 엄마와 아들 사이에 알 수 없는 팽팽한 긴장감이 전운처럼 감돈다. 오늘따라 TV 연속극 속 주인공들의 목소리가 외계인의 목소리처럼 비현실적으로 들려온다.

이때 전화벨 소리가 울린다. 형이다. 언제나 동생의 여행을 물심양면으로 적극 지원사격하는, 여행사를 운영하지만 실상 본인은 여행을 떠나지 못하는, 백수의 형이 여행준비를 묻는다. 그러고는 엄마를 바꿔달란다. 수화기를 건네받은 엄마의 입에서 그제야 말이, 아니 밥풀이 튀어나온다.

"괜찮긴 뭐가 괜찮아, 미친놈이지."

마당에 나와 담벼락 어둠 속에 기대어 있는 애마를 바라보며 오늘의 마지막 담배를 피운다. 딱히 전화 걸 데도 없는데 핸드폰은 왜 가지고 나왔을까? 담배를 물고 핸드폰을 열어 안 하던 전화번호부 검색을 시작한다. 대충 연락은 했는데, 어디 빠진 사람 없나? 큭, 자조 섞인 실소가 터져 나온다. 달이 참 우울하게도 밝다.

나그네와 주인, 잃어버린 이야기를 찾아서

누구나 여행을 떠나지만 여행을 떠나는 모두가 겸손한 여행객이 되는 것은 아닙니다. 생이 그러하듯 여행이 구체적으로 무엇을 의미하는지 알 수 없으므로, 죽을 때까지 모르는 게 어쩌면 약인지도 모르므로 사람들은 계속해서 지치지도 않고 쉴 새 없이 여행을 떠나는지도 모릅니다.

여행을 떠나는 이들마다 여행의 의미와 목적은 다르겠지만 공통되는 것이 있다면 그것은 낯설음을 통해 배우는 새로움, 그것에서 얻게 되는 깨달음이 아닐까요.

새로움은 언제나 겸손한 마음에서 비롯되기에 낯선 곳으로 홀로 떠나는 이들은 필연적으로 겸손해질 수밖에 없습니다. 단지 생존을 위한 본능에서 비롯되었든, 거대한 자연과 세상의 법칙에서 얻은 깨달음에서 비롯되었든 겸손한 마음으로 똘똘 무장해 두려움 없이 세상 속으로 터벅터벅 걸어가는 이들을 저는 다분히 감상적인 단어인 '나그네'라 부릅니다. 저는 이 순간 '자전거를 탄 나그네'가 되고 싶습니다.

나그네가 갖는 겸손함과 그들의 깊고 따뜻한 시선에는 놀라운 친화력과 적응력, 살아 있음의 축복이 배어 있습니다. 이런 나그네^{유목성}를 대하는 주인들^{정주성}, 삶이라는 아지트에 꼭꼭 숨어 자기만의 세계와 질서를 만든 이들은 처음에는 나그네를 달갑게 맞이하지 않습니다. 왜냐하면 나그네의 출현은 주인에게 불편함을 야기하고 그들이 만든 질서를 위협하며 그들 내부에 잠재되어 있는 떠나고자 하는 욕망을 충동질하기 때문입니다.

그리하여 어떤 돼먹지 못한 주인들은 나그네를 그들 질서 밖으로 몰아내고 폄하하며 무시하고 때론 희생양으로 삼기도 합니다. 그러나 항시 자기 세계를 지키며 머물러 있는 주인도 그 자신이 나그네임을 깨달을 수밖에 없습니다.

머물러 소유하여 지키고자 하는 삶일지라도 결국 이 순간에서 저 순간으로 떠나는 여행의 일부이기에, 지구의 자전·공전과 같이 너무도 거대하여 느끼지 못할지라도 주인들 또한 나그네와 같은 생의 여행자이기에, 나그네와 마찬가지로 떠남 그 자체를 아무런 사심 없이 인정하고 받아들이게 됩니다.

이러한 동의와 인정으로 주인은 나그네를 이해하고 공감하게 되어 나그네를 친절히 환대하고 융숭히 대접합니다. 결국 주인^{정주성, 멈춤}들도 떠남의 부분이란 사실을 인정할 수밖에 없기에……. 어차피 생은 떠남의 연속이기에……. 그리하여 삶은 나그네인 동시에 주인이기에…….

그렇게 나그네와 주인은 지상에서 가장 고귀한 관계인 '우정'으로 서로의 생을 축복하며 이별을 맞이합니다.

자크 아탈리는 『호모노마드, 유목하는 인간』에서 "정주성^{멈춘 자들}에는 기다림의 시간이 있고, 유목성^{떠나는 자들}에는 이야기의 시간이 있다"고 말했는데, 어느 순간 간절히 이야기가 그리웠습니다.

'잃어버린 이야기.'

그렇습니다. 저는 잃어버린 제 이야기를 찾고 싶었습니다.

제1부
땅을 밟고 하늘에서 미끄러지며

후쿠오카에서
도쿄까지

길을 가기 위해서는 무엇보다 길에 대한 믿음이 중요하다.
특히 처음 가는 낯선 길은 더욱 그렇다.
행여 길이 막힌다 하더라도 돌아가면 되고,
길이 엉뚱한 곳으로 벗어난다 해도 조금 더 에돌아갈 뿐,
길은 항상 이어진다.

묻지 말자. 인생에 대해서도 사랑에 관해서도. 앞으로의 미래에 대해서는 더욱더.
내 몸이 실천할 수 있는 사소한 행위들을 얻을 수 없는 물음이라면 다 버리자.
그런 물음들은 다 버리고 지치고 지쳐 다시 내가 살아야 곳으로 돌아가자.

물음, 버려야 할 생각들

낯선 내가 바라보는 세상의 낯선 감각

배의 흔들림이 느껴졌다. 피곤한 몸을 어루만져주고 있는 밤바다의 파도들. 고즈넉한 흔들림에 몸을 맡기고 눈을 감았지만 좀처럼 잠이 오지 않았다. 이등실 로비 자판기에서 '아사히' 맥주 캔을 꺼낼 때만 해도 '정말 일본으로 가고 있구나'라고 느꼈는데, 도무지 실감이 나지 않는다. 서울을 출발해서 부산에 도착, 후쿠오카福岡로 떠나는 이 배에 몸을 싣기까지 어떻게 자전거를 타고 왔는지.

부산에서의 하룻밤은 의도적인 노숙이었다. 3일 야영, 하루 호텔 휴식이라는 일본 여정을 감안할 때 다시 한 번 결의를 다질 필요가 있었다. 낯설고 물선 일본에서 야영은 쉽지 않을 게 분명하고, 예상치 못한 상황에 언제든 직면할 수 있으니 마음의 준비가 필요했다. 무엇보다 본격적인 여행을 들어가기에 앞서 노숙이라는 상황설정을 통해 여행의 두려움을 조금이라도 덜어내고 싶었기 때문이다.

부산교대 캠퍼스 나무의자에 앉아, 학생회관 커피 자판기 처마 밑에 누워서 밤새도록 추적추적 내리는 비와 물고 뜯고 빠는 모기들과 싸우며 그렇게 첫 번째 노숙을 성공리에 마친 기분은 정말이지 묘했다. 여행의 두려움에서 시작된 의도적인 노숙은 여행에 대한 자신감은 물론 지금껏 스스로 잘 알고 있다고 자부하는 나를 충분히 낯설게 만들었다. 낯선 내가 바라보는 세상 또한 맨살에 와 닿는 낯선 감각으로 다가왔다.

일본으로 수학여행을 떠나는 한 무리의 고등학생들이 로비에서 한 차례 북새통을 떨고 나자, 이등실 선실 안이 이상하리만치 고요해졌다. 밤은 깊고 몸은 피곤한데 정신은 말똥말똥하고, 알 수 없는 감정들이 파도처럼 밀려와 부딪쳐 사라져 갔다. 현해탄을 건넜던 식민지 시대의 지식인들과 밥벌이를 위해 부관釜關연락선에 몸을 실어야 했던 수많은 이들은 어떤 생각과 희망을 품었을까.

"내게 레몬을……." 어쩌자고 이상李箱은 죽어가는 마지막 순간에 레몬 향기가 그리웠을까. 지금 저 검은 바다는 어떤 희망을 안고 꿈틀대고 있는 걸까. 끝까지 가봐야 알 수 있을까. 과연 갈 수는 있을까.

묻지 말자. 인생에 대해서도 사랑에 관해서도. 앞으로의 미래에 대해서는 더욱더. 내 몸이 실천할 수 있는 사소한 행위들을 얻을 수 없는 물음이라면 다 버리자. 그런 물음들은 다 버리고 지치고 지쳐 다시 내가 살아야 할 곳으로 돌아가자.

그리움처럼 번지는 간몬 해협의 불빛들

　수하물 수취장으로 나온 자전거 세 대가 나란히 일본 입국심사대를 통과했다. 꽁무니에 철사 옷걸이를 구부려 만든 태극기를 꽂은 자전거와 그다지 장거리 여행에 어울리지 않는 짐을 잔뜩 실은 낡은 생활자전거, 그리고 내 애마 팽이. 이렇게 대한민국 국적의 자전거 세 대가 일본여행을 위해 부산에서 후쿠오카로 현해탄을 건너왔다.

　자전거에 태극기를 매단 애국 청년과는 이미 부산여객터미널에서 인사를 나누며 이것저것 말을 주고받을 수 있었다. 하지만 두툼한 『일본어사전』을 한 손에 들고 슬리퍼를 신은 또 다른 청년은 말이 없었는데, 입국장을 빠져나오자마자 낡은 자전거를 끌고 터벅터벅 사라져 갔다. 그런 그의 모습을 보고 있으려니 문득 어느 블로그에서 읽었던 일본 자전거여행기가 떠올랐다.

　일본 공원에서 노숙자와 함께 자면서 친구가 되고, 편의점에서 유통기한이 지난 식품을 얻어먹으면서도 젊음의 열정과 도전이 아름다운 추억과 소중한 경험으로 남았다던 여행 이야기. 말 한마디 제대로 나누지 못하고 소중한 친구 한 명을 잃은 것처럼 마음이 좋지 않았지만 어쩔 수 없었다. 이미 그는 그의 길로 떠났으니, 그와 그의 낡은 자전거에게 안전과 행운을 빌 수밖에.

・　애국청년과 함께 하카다博多 항을 빠져나왔다. 국내에서 구하기 힘든 『애틀랜틱 재팬 로드』라는 영문판 일본지도를 가지고 있는 청년 덕에 시모노세키下關로 가는 길을 쉽게 찾을 수 있었다. 모든 게 낯선 여행 초기, 운

애국청년과 함께 하카다 항을 빠져나왔다.
국내에서 구하기 힘든 『애틀랜틱 재팬 로드』라는 영문판 일본지도를
가지고 있는 청년 덕에 시모노세키로 가는 길을 쉽게 찾을 수 있었다.
모든 게 낯선 여행 초기, 운 좋게 좋은 동반자를 만난 것이다.

좋게 좋은 동반자를 만난 것이다.

　조용하고 깨끗한 도시와 마을의 풍경은 상점 간판과 건물 옥외광고의 히라가나와 가타카나 외에는 우리나라의 중소도시와 큰 차이가 없었다. 한 가지 확연히 다른 게 있다면 거리가 너무 깨끗하다는 것. 마치 자기 상가와 집 앞의 그곳에 살고 있는 이들이 직접 쓸고 닦도록 법으로 정해놓기라도 한 것 같았다. 법으로 정해놓지 않고서야 불가능하지 않을까 하는 생각에 갑자기 우울해졌다. 하지만 법보다 무섭고, 가치가 있는 인간의 양심이 있다고 생각하니 기분이 한결 나아졌다.

　자전거 안장 위에서 바라보는 일본 소도시의 모습은 군더더기 하나 없는 귀엽고 앙증맞은 일러스트 같았다. 정지된 한 컷의 만화 속 풍경을 달리고 있는 기분이었다.

　하지만 일본 소도시의 낯섦과 신선함도 잠시, 페달을 굴리는 데 아무런 장애가 없는 안전하게 확보된 자전거도로의 편안함과 오전의 따뜻한 햇살이 주는 아늑함이 몰려왔다. 그래서였는지 자전거 위에서 깜빡 졸았고, 위험천만한 졸음운전으로 아스팔트 바닥으로 굴러 떨어지고 나서야 천국에서 지옥으로 가는 데 걸리는 시간은 찰나임을 깨달았다. 자전거 졸음운전이라니……. 차선 한복판에 나동그라지고 말았는데 다행히 뒤따라오는 차가 없었기에 망정이지 하마터면 일본여행 첫날이 마지막 날이 될 뻔했다.

　속도계가 고장 나고 무릎이 까지고, 놀란 가슴이 벌렁거리는 와중에도 쪽팔려 태연히 자전거를 일으켜 세워 아무렇지도 않은 듯 다시 페달을 밟았다. 3일 만에 서울에서 부산까지 달려왔으니 졸음운전도 무리는 아니었다. 기다려온 첫 번째 사고치고는 꽤 귀여운, 하지만 심각한 결과를 초래할 수 있는 위험한 것이었다.

규슈九州와 혼슈本州를 잇는 간몬關門 터널을 빠져나오니 짙은 어둠이 내려 있었다. 몸은 충분히 지쳐 있었지만 전방 라이트와 후방 라이트를 켜고 말없이 자전거를 끌어야 했다. 간몬 터널을 건너기 전에 시모노세키 시내로 들어가 숙소를 잡는 것으로 오늘의 일정을 마치기로 청년과 합의를 보았기 때문이었다.

스물한 살의 청년은 나이답지 않게 과묵하고 신중해 도쿄까지 가는 자신의 여정을 무리 없이 소화해낼 것 같았다. 만약 이 친구를 만나지 못했다면 과연 오늘이 어떻게 다가왔을지 생각해보니 다행스럽기도 하고, 왠지 청년을 길잡이 삼아서 온 게 창피하기도 하고, 앞으로 혼자서는 어떡할지 걱정이 들기도 했다.

휑한 밤거리에서 어둠 속에 조명을 받으며 서 있는 '도리'鳥居, 신사 입구에 세운 나무기둥 문의 모습을 카메라로 찍고는 더는 갈 수 없다는 생각에 청년과 나는 후회 없이 발걸음을 돌렸다. 간몬 터널 근처로 되돌아와 한참을 헤맨 뒤에 히노야마火の山 유스호스텔 표지판을 찾았고, 표지판을 따라 가파른 계단을 올라가서야 그곳에 닿을 수 있었다.

친절한 유스호스텔 주인장이 지치고 배고픈 여행객을 위해 손수 자가용으로 근처 편의점에 데려다주는 배려를 베풀어준 덕분에, 늦은 밤 허기진 배를 풍족히 채울 수 있었다. 그러고는 따뜻한 물로 몸을 씻은 뒤 유스호스텔 테라스에 앉아 간몬 해협의 불빛들을 보며 맥주를 마셨다. 채 마르지 않은 살결에 밤바람이 스킨로션처럼 와 닿았고, 그리움처럼 번지는 불빛들은 스킨로션 향이 되어 노곤한 몸에 은은히 퍼져왔다.

내 마음 깊은 곳의 한 그루 아름드리나무

지난밤에 사둔 컵라면과 바나나로 아침식사를 대신한 뒤 유스호스텔 주인의 격려를 받으며 출발했다. 출발하기 전 유스호스텔 방명록에 이름을 남기고 건물 앞에서 주인과 기념사진도 찍었다. 강아지를 안고 나와 손을 흔들던 주인이 일본 일주를 마치고 시모노세키로 돌아오면 꼭 다시 찾아달라고 당부했는데, 그런 날이 오긴 올지 지금으로선 아득하기만 했다.

자전거 뒤에 태극기를 꽂은 동행자와 약 두 시간 동안 함께 달린 뒤 서로에게 안전한 여행을 기원해주며 아쉬운 작별을 고했다. 마침내 혼자가 되어 33번 국도를 타고 아오키靑木로 향했다. 미네美祢를 거쳐 아키요시다이秋吉台에 이르고, 다시 하기萩로 연결되는 길은 계속된 오르막이었다. 휴식을 취할 때나 낯선 이정표가 나올 때마다 일본 자전거여행 홈페이지 www.japancycling.org에서 출력한 후쿠오카에서 도쿄까지의 루트와, 후쿠오카에서 산 일본 전국도로지도를 비교하며 길을 잡았다. 하지만 갈림길에 설 때마다 홀로 그 길을 선택하고 길을 간다는 게 아직은 익숙지 않았다. 두렵고 망설여지지만 길을 선택하며 갈 수밖에 없는 상황에서 의지대로 결정하고 실행하는 것이 놀라운 희열을 가져다주었다.

야마구치山口와 하기로 가는 갈림길에서 하기로 향하는 산속 도로로 접어들었다. 길이 점점 더 가파른 오르막길로 이어져 할 수 없이 자전거를 끌고 인적이 없는 고요한 산길을 올랐다. 정적에 가까운 산속 길을 흘러내리는 땀과 거칠어지는 호흡에 집중하며 오르다가 푸드득거리며 날아오르는 산새와 산새의 노랫소리에 걸음을 멈춰 서곤 했다. 기분이 좋아 힘껏 소리를 질러보고 싶었으나 길에 가득 찬 고요함을 깨기 싫었다.

그렇게 산을 오르고 있자니 인근에서 벌채를 하고 있는지 요란스런 전기톱 소리가 벌목정정伐木丁丁처럼 들려왔다. 아름드리나무를 도끼로 찍어 쓰러뜨리는 소리. 어쩜 나는 내 마음 깊은 곳에 찾아가 한 그루 아름드리나무를 베어내고 싶은지도 모르겠다.

잠시 쉬려고 주저앉은 고개 중턱에서 뜨거운 오후 햇살을 피해 낮잠을 청했다. 한숨 자고 일어나니 맥이 풀려 도무지 다시 산속으로 뻗은 언덕길을 오를 엄두가 나지 않았다. 그래서 그냥 화장실과 그늘이 있는 이곳에서 야영을 하기로 마음을 굳혔다. 아키요시다이 자연사박물관으로 진입하는 길목 근처였다. 조금 더 산을 타고 오르면 아키요시다이 고원에 이를 것이다. 야마구치와 북쪽 해안도시인 하기 중간쯤에 있는 이 고원에는 재미있게 생긴 뾰족 바위들이 점점이 흩어져 있고, 고원 아래로 석회암 동굴이 수백 개가 있다.

기다리던 첫 번째 야영이었다. 자연사박물관 진입로에 있는 주차장 화장실 옆 나무그늘에 텐트를 쳤다. 가스불에 밥을 안친 뒤 화장실에서 양말·티셔츠·반바지를 빨았는데 그만 불조절을 잊어버려 밥을 새카맣게 태우고 말았다. 까맣게 태운 밥을 긁어내어 화장실에 버리고 다시 쌀을 안쳤다. 약한 불에 오래 뜸을 들여서 꽤 괜찮게 지어진 밥을 가져온 고추장에 비벼 먹었다.

밥을 먹은 뒤 아름다운 숲 속 도로를 질주하는 오토바이 소리를 들으며 히라가나와 가타카나를 외웠다. 기초적인 일본어도 모르고 일본여행을 하고 있는 게 한심했다. 하지만 어차피 서바이벌 게임에서는 살아남는 것

정적에 가까운 산속 길,
흘러내리는 땀과 거칠어지는 호흡,
푸드득거리며 날아오르는 산새와
산새의 노랫소리에 걸음을 멈춰 선다.
길 위에 가득 찬 고요함.

이 목적이니, 서바이벌에 필요한 일본어 몇 개라도 확실히 익힐 생각으로 마음을 다잡았다.

불빛 하나 없이 조용한 산속. 구슬피 우는 벌레들의 울음소리가 점점 더 귀곡성을 닮아갔다. 어쩌면 어둠보다 혼자라는 사실이 더 두려운지도. 간간이 지나가는 자동차와 오토바이 소리만이 혼자가 아니라는 사실을 일깨워주었다. 좀더 밤이 깊어지면 어둠을 쓸고 지나가는 헤드라이트마저도 끊길 것이다. 누군가에게 보내고 싶은 밤의 정적 속에서, 누군가와 함께 하고픈 침묵 속에서 정말 무엇을 하고 있는지.

당신과 함께 머물고 싶은 곳, 하기와 쓰와노

비좁은 텐트 안의 깜깜한 어둠 속에서 눈을 떴다. 더듬더듬 머리맡의 손전등을 찾아 시간을 확인하니 새벽 4시가 가까웠다. 깊은 산속 불 꺼진 재래식 화장실에서 손전등을 손에 쥔 채 볼일을 보고 있자니 '빨간 휴지 줄까? 파란 휴지 줄까?' 하는 귀신 이야기가 생각나 등골이 오싹해졌다. 근데 이게 무서운 이야기였는지 웃기는 이야기였는지 도무지 기억이 나지 않았다.

다시 침낭 속으로 기어들어가 어둠 속에서 눈을 껌벅이며 날이 밝기를 기다리다 새벽 4시 30분에야 자리를 털고 일어났다. 화장실에서 대충 씻고 밥을 지어 먹은 다음 텐트를 접고 짐을 챙겨 이슬에 젖은 팽이에 신고 나니 날이 훤히 밝아왔다.

신기했다. 잠에서 깨어 씻고, 밥을 지어 먹고, 짐을 챙겨 다시 자전거를 타기까지 하나하나의 움직임과 순간순간이 아주 낯설고 매력적으로 다가왔다.

이슬에 젖은 팽이를 끌고 고개를 넘어서자 뿌연 안개바다 사이로 듬성듬성 푸른 기운이 감도는 아키요시다이 고원이 펼쳐졌다. 멀리서는 웅크린 산맥들이 햇살을 받아 서서히 기지개를 켰고, 가까이에서는 풀숲과 기괴한 암석들이 울퉁불퉁 뒤엉켜 안개 속에 얼굴을 내밀고 있었다.

그 모습을 사진 몇 장으로 담고 시원하게 뻗은 내리막길을 달려 나아가는 기분이 무척 상쾌했다. 아마도 첫 야영을 아무 탈 없이 보냈다는 만족감과 야영에 대한 두려움을 어느 정도 떨친 뒤에 얻은 자신감 때문인 것 같았다.

아키요시다이 고원에서 하기까지 부드럽게 이어지는 길을 기분 좋게 타고 내려와 도시 초입에 당도하니 걷거나 자전거를 타면서 등교하는 학생들이 많이 보였다. 자전거를 탄 학생들은 남학생이나 여학생 모두 탁구공 같은 동그란 형태의 하얀 헬멧을 머리에 쓰고 턱 끈을 찼는데, 그 모습이 꼭 선생님 말을 잘 듣는 유치원생 같았다.

감색 주름치마에 흰색 블라우스를 입은 여학생의 자전거 타는 모습이 너무 귀여워, 한동안 그 여학생 뒤를 따라 한적하게 페달을 밟았다. 아마 우리나라에서는 교복 치마를 입은 채 자전거를 타고 등교하는 여학생을 좀처럼 보기 힘들 것이다.

어디서 쉬어야 좋을지 생각하다 표지판을 따라 하기 항으로 향했다. 활짝 퍼진 아침 햇살로 조금씩 따뜻해지고 있을 바다, 그 바다로 향한 어로를 따라 정박한 작은 배들과 그 배들이 새벽녘에 부려놓은 어물들을 팔았을 어시장. 어시장 길 건너편에는 문 닫은 상점과 막 문을 열고 있는 상점이 있었고, 현대풍의 가옥과 옛 가옥이 서로 어울려 좁지만 단정한 거리를

아침 햇살로 따뜻해지는 바다,
그 바다로 향한 어로를 따라 정박한 작은 배들과
새벽녘에 부려놓은 어물들을 팔았을 어시장.
차분하고 고요하며 잔잔한 삶의 형태들,
그 속에서 배어나오는 인간의 진솔한 감정.

사람들은 바다로 낚싯대를 던졌고,
바다는 사람의 마음을 받았다.
"곤니치와."
바다와 사람은 그렇게 서로를 마주하며 침묵했다.

만들고 있었다.

이 모든 풍경이 어디선가 많이 보아온 듯 낯설지 않았다. 들뜨지 않은 차분하고 고요한 분위기 속에서 전해지는 잔잔한 삶의 형태들. 그리고 그 형태 속에서 배어나오는 진솔한 인간의 감정이 경계심 많은 이방인의 마음을 부드럽게 감싸 안았다.

하기 항은 오래도록 머물고 싶은 아름다운 항구였다. 청년 두 명이 방파제에서 낚시 준비를 하고 있었는데, 그저 재미로 낚시를 하는 것인지, 아니면 낚시가 그들의 생업인지는 알 수 없었다. 하지만 청년들의 표정은 매우 즐겁고 진지해 무척이나 건강해 보였다. 눈길이 서로 마주치자 두 청년 모두 "곤니치와"로 활기찬 인사를 건네더니, 다시 낚싯대를 바다에 힘차게 던졌다.

동해와 접해 있는 이곳 하기 항의 물은 무척이나 깨끗했다. 그래서인지 수많은 고기떼가 방파제 바로 옆에서 무리 지어 다니는데, 그 모습이 눈앞에 선히 들어왔다. 청년들이 낚싯대를 바다에 던지자마자 입질이 오는 게 마냥 부러워 좀처럼 눈을 뗄 수 없었다.

이곳 하기는 규슈의 가고시마鹿兒島와 더불어 일본 근대화에 큰 역할을 한 도시로 알려져 있고, 옛 사무라이의 주거지역이란 사실과 임진왜란 이후 한국에서 끌려온 도공들이 만든 도자기가 기원이 되어 도자기로도 유명하다. 더욱 눈길을 끈 것은 하기에서 자신의 가마를 가지고 30년 이상 살고 있다는 스웨덴 사람이었는데, 한국에서 온 도공의 후예라고 하면 혹 반겨줄지도 모르겠다.

하기에서 약 40킬로미터 떨어진 도시 쓰와노津和野를 찾아가는 길은 예상대로 산을 타고 이어졌는데, 완만한 경사에서는 자전거를 타고 가파른 오르막길에서는 자전거를 끌어야 했다. 자전거를 끌고 가파른 고개를 넘고 있는데 어디선가 맑은 방울소리가 울려왔다. 다랑이 논과 밭이 펼쳐진 아무도 없는 산속에서 딸랑딸랑거리는 방울소리는 마치 환청 같았다. 아무리 눈을 씻고 봐도 좀처럼 방울소리의 출처를 짐작할 수 없었는데, 언덕 마루에 이르자 방울소리의 정체가 드러났다.

노란색 모자를 쓴 초등학생 둘이 길옆에 붙어서 걸어가는데 아이들의 가방 끝 모서리에 풍경 같은 방울이 하나씩 매달려 있었다. 그래서 둘이 장난을 치거나 바람이 불어올 때면 예의 딸랑거리는 소리가 울려 나왔다. 아마도 한적한 산길을 오가는 차량 운전사에게 가까이에 어린아이가 있음을 알리는 주의음이 아닐까 싶었다.

쓰와노는 현대적인 감각이 물씬 풍기는 전통 소도시였다. 아담한 마을의 가옥들을 연결하고 있는 수로와 관광객들을 위해 정비했을 이국풍의 거리가 인상적이었다. 또한 오래전부터 외부와 고립될 경우를 대비하기 위해 예비 식량으로 수로에 잉어를 기르기 시작했다고 한다. 지금은 어른의 팔 길이만한 잉어들이 쓰와노 인구보다 열 배나 많고, 그 많은 잉어들이 관광객의 눈과 입을 즐겁게 하고 있다.

외부로부터 고립된 산속의 눈 내리는 작은 마을, 집 앞 수로에서 잉어를 잡아 찜을 쪄 밥상 위에 올려놓고, 경건히 합장한 뒤 살점을 발라 먹는 모습이 떠올랐다. 그렇게 먹는 잉어의 살점은 소복소복 내리는 함박눈을 혀로 받아먹는 그런 맛일까. 언제가 그렇게 고립된 마을에서 잉어 살점을 발라 먹으며 사랑하는 여인과 겨울 한철을 나고 싶다는 생각이 들었다.

고립된 산속의 눈 내리는 마을.
아이들은 집앞 수로에서 헤엄치는 잉어에게
점박이, 못난이, 돼지꼬리….
그렇게 이름을 불러주었으리라.
그런 마을에서 잉어 살점을 발라 먹으며
사랑하는 여인과 겨울 한철을 나고 싶다.

길에 대한 믿음으로 너의 페달을 밟아

지금껏 날씨가 좋았다. 날씨에 따라 자전거여행의 즐거움과 곤혹스러움이 좌우되는 것을 생각하면 제법 운이 좋은 편이었다. 자전거를 끌고 느릿느릿 돌아다니다 무작정 쓰와노를 벗어나 한참 동안 가파른 산을 자전거를 끌고 오르니 터널이 나왔는데, 터널을 지나자 내리막길이 펼쳐졌다.

신나게 내리막길을 타고 달리다 마을 입구에 일본어로 '캄푸조'라 씌어진 간판을 운 좋게 발견했다. 너무도 어설프게 외운 히라가나와 가타카나로 더듬더듬 '캄푸조'를 읽고 그것이 캠핑장이라는 사실을 깨달았을 때의 즐거움이란 이루 말할 수 없었다.

그렇게 발견한 니치하라日原 천문대 캠핑장은 니치하라 마을 꼭대기에 위치하고 있어 또다시 힘들게 자전거를 끌고 올라야 했다. 산마루에 위치한 캠핑장은 관리인의 집으로 보이는 큰 건물과 방갈로, 텐트를 칠 수 있는 잔디가 깔린 널찍한 공지로 이루어져 있었다.

관리인을 찾아 문을 두드리니 촌장으로 보임직한 할아버지가 TV를 보다가 나왔는데, 손짓발짓하는 낯선 여행객을 반갑게 맞이해주었다. 야영할 수 있는 곳을 찾았다는 안도감은 물론 캠핑 요금 500엔은 지친 몸을 충분히 달콤하게 만들었다. 이런 캠핑장을 계속 만날 수 있다면 적어도 숙소와 그에 따른 경비 지출은 그다지 염려하지 않아도 될 것 같았다.

산 정상이라 그런지 바람이 무척 세게 불었다. 지금 이 순간 내게 필요한 것은 사색이 아니었다. 이번 여행의 목적은 육체적인 고행을 통한 정신의 순화였다. 정신의 거품을 걷어내는 것, 말랑말랑한 정신에 깊숙이 박힌 기름기와 군살을 제거하는 일이었다. 34년간 교만·허영·사치·자기연민

야영은 정신의 다이어트와 영혼의 스트레칭이다. 정직과 우정 같은 단순한 믿음을 회복하기 위한 자연 속으로 떠나는 전지 훈련이다.

에 길들여져온 정신은 몸 하나 제대로 가누지 못할 정도로 비대해져 위태롭게 뒤뚱뒤뚱대고 있었다.

　나태하고 비대한 정신은 다이어트가 필요했고, 굳어버린 영혼은 스트레칭이 절실했다. 정신의 다이어트와 영혼의 스트레칭을 통해 삶에 필요한 근본적이면서 단순한 믿음, 땀 흘리는 육체노동과 그로 인해 얻는 결실, 정직과 우정 같은 그런 단순한 믿음을 다시 회복하고 싶었는지도 모르겠다. 그러한 믿음 속에서 앞으로의 생을 바라보고 싶었는지도. 왜 그토록 생이 부끄럽기만 하고, 세상이 치욕스럽게만 여겨졌는지.

길을 가기 위해서는 무엇보다 길에 대한 믿음이 중요하다. 특히 처음 가는 낯선 길은 더욱 그렇다. 믿음이 부족하면 길 위에서 방황하기 십상이고, 그러다보면 제대로 방향을 잡지 못한 자신을 탓하며 시간을 보내기 일쑤다.

길에 대한 믿음이 있으면 행여 길이 막힌다 하더라도 돌아가면 되고, 길이 엉뚱한 곳으로 벗어난다 해도 조금 더 에돌아갈 뿐, 길은 항상 이어진다. 막다른 길이란 그 길 위에 선 자의 마음이 불러오는 오해와 착각이다. 이 오해와 착각 속에서 주저앉을 것인지 뒤돌아갈 것인지는 오직 그 길 위에서 선 자의 몫이다.

길을 찾는 데 지도는 참으로 유용하고 편리하다. 하지만 길을 가는 데 더 필요한 것은 지도가 주는 객관적인 정보보다 길을 가는 이의 주관적인 믿음이다. 믿음이 있어야 길 위에서 더 많은 것을 보고 느끼고 얻을 수 있지, 믿음이 없으면 길 위에서 길 찾기로 귀중한 시간을 보내게 마련이다.

자전거여행길도 그러한대 하물며 인생길이야.

나는 내 인생의 보다 많은 부분을 관광객이 아닌 여행객으로 살고 싶고,
내가 존재하는 세계의 보다 많은 부분을 관광하는 게 아니라 여행하고 싶다.
'나'는 언제나 '너'에게로 여행 중이다.

'나'는 언제나 '너'에게로 여행 중

비와 처마, 번지는 슬픔과 안아주는 마음

  간밤에 텐트가 날아갈 만큼 바람이 사납게 몰아치더니 오전부터 비가 내리기 시작했다. 쉬 끝날 것 같지 않은 비였다. 오늘 하루는 줄곧 우중雨中 라이딩이 될 것 같아 안전에 신경이 쓰였다. 그래서 자전거도로가 아닌 곳은 더욱 조심하며 페달을 밟았다.
  여행하면서 지금까지의 날들을 통해 알게 된 것 가운데 하나는 자전거를 오래 타면 졸음이 쏟아진다는 것이다. 처음에는 그저 피곤하기 때문일 것이라 여겼는데, 안장 위에 올라타 장시간 페달을 밟다보면 피가 아래쪽으로 쏠려 뇌에 산소를 공급해야 할 피가 부족하기 때문이 아닌지 추측해 보았다. 그래서 오늘부터는 50분 주행에 10분 휴식을 지키려 하고 있고, 휴식 중에도 되도록 다리를 심장보다 높이 두어 혈액순환을 원활히 하고자 애쓰고 있다. 버스정류장 옆 낡은 창고 맨바닥에 잠시 누웠다가 일어나 앉아 비가 쏟아지는 도로를 바라보았다. 멀리서 우산 쓴 사람이 빗속을 걸어오고 있었다.

안경 유리에 맺혀 시야를 가리는 빗방울과 흘러내리는 빗물, 오가는 차량이 일으키는 하얀 물보라를 뚫고 미끄러지는 자전거가 위험스러우면서도 왠지 모를 성취감을 안겨주었다. 니치하라부터 이어진 길은 험준한 산을 끼고 강과 계곡을 따라 아래로 내려가고 있었는데 날씨만 좋았다면 참 멋진 풍경이었을 것이다. 안개와 비에 묻힌 계곡과 산이 나름 분위기 있는 모습을 연출하고 있었지만, 고스란히 그 비를 다 맞으며 벌벌 떨어야 하는 자전거여행객에겐 과도한 감정의 사치였다.

추위를 쫓기 위해서라도 열심히 페달을 밟아야 했다. 허기를 참을 수 없을 즈음 다행히 자동판매기 휴게소를 만났다. 위태롭게 보이는 강가 절벽을 따라 얼기설기 이어진 낡은 나무처마 아래로 갖가지 자판기들이 환한 불빛을 발했고, 휴게소 주인으로 보이는 이는 열심히 자판기에 물건을 채우고 있었다. 과연 자판기의 나라다웠다. 서둘러 라면자판기에서 따뜻한 즉석라면을 받아 간이의자에 앉았다. 국물 한 모금 남기지 않고 라면을 말끔히 비우는 사이 음료수 캔을 자판기에 넣던 주인은 다시 담배자판기에 담배를 채웠다.

몸이 한결 따뜻해지자 감기에 걸릴지도 모른다는 불안감을 떨쳐내고 기분 좋게 담배를 물었는데, 물건을 다 채웠는지 주인도 담배를 물고는 내게 다가와 말을 걸었다. '지덴샤' 외에는 무슨 말인지 알아들을 수 없어, 늘 그렇듯이 "와타시와 가이진데스. 와타시와 간코쿠진데스"를 내뱉고는 웃음 지었다. '저는 외국인이고 한국사람이에요'라는 짧은 문장이 내포하고 있는 의미는 '그래서 잘 모른다' '그러니 잘 봐달라' '그러니 꺼져라' 등의

슬픔만큼 그 마음이 번지는 감정이 또 있을까.
처마 밑에서 바라보는 비만큼 그 마음을 안아주는 게 또 있을까.

매우 유용하고 간편한 뜻을 숨기고 있었지만, 그건 어디까지나 내 생각일 뿐이었다.

아무튼 그는 손가락으로 자신을 가리키며 '아이누' '샘샘'이라고 말했다. '아이누, 샘샘?' 처음에는 무심코 고개를 끄덕였는데, 다시 그의 얼굴을 자세히 들여다봐야 했다.

'아이누'는 홋카이도北海道의 원주민으로 혼슈 일본인과는 다른 그들만의 언어·문화·전통을 가지고 있었다. 하지만 오래전부터 본토인으로부터 '에조'蝦夷, 두꺼비족 또는 새우족라는 이름으로 불리며 차별을 받아왔다. 근대 이후에도 일본 정부와 사회는 아이누의 문화와 전통을 미개시하고, 그들의 전통 생활관습을 강제로 금지시켰으며, 홋카이도 개발을 빌미로 그들을 강제 이주시키고 토지를 약탈하기까지 했다. 그렇게 오랜 억압과 차별을 받아온 '아이누'들은 식민지 지배를 받은 우리 민족의 슬픔과 감정을 이해할 수 있었는지도 몰랐다.

그래서 그는 내가 한국인이라는 것에 그 자신도 일본 본토 민족에게 차별과 억압을 받아온 아이누족의 후예임을 밝혀, 빗속의 외로운 나그네에게 어떤 동질감을 표하고 싶었던 것은 아니었을까. 그런 그의 고마운 마음을 짐작하며, 그 마음을 제대로 받을 수 없는 나 자신이 안타까웠다.

하지만 그와 내가 가진 공통의 슬픈 역사를 밝히지 않아도, 같은 언어로 마음을 주고받지 못해도 괜찮았다. 이렇게 깊은 산속의 한 처마 아래서 같이 비를 마주하고 있는 것만으로도 충분했다. 이런 내 마음을 읽었는지 그도 말없이 비를 보며 담배를 빨았다.

슬픔만큼 그 마음이 번지는 감정이 또 있을까.

처마 밑에서 바라보는 비만큼 그 마음을 안아주는 게 또 있을까.

욕망의 지형학을 탐구하는 일상의 태도

어제 니치하라에서 이와쿠니岩国를 거쳐 일본 3경 가운데 하나인 '바다 위의 신사'가 있는 미야지마宮島까지 쏟아지는 비를 고스란히 맞으면서 왔다. 하기에서 이와쿠니를 거쳐 미야지마까지, 도상에서 줄을 그어 연결해보면 일본 본토인 혼슈 서부를 남동방향으로 횡단했다고 할 수 있었다. 이

횡단을 통해 일본 지형에 대해서 많은 것을 느꼈고, 일본을 조금이나마 이해할 수 있는 계기가 되었다.

축소지향적이며, 아기자기한 멋과 미니멀리즘을 추구하며, 전체주의적이고 전통에 집착하는 보수성을 가졌으면서도 개방적이고 개인을 존중하는 일본인. 그러한 일본사회는 기본적으로 지형의 특성이라는 환경 요인에 기인하는 게 당연하다.

일본 지형은 섬의 특성상 평야보다는 산악이 주를 이루고 있다. 평지라야 해안 근처에 부분적으로 형성되어 있는 것이 전부다. 물론 한번의 경험으로 일본 전체의 지형과 일본인, 일본사회를 연결지어 말하기엔 당연히 무리가 있다.

아무튼 하기에서 미야지마까지 약 130킬로미터의 횡단 경험에 비춰보면 일본 지형의 특징은 한마디로, 사람들이 이용할 수 있는 공간^{평지}이 절대적으로 부족하다는 점이다. 지금과 같이 과학기술이 발달한 조건이라면 얼마든지 환경 요인을 극복할 수도 있겠지만, 환경에 순응하며 그에 따라 삶의 양식을 조건 지을 수밖에 없던 시기에는, 환경이야말로 그들 생활의 모든 것을 결정하는 열쇠가 되었을 것이다.

따라서 얼마 되지 않는 이용 가능한 공간을 최대한 효율적으로 활용하기 위해서는 공간을 분할하고, 그 분할된 공간 속에서 무엇이든 축소시킬 수밖에 없는 것은 너무도 자명한 이치였다. 이러한 환경 요인에서 비롯된 문화의 특징은 지금도 고스란히 일본문화의 근간을 이루고 있지 않나 싶다.

농사지을 평지가 부족하니 왜구들은 식량을 약탈하기 위해 끝없이 바다를 건너야 했을 것이다. 개인 차원이 아닌 한 나라의 입장에서 왜구를 살펴보면, 그들에게 이웃나라의 기름진 땅덩이는 터무니없는 침략의 야욕을 부채질하기에 충분했을 것이다. 정명가도征明假道나 대동아공영권 같은 이 세상에 존재하는 그럴싸한 명분들은, 따지고 보면 죄다 단순하고 근본적인 욕망의 발로에 지나지 않는다.

전투는 전술 차원에서 실행되고 전쟁은 정치 차원에서 결정된다는 논리에 따르면 정치는 욕망의 반영이며, 욕망은 먹고 입고 싸는 것에 기인한다. 그리고 인간은 전투·전쟁·정치·욕망이라는 먹이 피라미드 구조에서 벗어날 수 없다. 지양하는 백수와 지향하는 백수의 삶도 욕망에서 비롯된 매트릭스에서 결코 예외일 수 없다.

슬픈 일이지만 모든 인간은 먹고 입고 싸야 존재할 수 있고 그래야 꿈꿀 수 있다. 따라서 욕망구조의 기초가 되는 먹고 입고 싸는 욕망을 어떻게 바라보는지에 대한 관점은 매우 중요하다. 그 시선에 따라 삶의 양상은 확연히 달라진다. 모든 인간은 맛있는 걸 먹고 싶고, 좋은 옷을 좋아하고, 본능적인 쾌락을 희구하는 똑같은 본능적인 욕망을 가지고 있다. 문제는 충족시킬 수 없는 본능적인 욕망 자체가 아니라 그 욕망을 대하는 태도다.

물론 정신과 육체를 함께 공유한 고귀하면서도 저열한 인간을 본능적인 욕망 차원에서만 바라보는 것은 불쾌할지 모르나, 그 불쾌함은 삶의 유쾌함을 위한 기본 전제조건이다. 매슬로의 욕구이론에 따르면, 식욕·성욕·수면욕 같은 생리 욕구 위에 고차원적인 욕구인 안전욕구·소속감과 애정욕구·존경욕구·자아실현욕구 등이 존재한다. 단계적으로 상위에 있는 욕구들은 하위 욕구가 충족되었을 때 동기를 부여받는다.

하지만 인간이 단세포 동물이 아닌 이상 욕구가 계단을 밟듯 단계적·순차적으로 진행될 리 만무하다. 기본적이고 본능적인 욕망 속에는 인간이 꿈꾸는 모든 욕망이 내재되어 있다. 즉 먹고 입고 싸는 욕구에는 그밖에 모든 고차원적인 욕구가 반영된다.

과연 나는 먹고 입고 싸는 욕망을 어떻게 바라보고 있으며, 앞으로 어떻게 바라봐야 하는 것일까. 어떤 태도로 나의 욕망을 실현해 나아갈 수 있을까. 만약 기본적이고 본능적인 욕망에 대한 나의 태도에 믿음을 갖게 된다면, 욕망에서 비롯된 정치·전쟁·전투는 모두 아주 작은 일상적인 행위들로 수렴되지 않을까.

나는 먹고 입고 싸는 본능적인 욕망에 대한 고민들을 아주 단순하고 구체적인 일상 행위들 속에서 바라보고 싶다. 그리고 지금 내가 할 수 있는 단순하고 구체적인 일상 행위는 오로지 묵묵히 자전거 페달을 밟는 일이다.

바다 위의 신사, 무심한 사슴의 눈동자

종일토록 비를 맞으며 간신히 미야지마에 도착해서는 코앞에 미야지마 유스호스텔을 두고 빙빙 헤맸다. 다행히 이곳 숙소에서 따뜻한 물로 몸을 씻고 마른 옷으로 바꾸어 입은 후 흠뻑 젖은 짐들을 정리하고 나니 한결 기분이 나아졌다. 걱정되었던 몸 상태 또한 크게 이상을 느끼지 못했다.

거실이라고 해야 어울릴 것 같은 호텔 로비에 나가 따뜻한 커피를 마시며 주인에게 100엔을 주고 인터넷을 실행해보았지만, 아쉽게도 한국어가 지원되지 않았다. 개인이 운영하는 것으로 보이는 유스호스텔은 하숙집 분위기가 물씬 풍겼다. 염소 턱수염을 멋지게 기른 반백의 주인이 소싯적 세상을 두루 섭렵한 내공을 호텔 여기저기에 널어놓은 낡은 전리품을 통해 느낄 수 있었다.

어느 정도 추위를 쫓아낸 뒤 한가로운 시간을 보내고 있는데 미네 근처에서 헤어진 애국청년이 유스호스텔 문을 밀고 들어섰다. 이와쿠니에서 오는 길이라는 청년은 추위에 벌벌 떤 흔적이 가득했는데, 그간 무슨 고생을 어떻게 했는지 청년은 나를 보자마자 흥분에 겨워 말을 쏟아냈다. 그러고는 내일 함께 미야지마를 둘러보기로 약속을 하고 숙소에 들어가서 나오지 않았다. 아마도 뻗었을 것이다.

애국청년이 들려준 에피소드는 자전거 짐받이에 관한 것이다. 청년은 일본 자전거여행을 위해 새 자전거를 구입했고, 새 자전거에 짐받이를 장착했는데 그게 여행용 짐받이가 아니라 휴대용 짐받이였다. 나 또한 여행용 짐받이를 쉽게 구할 수 없어 상당히 애를 먹었기에 그가 휴대용 짐받이를 선택한 것을 나름 이해할 수 있었다.

하지만 튼튼한 짐받이는 많은 짐을 싣고 다녀야 하는 장기 자전거여행자에게 필수적인 기본 장비라는 것을 청년은 너무도 쉽게 간과했다. 후쿠오카에서 시모노세키를 거쳐 헤어지기 전까지 함께 자전거를 타면서 도로에 산재해 있는 수없이 많은 도로 턱을 넘을 때마다 위태롭게 덜컹이는 청년의 짐받이를 보며, 한번은 좀더 튼튼한 짐받이로 교체해야 할 것 같다고 충고까지 했다.

결국 라이딩 중에 부실해 보이는 짐받이의 이음새가 충격을 이겨내지

사는 게 슬프다는 그와 헤어지며, 낯선 곳으로
떠나야 할 때가 되었다고 말하고 싶었지만 용기가 나지 않았다.

못하고 부서졌고, 애국청년은 땅바닥에 쏟아진 자신이 가진 다양하고 이채로운 짐들을 물끄러미 내려다볼 수밖에 없었다. 두 손은 자전거 핸들을 잡아야 했고, 짊어질 수 있는 배낭은 가득 찼고, 그렇다고 버릴 수도 없고 가져갈 수도 없는 길바닥에 나뒹굴고 있는 짐들은 여간 곤욕이 아니었을 게다.

그야말로 속수무책인 상황에서 그가 결정적인 도움을 받을 수 있었던 것은 자전거 뒤에 매단 태극기 덕분이었다고 한다. 그가 어떻게 해야 할지 모르고 쩔쩔매고 있을 때 마침 그를 지나쳐 가던 재일교포가 발걸음을 멈추었는데, 그게 다 자전거 뒤에서 바람에 팔랑이고 있는 태극기 덕분이었다고 한다.

오전 일찍 애국청년과 함께 미야지마 관광에 나섰다. 오래간만에 자전거와 짐에서 벗어나 가벼운 몸이 되고 보니 오히려 기분이 이상했다. 뭐랄까, 여행객에서 관광객이 된 기분이랄까. 숙소 근처에 있는 미야지마 여객터미널을 찾았지만 안개로 인해 페리 운항이 지연되고 있었다.

할 수 없이 여객터미널 광장을 어슬렁거리며 기웃거리고, 광장 조형물을 카메라로 찍으며 시간을 보냈다. 여객터미널 대합실 안은 많은 관광객들로 북적였는데 일본 3경 가운데 하나인 '바다 위의 신사神社'는 외국인뿐만 아니라 일본인들도 많이 찾는 것 같았다.

점차 날이 개어 햇살이 퍼질 무렵 여객 운항이 개시되었고, 그렇게 운항된 페리는 채 10분도 안 되어 미야지마에 당도했다.

더할 것도 뺄 것도 없는 걸음으로 미야지마 관광에 나섰다. 가장 먼저 눈에 들어온 것은 곳곳에서 만나는 무심한 표정의 사슴 눈동자였다. 손을 뻗어 쉽게 쓰다듬어줄 수 있을 것 같은 사슴들이지만 뿔로 받을 수도 있다고 하니 조심하는 게 상책이다.

바다 위에 관문처럼 서 있는 '도리'에서 사진을 찍고는 보다 자유로운 관광을 위해 청년은 청년대로, 나는 나대로 이쓰구시마嚴島 신사를 둘러보았다. 그렇게 청년과 헤어져 돌아다니다 홀로 페리를 타고 돌아와 편의점에서 산 도시락을 먹고 히로시마로 향했다.

오랜간만에 자전거와 집에서 벗어나 가벼운 몸이 되고 보니 오히려 기분이 이상했다. 뭐랄까, 여행객에서 관광객이 된 기분이랄까.

'나'는 언제나 '너'에게로 여행 중

여행객과 관광객, 그 차이점을 딱히 뭐라 설명해야 좋을지는 잘 모르겠지만, 우선 표피적으로 드는 생각은 대상세계, 타자을 바라보는 시선과 대상과의 교감에서 비롯되는 차이다. 여행객은 대상의 시선이 아닌 자신의 시선으로 대상을 바라보려 노력한다. '대상이 어떻게 보이는가'가 아니라 '나는 대상을 어떻게 바라보는가'에 주목한다.

일상적이고 습관적인 삶에서 이러한 시선 차이는 그다지 문제가 되지

당신은 어떤 사람인가?
당신을 바라보는 나는 항상 궁금했어.
알 수 없는 당신,
결국 나는 당신의 눈동자에 비친 그림자.

않는다. 그냥 보이는 대로 보고, 들리는 대로 듣고, 생각하는 대로 생각하고, 믿는 대로 믿으면 그뿐이다. 하지만 낯선 대상, 새로운 세계를 만날 때 우리는 우리가 가진 시선에 대해 다시 생각하게 되며, 때론 불편함을 느끼기도 한다. 특히 새로운 타자를 만나 새로운 관계를 형성해 나아갈 때 이런 시선에 대한 고민은 매우 중요한 문제로 다가온다.

당신은 어떤 사람인가. 당신은 어떤 직장을 가지고 있고, 연봉은 얼마며, 차는 뭐고, 어떤 음식(혹시 채식주의자?)을 좋아하고, 키는 몇 센티미터고(표준 키면 되지 않겠어, 근데 요즘 성인 여자 표준 키는 몇 센티미터야?), 어떤 혈액형(B형 남자 아니야?)인지, 다른 주변인은 당신을 어떻게 평가하는지(걔는 다 괜찮은데 술만 먹으면 울어—) 등을 통해 당신을 바라보고 당신을 알게 되었다고 생각한다.

하지만 여기에는 당신을 바라보는 '나'의 시선이 빠져 있다. 그래서 묻게 된다. 당신을 바라보는 나의 시선은 과연 나의 시선인가. 나는 정말 당신을 어떻게 바라보고 있는지. 혹 내가 아닌 외부의 시선으로 당신을 바라보고 있는 건 아닐까. 당신을 바라보는 나의 시선에 왜 다른 이들의 시선이 중요하게 반영되는 걸까.

여행객은 자기의 시선으로 대상과 자신의 삶을 밀접히 연결시켜 좀더 내밀하고 개인적인 감정의 교감을 경험한다. 반면 관광객은 대상의 시선으로 대상을 바라보며, 대상과의 교감보다는 대상과 자신의 삶과의 차이점에 주목한다.

여행과 관광을 보다 철학적인 의미로 생각해본다면 그건 '나'와 '너'의 문제일 수 있다. 여행이 '나'와 '너'라는 두 집합의 교집합과 전

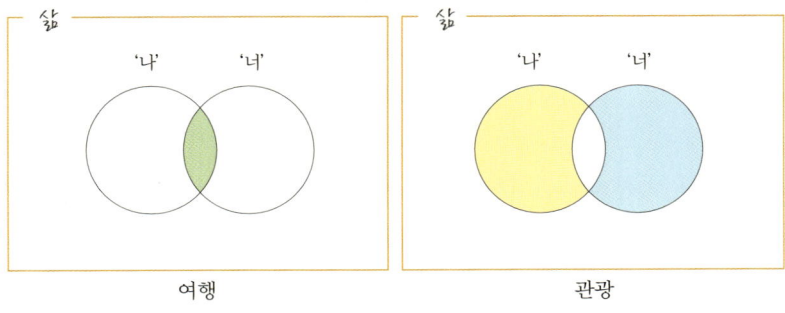

체집합에서 그 교집합의 의미를 찾아가는 '시간'의 '공유'라면, 관광은 전체집합에서 '나'와 '너'라는 두 집합의 차집합에 중점을 두는 '시간'의 '분할'이다.

    여행객과 관광객, 여행과 관광, '나'와 '너', 이런 차이점을 보다 명확하게 이해하기 위해서는 더 많은 시간과 여행과 관광이, 그리고 더 많은 '나'와 '너'가 필요할 것이다.

    분명한 것은 나는 내 인생의 보다 많은 부분을 관광객이 아닌 여행객으로 살고 싶고, 내가 존재하는 세계의 보다 많은 부분을 관광하는 게 아니라 여행하고 싶다.

    그리고 나는 언제나 너에게로 여행 중이다.

세상을 향한 로드워크

    어제는 원자폭탄이 투하된 도시인 히로시마廣島의 평화공원을 찾았다. 인류의 폭력성을 기록하고 있는 평화공원에는 원폭위령비와 원폭어린이상 그리고 지구상에서 핵무기가 사라질 때까지 타오를 평화의 불꽃과 한국

원자폭탄이 투하된 히로시마의 평화공원을 찾았다. 모든 것이 인간이 만든 부조화 속에서 이룰 수 없는 조화로움을 찾는 듯 보여 안타까웠다.

인 원폭 희생자 위령비가 있었다. 그 모든 것이 인간이 만든 부조화 속에서 이룰 수 없는 조화로움을 찾고 있는 듯 보여 안타까웠다.

　더구나 원폭으로 사망한 사람의 10명 가운데 1명 이상이 강제노동에 시달렸을 한국인이라고 하니, 기분이 착잡해졌다. 강 건너에는 유네스코 세계유산으로 지정된 원폭 돔이 멈춘 시계의 초침처럼 당시의 순간을 절규하고 있는 것 같았다.

　"멈추어라, 충분히 야만스런 세계여!"

원폭 돔의 앙상한 뼈마디가
멈춘 시계의 초침처럼 당시의
순간을 절규하고 있었어.
"멈추어라, 충분히 야만스런
세계여!"
꺼지지 않는 평화의 불꽃,
기억해줄 수 있겠어.
옛날 옛적에 핵무기가
있었다는 걸.

　　원폭 돔의 앙상한 뼈마디처럼 적나라하게 드러난 인류의 폭력성과 야만성 때문이었을까. 너무도 아름답고 평화로운 공원에서 괜스레 우울해져 서둘러 공원을 벗어나야 했다.

　　히로시마 성을 둘러본 후 힘들게 도심을 빠져나와 밤이 늦어서야 캠핑장을 찾을 수 있었다. 캠핑장을 찾기까지 무척이나 외롭고 힘이 들었으나 다행히 수많은 사람이 도와줘서 물소리 가득한 계곡에서 밤새 귀를 맑게

페달을 밟는 동안 나는 세상을 향해 내딛는 내 발걸음이
'세상을 향한 로드워크'라 생각했다.

씻으며 야영을 할 수 있었다.

아무리 생각해도 히로시마 같은 대도시나 미야지마 같은 관광지는 이번 여행과는 그다지 어울리지 않는 것 같다. 특히 대도시는 심신을 무척 피곤하게 만든다. 그래서인지 딱히 쓸 것도, 떠오르는 것도 없다.

가이타海田 캠핑장에서 야스우라安浦와 다케하라竹原를 거쳐 오노미치尾道에 도착했다. 길을 잇기 위해 잠시 동안 배를 타야 했는데 선착장은 딱히 표를 파는 곳도 없었고, 배는 바지선 같은 커다란 통통배였다.

기다리던 배가 도착해 사람들과 함께 자전거를 끌고 배에 올라 한적한 바닷바람에 땀을 씻었다. 배는 많은 사람들로 붐볐다. 섬을 오가며 통학하는 것으로 보이는 학생들, 자전거를 끌고 오른 사람들, 오토바이 안장 위에 그대로 앉아 있는 사람들, 그밖에 다양한 모습의 사람들. 그 많은 사람들 사이에서 요금징수원이 미꾸라지처럼 빠져다니며 일일이 사람들에게 다가가 뱃삯을 받았다.

요금징수원은 세월의 흔적이 고스란히 배인 낡은 요대를 차고 손에 든 때에 절어 반질반질 윤이 나는 나무판때기에 손님에게서 받은 동전을 채우거나 거슬러 주었다. 근데 내 곁을 지나가면서도 내게서는 요금을 받지 않아 이상하게 여겨졌다. 출발한 지 채 5분도 안 되어 배는 건너편 섬에 도착했고, 도착해보니 나와 같은 이륜차는 일반 사람들이 모두 배에서 내린 다음 나중에 뱃삯을 내며 하선을 시작했다.

"얼마예요?"

자전거를 끌고 징수원에게 다가가 묻자, 나이 지긋한 징수원이 커다란 목소리로 대답했다.

"나나주엔."

"예, 얼마요?"

다시 묻자 징수원은 바빠 죽겠는데 지금 뭐하는 거야 하는 표정을 지었다.

"나나주엔."

잽싸게 속으로 '이치, 니, 산, 시……'를 세다 순간 당황해서 지갑에서 지폐를 꺼내 징수원에게 내밀었다. 오천 엔짜리 지폐, 불행히도 더 작은 단

위의 지폐는 지갑 안에 없었다. 그러자 징수원은 '지금 장난하는 거야'라는 표정으로 수많은 동전이 빛깔 별로 차곡차곡 정리된 나무판때기를 내 눈앞에 들이밀며 목소리를 높였다.

"나나주엔!"

이해할 수 없는 갑작스런 상황에 얼굴이 화끈거리고 한 줄기 땀이 등골에 맺히더니 뒤에서 하선을 기다리는 사람들의 시선이 뒤통수에 꽂히는 게 느껴졌다. 에라 모르겠다 싶어 지폐를 구겨 넣고 자전거에 매단 동전주머니에서 동전을 한 움큼 꺼내어 손바닥 위에 펼쳐 보였다. 그러자 한껏 인상을 구기고 있던 징수원이 내 손바닥 위에서 오십 엔짜리 동전 하나와 십 엔짜리 동전 두 개를 골라내더니 내 눈앞에 바짝 갖다 대고 또박또박 찬찬히 말을 했다.

"나, 나, 주엔, 오케이?"

"하이, 스미마셍."

속도계가 고장 나서 정확한 주행거리는 알 수 없으나 아침 6시에 출발해서 저녁 6시까지, 도중에 약간의 휴식과 끼니를 때우는 시간을 제외하면 열 시간 넘게 달렸다. 그렇게 페달을 밟는 동안 나는 세상을 향해 내딛는 내 발걸음이 '세상을 향한 로드워크'라 생각했다. 무수한 잽과 스트레이트 연타 그리고 카운터펀치를 허공 속에 날리며 세상 속으로 달려 나가고 있다고.

어둠이 내리기 시작하는 해안가 도로를 달리며 지친 몸을 눕힐 수 있

멀게만 보이던 바다가 그들의 허리 밑에서 찰랑이고 있었다.
'그래 바닷물로 땀을 씻는 거야.'
노을 진 바닷물을 움켜 세례를 받듯이 세수를 했다.
몸을 담근 황금빛 바다가 거대한 욕조 같았다.

는 장소를 찾다가 바다가 보이는 길가 벤치에 주저앉았다. 근처에 화장실이 없어서 불편할 테지만 불편을 감수할 만한 아름다운 바다를 마주할 수 있어 이곳에 텐트를 칠 작정이었다. 그런 생각으로 저물고 있는 바다를 바라보며 빵을 뜯고 천천히 맥주를 마셨다.

그렇게 어두워지기를 기다리면서 고요한 시간을 보내고 있는데 해안도로 아래쪽 바다에서 시원한 웃음소리가 들려왔다. 혼자만의 풍경인 줄 알다가 뜻밖에 유쾌한 웃음소리를 들으니 호기심이 일어 자세히 살폈다. 한 사내와 그의 아내로 보이는 여인이 수영을 하면서 잘생긴 래브라도 리트리버^{맹인 인도견}를 바닷물에 목욕시키고 있었는데, 놀라운 것은 아득히 멀게만 보이던 바다가 그들 허리 밑에서 찰랑이고 있는 모습이었다. 마땅히 씻을 곳을 찾지 못해 씻기를 포기했는데 뜻밖에 좋은 생각이 떠올랐다.

'그래 바닷물로 땀을 씻는 거야.'

방파제같이 이어지는 해안도로에서 바다로 내려가서는 돌계단 위에 옷을 벗어놓고 조심스럽게 바다로 들어갔다. 사내와 여인이 가벼운 목례를 건네 왔다. 처음 접하는 감각의 신중함으로 노을 지는 바닷물을 움켜 세수를 했는데 마치 성스런 세례를 받는 것 같았다.

바닷물로 가슴을 문질러 닦아내고는 서서히 몸을 바닷물에 담갔다. 미지근한 바닷물에서 한낮의 태양이 남긴 온기가 느껴졌다. 그렇게 석양에 물든 바다에 몸을 담그고 있자니 눈앞에 펼쳐진 황금빛 바다가 거대한 욕조 같았다.

달콤한 낮잠이란 순간의 아늑한 죽음이다.
그 죽음을 통해 새로이 정신과 몸이 깨어나 새로운 세상을 마주할 때

나는 달콤한 낮잠을 잤다고 느낀다.

행복한 낮잠

바다, 섬 그리고 다리

　새벽 일찍 텐트를 접었다. 간밤에 야영한 자리는 아름다운 바다를 볼 수 있는 전망 좋은 벤치일 뿐 씻거나 밥을 지어 먹을 수 있는 곳은 아니었다. 바닷물에 몸을 담근 것 외에 제대로 씻지도 못하고 먹지도 못했는데 기분이 상쾌했다. 그윽한 바다 내음을 맡으며 잠이 들었고 잠에서 깼다는 단순한 사실이 나 자신을 흐뭇하게 만들었다.

　새벽부터 저녁까지 자전거를 타며 땀을 흘리고, 바닷물에 몸을 담가 땀을 씻고, 야영할 장소를 찾아 텐트를 쳐 지친 몸을 눕히고, 다시 새로운 날이 밝아 텐트를 접고 출발준비를 하는 행위들. 이런 사소하고 단순한 행위들이 가져다주는 놀라운 희열은 어디서 비롯되는지 궁금했다.

　같은 자리를 맴돌고 있는 듯한 이 길은 혼슈와 시코쿠四國 사이에 있는 섬과 섬을 잇는 '시마나미 가이도'道竝海道 라이딩 코스다. 시마나미 가이도는 오노미치尾道에서 이마바라今治까지 여섯 개 섬을 잇는 열 개의 다리로 이어지는 고속도로다. 이 코스에서 만나게 되는 놀라운 점은 섬과 섬을 잇는 거대한 교량의 위용이 아니라 그 교량 위에 정비된 보행자·자전거 전용도로가 내포하고 있는 정신이다. 다리들은 고속도로라는 주 기능은 물론, 섬 지역주민과 나와 같은 여행자_{소수자, 약자 또는 다양성} 등을 위한 부대기능을 섬세하게 고려해 건설한 게 분명했다. 시마나미 가이도는 효율성과 경제성을 갖춘 속도의 미학을 나타내는 고속도로인 동시에 친밀성과 공존성을 통해 느림의 미학을 담고 있다. 이 길은 자전거여행자에게 매력적일 뿐만 아니라 '보다 인간의 얼굴에 가까운 건설'이 무엇인지를 느끼게 한다.

 시마나미 가이도 라이딩은 이런 식으로 진행된다. 우선 다리를 건너 섬으로 들어간다. 그리고 해안도로를 따라 섬을 일주하거나 섬을 가로질러 또 다른 섬으로 넘어가는 다리를 찾는다. 그러고는 다시 바다 위에 시원하게 펼쳐진 다리를 건넌다. 그렇게 다시 만난 섬을 돌거나 가로질러 또 다른 바다 위의 다리를 만난다. 이렇게 여섯 개의 섬과 열 개의 다리를 건너는 것이다.

 이 코스는 행인조차 만나기 쉽지 않은 고요하면서도 섬의 형세를 따라 굽이굽이치는 변화무쌍한 길이다. 특징은 가까이에서 내려다볼 수 있는 친밀한 '바다'와 섬과 섬을 잇는 '다리'가 주는 강렬하고 시원한 느낌을 만날 수 있다는 점이다.

 그 느낌은 바다와 섬 그리고 섬과 섬을 잇는 교량이라는 공간 배경에서 연유한다. 교량 위에서 바라보는 발밑의 바다는 인간이 범접할 수 없는 자연의 스케일을 체감케 하고, 섬과 섬을 잇고 있는 바다 위에 놓인 다

당신을 만나기 위해 다리를 건넌다.
섬이다.
당신과 이별하며 다리를 건넌다.
다시 섬이다.

여섯 개의 섬과 섬을 잇는
열 개의 다리
그리고 '보다 인간의 얼굴에
가까운 건설.'
하나의 섬과 이별하면서
그 이별이
또 다른 섬으로 이어지는
바다 위의 다리에서……

리는 인간의 노력으로 만들어지는 문명의 위대함을 느끼기에 충분하다. 그것은 마치 삶과 죽음이라는 거대한 자연의 질서 속에서 애틋한 인간의 정이 만들어나가는 희로애락의 부질없음과 놀라움을 동시에 깨닫는 것과 같다.

    하나의 섬과 이별하면서 그 이별이 또 다른 섬으로 이어지는 바다 위의 다리에서…….

섬에서 산이 차지하는 위용은 바다 못지않다.
자전거를 끌고 올라야 하는 너무도 가파른 길.

당신이 브레이크를 잡아야 할 때

일본 산山을 우습게 안 대가를 혹독하게 치렀다. 점심 무렵 소도시마小豆島에 도착해 섬 정상 부근의 계곡을 둘러본 다음 후쿠타 항까지 가기 위해 출발했다. 섬이라는 제한된 공간에서 산이 차지하는 위용은 바다 못지않았다.

섬이라는 협소한 공간 제약으로 산에 오르는 길은 급경사와 급회전으로 점철되었고, 도로의 심한 경사도는 매우 아름다운 경관을 보여주었으나, 그만큼 힘들게 자전거를 끌고 올라야 했다. 본토인 혼슈에서 만났던 산과는 전혀 다른 모습의 산을 느낄 수 있었다.

　해발 777미터까지 자전거를 끌고 오르는 길은 너무 가팔랐다. 힘에 부쳐 입에서 연신 쌍욕이 튀어나왔고, 점차 심해지는 육체의 고통은 마비를 넘어 묘한 쾌감마저 불러일으켰다.

　산 정상을 얼마 앞두고 하산하기로 마음을 바꿔 내리막길을 타고 내려가기로 했다. 그런데 하기에서 이와쿠니까지 다운 힐을 경험했던 자신만함으로 다운 힐을 즐기려 했지만 오산이었다. 엄청난 가속도와 위험한 코너링의 쾌감도 잠시, 급회전으로 내려가는 급경사는 브레이크 제어능력을 벗어났고, 급기야 급회전에서 브레이크를 안정적으로 잡지 못해 아스팔트 바닥에 나뒹군 것이다.

　아찔한 순간이었다. 손바닥이 까진 것 외에는 큰 상처를 입진 않았으나 까딱 잘못하면 벼랑으로 튕겨 떨어질 수도 있었고, 오가는 차량이 있었다면 큰 사고로 이어질 뻔했다. 조심조심 산을 내려온 연후에도 사고의 충격에서 쉽게 벗어나지 못했다. 오베大部 항에 이르러 자판기에서 뽑은 담배를 물고 난 뒤에야 겨우 놀란 가슴을 진정시킬 수가 있었다.

　위험천만한 이번 사고를 통해 매우 소중한 교훈을 얻었는데, 특히 급경사 주행시 급회전할 때 브레이크 조작은 운전자의 통제 범위를 쉽게 벗어날 수 있다는 점을 깨달았다. 안정적인 속력 저하와 돌발사태가 일어났을 때 브레이크 제어가 가능한 속도의 범위를 직접 몸으로 느낀 것이다.

　왼손바닥이 움푹 패이는 대가를 치렀지만 앞으로 남은 여정을 위해 참으로 귀중한, 하지만 두 번 다시 만나고 싶지 않은 경험이었다. 브레이크

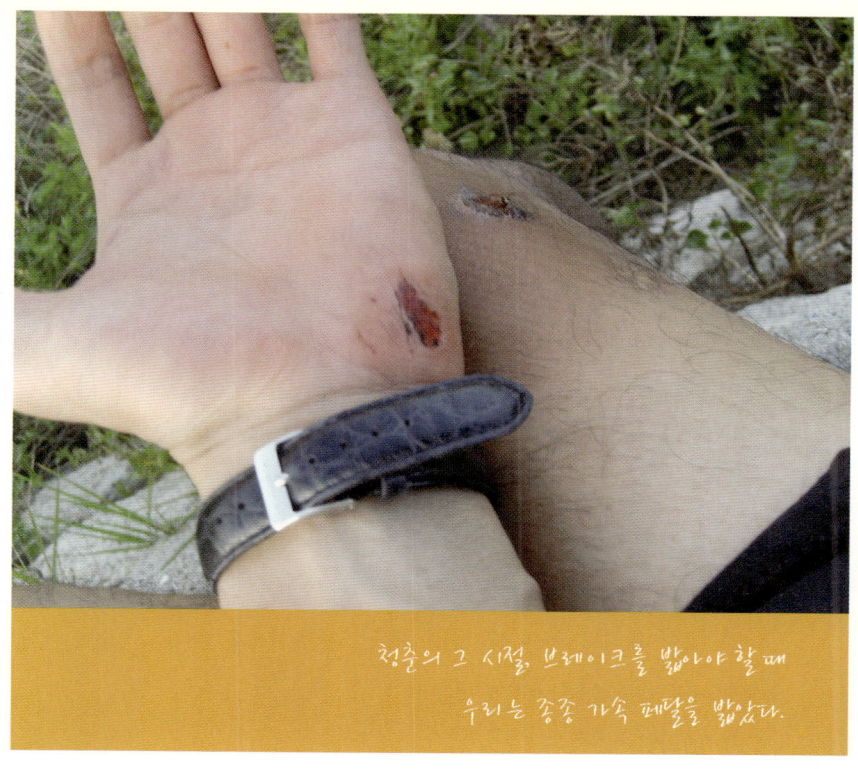

청춘의 그 시절 브레이크를 밟아야 할 때
우리는 종종 가속 페달을 밟았다.

조작은 분명 체력과 구동력의 효율적인 사용에 저해되는 측면이 있으나 빈번한 브레이크 사용만이 안전주행을 확보할 수 있는 최고의 지름길이라는 사실, 그리고 안전주행이 자전거배낭여행의 가장 중요한 가치라는 것을 절감할 수 있었다.

가깝고도 먼 일본, 아메리칸데스카?

한동안 여행기를 쓰지 않았다. 아마도 마음의 여유가 없었기 때문인 것 같다. 마음의 여유, 도대체 어딜 가서 뭘 해야 그놈의 마음의 여유란 놈을 찾을 수 있을지 모르겠다. '할―, 마음을 가져오거라, 그러면 여유를 찾게 해줄 테니.'

이런 선승의 깨달음을 음미하기에 도시는 그다지 적합하지 않다. 대도시가 가까워질수록 여행에 대한 부담, 특히 변변한 지도 한 장 없이 길을 찾는 것과 야영 위주의 잠자리가 만만치 않기 때문인지도 모르겠다.

히메지姬路 성을 둘러보고 2번 국도를 따라 오사카大阪로 들어가는 길에 강변에서 야영을 했다. 일본인에게서 외국인에 대한 경계심은 그다지 느낄 수 없으나 홀로 자전거를 타고 여행하는 외국인이 가질 수밖에 없는 경계심과 신중함은 현지인의 비위와 시선을 거슬리지 않도록 행동에 유의할 수밖에 없었다.

한 가지 재미난 것은 현지인인 줄 알고 호기심을 보이는 일본인에게 외국인이라 말하면 꼭 이렇게 반문했다.

"아메리칸데스카?"

같은 동양인, 그것도 동남아시아 사람도 아니고 한·중·일 비스무리한 사람을 보고 미국인이냐고 묻다니, 좀 어이가 없었다. 하지만 일본과 가장 가까운 나라가 미국이고, 일본인의 의식 속에 가장 친밀한 외국인이 미국인이라는 생각에 미치니 이해하지 못할 것도 아니었다.

동양인을 보고 미국인이냐고 묻는 일본인의 어이없음과 개방성이 놀랍고 부럽기도 하지만 엎어지면 코에 닿는 이웃나라 사람을 보고 미국인이냐고 묻는 말에 가깝고도 먼 일본이란 말이 새삼 새롭게 다가왔다.

한 가지 재미난 것은
현지인인 줄 알고
호기심을 보이는 일본인에게
외국인이라 말하면
꼭 이렇게 반문했다.
"아메리칸데스카?"
가깝고도 먼 이웃 나라 일본.

도시탈출, 펑크의 경계신호

　새벽부터 더듬이 잘려 나간 곤충처럼 도심을 헤매다 간신히 오사카 성을 찾았다. 히메지 성의 순수하고 청렴결백한 모습과는 전혀 다른 오사카 성은 부유한 귀부인의 화려한 외출을 연상시켰다.
　오전 관람시간이 다가오자 대형 관광차가 줄지어 주차장을 메우더니 중국과 한국의 관광객으로 보이는 수많은 사람을 토해냈다.
　오사카 성은 우리나라로 치면 외국인이 찾는 경복궁이나 덕수궁 정도

도시에서 길을 잃었다.
잃어버린 길을 찾다가 펑크가 났다.
울컥, 짜증이 치밀어 올랐다.
태어나 처음으로 직접 펑크를 수리했다.
길을 잃고 투덜대는 조급한 마음에
누군가 펑크로 경계신호를 보냈나 보다.

가 되지 않을까 싶었다.

도쿄 다음으로 한국인이 많다는 오사카에서 원래 계획은 유스호스텔에 묵으며 관광도 하고 오사카의 야경도 구경할 예정이었으나, 콘크리트 고가도로가 미로처럼 얽힌 도심에 정나미가 떨어졌다. 무엇보다 유스호스텔을 찾기까지 하루를 도심에서 허비할 것 같아 서둘러 다음 행선지를 살폈다. 기본 일정은 오사카-나라奈良-교토京都였으나, 나라 또한 오사카와 별다르지 않을 것 같아 나라를 생략하고 내륙 산악이 시작되는 교토로 바로 가는 게 좋겠다는 생각이 들었다.

교토로 가는 길에 재래시장을 현대식으로 말끔히 단장한 시장 아케이드에서 우리나라로 치면 백반에 해당할 일일정식인 '데이쇼쿠'로 점심을 먹었는데 매우 정갈하고 깔끔한 음식이 꽤 맛있었다. 덤으로 주인에게서 맛있다는 일본말 "오이시데스"를 확실하게 배울 수 있었다.

또다시 1번 국도에서 길을 잃었다. 대도시에서는 국도라 하더라도 부분부분 자동차전용 고가도로로 이어지는 지점이 있는데, 그런 곳은 자전거 통행이 불가능했다. 어쩔 수 없이 길을 돌아가야 했는데 길을 가면 갈수록 점점 더 1번 국도에서 벗어났다. 그렇게 길을 돌고 돌아 1번 국도를 찾는 과정에서, 마침내 우려하던 펑크가 났다. 길도 잃었는데 나사못이 뒷바퀴에 박힌 것을 보니 울컥 짜증이 밀려왔다.

처음 펑크 수리를 해보는 긴장감 속에서 펑크 난 곳을 찾아 사포로 문지르고 펑크 패치에 본드를 발라 조심스럽게 붙였는데 역시나 바람이 빠졌다. 다시 똑같은 과정을 되풀이했지만 밑 빠진 독도 아니고 계속해서 바람이 샜다. 처음부터 하나하나 다시 점검해보니 나사못이 깊숙이 박혀 튜브

반대쪽에도 구멍이 난 것을 발견할 수 있었다.

세 개의 펑크 패치를 허비하고 나서야 가까스로 땜질에 성공했으나 마음이 놓이질 않았다. 아마도 길을 잃고 투덜대는 자전거여행객의 조급한 마음에 누군가 펑크를 통해 경계 신호를 보낸 것 같았다.

겨우 13번 국도에서 1번 국도를 찾아 오후 3시가 넘어서야 교토에 도착했다. 교토에 도착하자마자 눈에 띄는 자전거수리점을 찾아서 펑크 난 타이어를 체크했는데 아무런 이상이 없었다. 첫 펑크 수리에 대한 불안을 떨치고 자신감을 찾았으나, 자전거수리점 주인이 820엔을 요구했다. 단지 펑크 점검만 했을 뿐인데 약이 올랐다. 하지만 길도 묻고 다른 정비도 할 수 있어서 흔쾌히 값을 치렀다.

교토 구경을 생략하고 외곽을 따라 비와 호^{琵琶湖}로 빠졌다. 비와 호까지의 거리를 생각하면 교토에서 묵는 것이 바람직했지만 한시바삐 도시를 벗어나고 싶은 마음이 또 페달을 밟게 만들었다.

오후 6시, 또다시 길을 잃어 허기도 채우고 길도 물을 겸 근처 식당에 들어갔다. 식당 주인이 비와 호까지 자전거로 두세 시간 거리라고 일러주기에 배도 채웠겠다, 가다 못 가면 도중에 야영하면 되겠지라는 생각으로 다시 출발했다. 하지만 생각과는 달리 외곽으로 벗어난 도로는 점점 더 첩첩산중으로 이어지고 날도 조금씩 어두워지기 시작했다.

마음은 심란해지고 불안감이 밀려오는데 길은 계속해서 오르막이었다. 폭넓은 자전거도로가 안정적으로 확보되어 있는 대도시라면 야간주행도 도로 신호만 잘 지킨다면 크게 문제될 게 없지만 자전거도로가 확보되지 않은

바다와 같은 호수,
그저 스치고 지나가는 순간이 아쉽기도 했지만
걸음을 멈추고 호수를 마주하면
왠지 허약한 감상에 젖을 것 같아 더욱 힘을 주어 페달을 밟았다.

산속 2차선 국도변에서의 야간 라이딩은 두려움을 넘어 공포를 자아내기에 충분했다. 페달을 밟는 순간순간이 생사의 고비라는 긴장감을 놓을 수 없을 정도였다. 길을 되돌릴 수 있는 상황도 아니고 그렇다고 주행을 포기하고 야영할 수 있는 조건도 되지 않아, 후회가 걷잡을 수 없이 파도쳤다.

하지만 지금 이 순간 필요한 것은 후회가 아니라 신중함과 믿음이었다. 후회를 하고 있기에는 길이 너무 위험했다. 힘든 고개를 넘어 내리막길을 만났는데 야간주행에서의 내리막길은 오르막길과는 전혀 다른 공포와 쾌감을 동시에 느끼게 만들었다.

달콤한 낮잠, 순간의 아늑한 죽음

비와 호의 고즈넉한 새벽 풍경 속에서 잠이 깼다. 미치노에키道の驛에서 아침을 맞은 트럭 운전사와 여행자들이 칫솔을 입에 물고 화장실에 들어와 세면을 하고 있었다. 그들 틈에서 고양이 세수를 하고 나와 텐트를 접었다.

지난밤에 먹다 만 빵과 바나나로 대강의 허기를 채우고 비와 호 가장자리를 따라 달려 나갔다. 새벽부터 호숫가에서 낚시를 하는 이들과, 몇몇이서 호수에 배를 띄우고 있는 풍경이 눈에 들어왔다. 바다와 같은 호수, 그저 스치고 지나가는 순간이 아쉽기도 했지만 걸음을 멈추고 호수를 마주하면 왠지 허약한 감상에 젖을 것 같아 더욱 힘을 주어 페달을 밟았다.

히코네箱根를 지나 기후岐阜로 가는 길에 작은 마을을 만났다. 한적하게 마을을 구경하다 인적이 없는 신사를 찾아 들어갔는데 자갈이 깔린 조그만 돌마당에 커다란 종이 매달려 있었다. 돌마당에 축축이 젖은 옷들을 펼쳐

널고는, 그늘에 자리를 펴고 누워 따가운 햇살에 옷들이 바짝 마르는 동안 곤한 잠에 빠져들었다.

기분 좋은 낮잠이었다. 낮잠을 통해 느끼는 살아 있음의 행복은 달콤하다. 너무도 주관적인 행복을 객관적으로 수치화해서 계산하는 행복지수란 것도 있지만, 얼마나 행복한지는 얼마나 달콤한 낮잠을 잘 수 있는지로 알 수 있지 않을까.

달콤한 낮잠이란 진정 생명의 축복이다. 물론 달콤함의 기준이 모호하고, 사람마다 달콤한 낮잠이 다를 수도 있겠지만, 내가 생각하는 달콤한 낮잠은 바로 순간의 아늑한 죽음이다. 그리고 순간의 아늑한 죽음을 통해 새로이 정신과 몸이 깨어나 새로운 세상을 마주할 때 나는 달콤한 낮잠을 잤다고 느낀다.

아마도 그 느낌은 어릴 적 추억에서 비롯되는 것 같다. 따사로운 햇볕이 내리쬐는 마당이 내려다보이는 마루에서 할머니의 무릎을 베고 잠이 들었는데 깨어보니 날은 어둑어둑 저물어 있고 덩그러니 집에는 아무도 없고, 소리쳐 할머니를 불러도 아무 대답이 없어 울음을 터뜨릴 수밖에 없었던, 그 울음 속에서 바라보던 세상의 낯선 느낌.

한풀 꺾인 햇살을 받으며 길을 달려 기후에 도착, 가마우지로 낚시를 하는 기후 강변을 따라 자전거를 슬렁슬렁 타며 구경했다. 강변에는 관광객 맞이를 위해 상차림을 하고 있는 조각배가 즐비했는데, 그 많은 배들 중에서 어떤 배가 가마우지 낚싯배인지는 알 수 없었다. 조각배 위에 술동이를 싣고 강에 띄운다면 그야말로 풍류도락이 따로 없겠지만, 자전거 안장

소리쳐 불러도 아무 대답이 없어 울음을 터뜨릴 수밖에 없었던,
그 울음 속에서 바라 보던 세상의 낯선 느낌.

위에서 서서히 페달을 굴리는 것도 그에 못지않았다.

기후 시내를 벗어나 편의점에서 도시락과 맥주를 사서 잠시 쉴 수 있는 곳을 찾던 차에 구조하치 만으로 들어서는 길목에 철퍼덕 주저앉았다. 오늘 하루를 기분 좋게 마감하는 자리는 아니었지만 왠지 모르게 나 자신이 뿌듯해서 시원한 맥주 한 캔을 선물로 주고 싶었기 때문에.

흘러가는 물결 위로 우리 같이 배를 띄우자.
그렇게 술 한 통이 싣고 우리 같이 흐르자.

설상가상에 치명상

　첫 번째 낙마 사고로 입은 상처가 덧나기 시작했는데 챙겨온 소독약을 잃어버려 아무런 치료를 하지 않았던 것이 화근이었다. 오사카로 가는 길에 소독약을 구입해 지속적으로 발랐더니 상처가 많이 나아져 다행이다 싶었는데, 그만 간밤에 또 다른 상처를 얻고 만 것이다.

　전날 늦은 밤길을 헤매다 야영하기 알맞은 공원을 발견한 기쁨으로 근처 편의점에서 맥주 두 캔을 사들고 공원에 들어섰다. 작은 마을답게 조용하고 아늑한 공원에서 애완견을 데리고 산책하는 사람들과 의자에 앉아 두런두런 담소를 나누는 주민들, 공원 한켠의 우리에서 원숭이와 각종 새들이 지친 나그네를 반갑게 맞아주었다. 깨끗한 화장실 앞 벤치에 자전거를 기대어 놓고 참으로 운이 좋다는 생각을 하며 천천히 맥주를 마셨다.

"곰방와."

산책하는 이들이 낯선 이를 보고 먼저 말을 건네 오는데, 가벼운 인사 말 한 마디가 하루의 피로를 싹 씻어주었다. 이어지는 무슨 뜻인지 알아들을 수 없는 말에는 그저 웃음으로 대답을 대신했다. 사람들이 하나둘 어둠 속으로 사라진 후에 따끈따끈한 온기가 남아 있는 아스팔트 바닥에 텐트를 치고 지친 몸을 뉘였다. 그리고 시간을 짐작할 수 없는 어둠 속에서 눈을 뜨기까지 죽은 듯 곤한 잠에 빠져들었다.

한밤중에 눈을 뜨게 만든 것은 텐트 맞은편에 주차된 차의 엔진 소리였다. 지독한 가래와 오래된 천식을 앓는 듯한 소리에 뒤척일 수밖에 없었는데 나도 모르게 짜증을 내며 확 돌아눕다가 그만 쿵! 하고 머리를 아스팔트 바닥에 찧었다.

아차, 싶었다. 지금 여기, 내가 누워 있는 이곳은 그리운 나의 집, 푹신한 이불과 베개가 있는 아늑한 나의 방이 아니라, 베개도 없이 누워 있는 아스팔트 맨바닥이라는 것을 깨달아야 했다.

그렇게 이마에 혹이 불어나고 보니 화가 치밀어 올라 침낭을 젖히고 일어나 텐트 밖으로 나왔다. 화장실에 가야겠다는 생각도 있었지만 도대체 어떤 연놈들이 밤새도록 차에서 무슨 큰일이라도 벌이는지 확인이라도 해야겠다는 심산이었다.

채 잠이 깨지 않아 맨발로 화장실을 향해 터벅터벅 걸어갔는데, 그만 짙은 어둠 속에서 화단을 분간하지 못하고 거기에 심어진 나무를 밟고 말았다. 잠이 확 달아났을 뿐만 아니라 위험을 알리는 짜릿한 신호가 머리를 스쳤다. 장애자용 화장실 문을 밀고 들어가 황급히 발바닥을 살펴보니 발바닥 껍질이 엄지손톱보다 크게 벗겨나간 자리에서 흥건히 피가 고여 나왔다.

욕설과 탄식과 후회 속에서 상처 부위를 물로 닦아낸 뒤 절룩이며 텐트 안으로 돌아와 첫 상처에서 얻은 경험을 바탕으로 서둘러 초동 조치를 취했다. 소독약을 바르고도 마음이 놓이질 않아 발바닥 상처 부위에 담배를 뜯어 담뱃가루를 뿌리고 밴드를 붙인 다음 양말로 상처 난 발을 감쌌다. 효능이 있는지 없는지는 알 수 없으나 담뱃잎이 상처를 덧나지 않게 하는 데 좋다는 이야기를 들은 기억 때문이었다.

어릴 때 할머니께서 할아버지에 관한 일화를 들려주셨다. 젊은 시절, 산에 나무하러 가신 할아버지께서 낫질을 잘못했는지 발뒤꿈치 살점이 거의 떨어져 나갈 정도의 상처를 입으셨다. 그런 채로 나무 한 짐을 지고 집에 돌아와서는 쩍 갈라져 살점이 덜렁덜렁한 발뒤꿈치에 굵은 소금을 한 움큼 뿌리고, 담뱃가루와 담뱃잎으로 감싸 천으로 동여매셨다. 그러고는 아프다는 소리 한마디 없이 주무신 뒤 그 다음날, 날이 밝기가 무섭게 또다시 지게를 지고 산에 가셨다는 이야기다.

낫에 베인 생살에 굵은 소금을 뿌리고 담뱃잎으로 감싼 이야기는 지금 생각해도 오싹 소름이 돋는다. 과묵하시고 언제나 조용하시던 할아버지의 일화는 그 옛날 헐벗고 굶주리며 살아온 대다수 민초들의 흔한 애환일 수 있겠지만, 당장 상처를 치료해야 하는 나에게는 아주 소중한 응급치료 방법이었다. 다른 부위도 아니고 발바닥이라니……. 자칫하다가는 여기서 일본 자전거배낭여행이 끝날 수도 있겠다는 위기감이 몰려왔다.

천국의 보도블록 위에 눕다

　새벽 4시, 잠이 깨자마자 서둘러 발바닥 상처를 확인했다. 살갗이 벗겨져 나간 벌건 생살 부위가 욱신거렸다. 그렇지만 움직이지 못할 정도로 아픈 건 아니었다. 고작 살갗이 까진 것 가지고 길을 멈춰 세울 수도 없고 해서 텐트를 걷고 다시 이동 준비를 했다. 당분간은 몸상태가 좋지 않은 만큼 주행거리를 줄이고 유스호스텔을 이용하면서 몸을 돌봐야겠다는 생각이 들었다. 그러자 조금이라도 빨리 편히 쉴 수 있는 장소로 가야겠다는 마음이 앞섰다.

　마음이 조급해져서인지 오전이 채 지나기 전에 구조하치 만에 도착해 편의점에서 빵과 우유로 허기를 채웠다. 온전히 남은 하루를 허비하기 싫어 상처를 돌본 다음 다시 시라카와고白川鄕로 페달을 밟았다. 하지만 걱정이 되어 휴식을 취할 때마다 발바닥 상처에 소독약을 발랐다.

　하루 평균 약 100킬로미터를 달리기 위해 오랜 시간 페달을 밟아야 하는데, 만약 발바닥이 아프다면 자전거여행 자체가 불가능할 것이다. 몸과 남은 여정을 생각한다면 당분간 쉬는 것이 가장 현명했지만 어리석음과 무모함을 젊음의 미덕으로 생각하는 나는 애초의 일정대로 강행했다. 그렇다고 상처 돌보는 일을 소홀히 할 수는 없었다. 하루에 천리를 가는 적토마도 발바닥에 박힌 작은 가시 하나 때문에 천리의 용력이 물거품이 되고, 돌이킬 수 없는 상처를 얻게 될 수도 있으니.

시라카와고로 가는 길은 산악 위에 펼쳐진 미라바 호를 끼고 이어졌는데 내리막으로 굽이치는 길은 발바닥의 상처를 잊게 만들 만큼 아름답고도 위험했다. 수많은 오토바이와 차량이 아름답고 위험한 길을 시원하게 질주해 나가는데, 오르막길을 시원스럽게 달려 나아가는 모습을 보고 있자니 오토바이로 여행하고 싶다는 생각이 절로 들었다.

하지만 그것도 잠시, 다시 내리막길을 만나면 오토바이도 자동차도, 세상에서 인간이 올라타 움직일 수 있는 그 무엇도 애마 팽이에 비할 바 아니었다.

토요일이라 그런지 시라카와고는 이름과는 달리 수많은 관광객으로 붐볐다. 깊숙한 산악에 자리 잡은 이곳까지 많은 이들이 찾는 것을 보면, 세상 어디에나 아름답고 보기 좋은 곳은 많은 사람들로부터 수난받게 마련인가 보다. 그 덕에 시라카와고에서 머물러야겠다는 생각이 싹 달아났다. 도중에 적당한 장소를 찾아 야영을 하겠다는 생각으로 다카야마^{高山}로 향했다.

다카야마까지는 56킬로미터, 1289미터 고지를 넘어야 하는 길이었다. 마을 초입부터 시작되는 360번 도로는 양방향으로 겨우 차가 빗겨갈 수 있는 좁은 2차선 도로였고, 무엇보다 경사가 매우 심했다. 벼랑을 따라 이어지는 길을 줄곧 자전거를 끌고 오르는데 생각과는 달리 야영할 장소를 찾을 수 없었다. 아마도 시라카와고에서 다카야마로 넘어가는 옛길인 것 같았다.

옛길인 만큼 정취는 매우 뛰어났으나 가파른 오르막길을 땀으로 도배

지칠 대로 지친 몸을 눕힌 푹신푹신한 풀밭이 너무도 고마웠다.
문득 인간의 지친 몸을 말없이 받아주는 지상의 모든 풀밭은
천국에 깔린 보도블록이라는 생각이 들었다.
그렇게 천국의 보도블록 위에 누워 밤하늘의 별들을 올려다보았다.

해야 했다. 미리 길에 대한 정보를 조금이라도 알았다면 이런 무모한 짓을 하지 않았을 테지만, 이미 길에 들어선 이상 후회만 하고 있을 수 없었다. 길 위에 섰으니 길을 가는 수밖에.

점점 날은 어두워지고, 가지고 온 물도 거의 다 떨어져가는 상황에서 쉬어갈 마땅한 장소를 찾지 못해 점차 걱정이 몰려왔다. 한시바삐 산을 넘어야겠다는 생각에 욱신거리는 발에 더욱 힘을 줄 수밖에 없었다. 오른쪽에서 자전거를 잡고 오르다가 힘에 부치면 왼쪽으로 위치를 바꾸면서 오르는데 땀이 헬멧을 타고 비 오듯 떨어졌다.

그나마 다행인 것은 계곡 물소리가 어느덧 발밑에서 들려온다는 점이었다. 360번 도로에 접어들었을 때만 해도 물소리가 머리 위에서 들렸는데 한 시간가량 오르니 귀밑에서 들리고, 또 한 시간가량 오르니 이제 물소리가 발에 밟히고 있었다. 울창한 숲과 나무로 어둡기만 하던 주위도 점차 밝아지고, 하늘도 트이고 있어 고갯마루가 얼마 남지 않은 것을 알 수 있었다.

여행을 할수록 길에 대한 느낌이 확실해져가는데, 이는 어쩌면 길에 대해 무감각해진 탓인지도 모르겠다. 정상에 이르자 급경사와 급회전으로 이어지는 내리막길이 펼쳐졌다. 소도시마에서 발생한 낙마 사고를 생각하며 조심조심 산을 내려오니 핸들을 잡았던 손이 저려왔다. 산을 거의 내려와 겨우 한숨을 돌린 다음 쌀쌀해진 저녁 날씨 탓에 버스정류장에 자전거를 기대어 세우고 방풍 재킷을 꺼내 입었다. 그리고 좀더 내려가야 야영할 장소를 찾을 수 있을 것 같다는 생각에 서둘러 길을 잡았다. 그렇게 20분가량을 더 내려오니 집 대여섯 채가 옹기종기 모인 마을에 카페와 꽃 공원이 있는 곳을 발견했다. 이정표를 보니 다카야마까지 34킬로미터.

이미 어둠이 내린 오후 8시경, 주위를 신경 쓰면서 영업을 마친 카페 공원으로 들어섰다. 자판기에서 따뜻한 캔커피를 뽑아 벤치에 앉자 상처 난 발바닥으로 100여 킬로미터를 왔다는 생각과 하룻밤 쉬어 갈 수 있는 장소를 찾았다는 안도감이 밀려왔다. 기분 좋게 담배 한 대 피울 요량으로 담배를 찾는데 분명히 등에 짊어지고 있어야 할 배낭이 없었다.

"으악!" 나도 모르게 튀어나온 괴성에 멀리서 주변을 둘러보고 있던 농부가 고개를 들었다. 재킷을 꺼내 입은 다음 버스정류장에 배낭을 두고 그냥 왔음을 깨달았다. 순식간에 여러 생각이 머리를 스쳐 지나갔다. 왜 긴급하고 위험한 상황이 코앞에 닥쳐야만 생각의 속도가 빨라지는지 모르겠다.

휴대용 손전등을 들고 산으로 올라가고 있는 자동차 불빛을 향해 뛰어가 차를 멈춰 세웠다. 인사말밖에 모르는 일본어 대신 영어로 상황을 설명하고 차에 태워주기를 바랐다. 하지만 젊은 운전자는 수염 텁수룩하고 손에 시커먼 것을 든 낯선 이가 불안했나 보다. 그는 정중하면서도 냉정하게 거절했는데 그저 "아리가토 고자이마스"로 차를 보내야 했다.

가방 안에 들어 있는 귀중한 것이라야 여권, 디지털카메라, 소형지도, 지금까지의 여정을 기록한 노트가 전부였다. 하지만 포기하기에는 너무나 소중하고 앞으로의 원만한 여행을 위해서도 없어서는 안 될 것들이었다. 발바닥은 욱신거리고 몸은 지쳐 금방이라도 퍼질 것 같지만 할 수 없었다. 신나게 내려온 내리막길을 기어서라도 다시 올라가는 수밖에.

어둠 속에서 다가오는 차량의 불빛이 없는지를 확인하며 절룩거리며 뛰어가는데 마라톤 완주의 기억이 새록새록 피어났다. 지금의 몸상태는 마라톤에서 흔히 말하는 사점, 데드 포인트$^{dead\ point}$라 하는 35~40킬로미터 지점에서 만나는 바닥이 드러난 정신적·육체적 상태와 비슷했다.

다행히 트럭의 불빛이 다가왔다. 도로변으로 나가 손을 흔들었지만 트럭은 속도도 줄이지 않고 무심하게 스쳐 지나갔다. 눈빛만 마주쳐도 친절하게 인사를 건네는 일본인의 행동이 이때만큼은 야속하게 다가왔다.

하지만 언제든 길은 있는 법이고 항상 돕는 이들이 있게 마련이듯 시라카와고로 넘어간다는 일본인 부부를 만나 차를 얻어 탈 수 있었다. 얼마 되지 않은 거리라고 생각했는데 어둠 속을 되짚어 가는 길은 꽤나 멀었다. 지나치는 버스정류장들을 자세히 살폈는데 좀처럼 가방이 눈에 들어오지 않았다. 불안해지는지 자꾸 고개를 돌려 나를 확인하던 운전자가 차를 길옆에 세우더니 더듬더듬 한국말로 "가방 없는데요"라고 말했다.

그때 버스정류장 옆 가드레일 위에 올려놓은 내 가방이 보였다. 일본 여행 들어 가장 마음 깊은 곳에서 우러난 "아리가토 고자이마스"를 고개를 숙여가며 일본인 부부에게 계속해서 외쳤다. 타고 온 차를 보내고 나니 다시 산길을 내려가야 하는 게 걱정이었다. 팽이를 타고 왔다면 시원하게 내려갈 수 있었을 텐데 아쉬웠다.

그러던 차에 마침 마을로 내려가는 버스를 만나 얻어 탈 수 있었다. 간신히 가방을 찾아 돌아와서는 그대로 풀밭 위에 큰 대 자로 뻗었다. 지칠 대로 지친 몸을 눕힌 푹신푹신한 풀밭이 너무도 고마웠다. 문득 인간의 지친 몸을 말없이 받아주는 지상의 모든 풀밭은 천국에 깔린 보도블록이라는 생각이 들었다. 그렇게 천국의 보도블록에 누워 밤하늘의 별들을 올려다보았다.

야영이 가져다주는 살아 있음의 환희

　　다카야마에 도착했다. 쉬엄쉬엄 와서인지 멀지 않은 평탄한 길이 꽤 오래 걸렸다. 그래도 해가 중천이라 그리 늦은 것은 아니었다. 부상도 있고 해서 오늘은 덴쇼지天照寺 유스호스텔에 묵기로 했다. 그러면서 간만에 밀린 빨래도 하고, 자꾸 바람이 빠지는 타이어도 손봐야겠다고 마음먹었다. 하지만 일찌감치 찾아간 유스호스텔 측은 오후 3시에나 체크인을 할 수 있다고 했다. 어쩔 수 없이 예약만 해놓은 뒤, 근처 시로야마城山 공원으로 발길을 돌릴 수밖에 없었다.

　　발바닥에 소독약을 바른 다음 그늘진 벤치 위에 몸을 누이니 잠이 쏟아졌다. 얼마나 지났는지 아름다운 기타 선율에 눈을 떴는데 비석 턱에 자리를 잡은 젊은이가 기타를 연주하고 있었다. 잠이 덜 깬 상태에서 아름다운 기타 선율을 좇다 시간이 난 김에 타이어를 손봐야겠다 싶어 잠을 털고 일어났다.

　　바람 뺀 튜브를 타이어에서 꺼내어 다시 바람을 채웠다. 튜브를 돌려가며 꼼꼼히 살폈지만 육안으로는 구멍 난 곳을 확인할 수 없었다. 코펠을 꺼내 들고 화장실에 가서 물을 받아와 튜브를 물속에 담그며 확인했지만 이상이 없었다. 아무리 살펴봐도 구멍 난 곳을 찾을 수 없는데 왜 자꾸 바람이 새는지 이유를 몰랐다.

　　할 수 없이 시내 구경을 하면서 떨어진 가스를 구입한 다음 체크인을 해야겠다는 생각으로 공원을 빠져나왔다. 지나쳐 온 도시에서는 쉽게 야외용 가스를 파는 곳을 찾을 수 없었는데 등산객이 많은 이곳 다카야마에서는 쉽게 찾을 수 있었다. 가스를 구입하고 가게를 나서는데 다카야마를 중심으로 한 등산로와 캠핑장 안내판이 보였다. 다음 목적지인 마쓰모토松本로 가는 길에 적당한 캠핑장이 있어 또 욕심을 부렸다.
'그래, 캠핑장으로 가자!'

원래 계획은 사나흘에 한 번은 유스호스텔에 묵으며 개인 정비도 하고 몸도 돌볼 생각이었는데, 점점 더 야영이 즐거워졌다. 오히려 유스호스텔에 묵는 것보다 야영이 편했다. 근처 식료품점에서 맥주와 부식을 사고, 그간 염두에 둔 계란을 한 줄 샀다. 값싼 계란을 삶아 이동 중에 간식으로 먹으면 좋을 것 같았다. 계란을 비닐봉지에 싸 조심스럽게 배낭에 넣은 다음 캠핑장으로 향했다.

해발 500미터에 자리 잡은 작은 분지 도시 다카야마를 2000미터에 가까운 봉우리들이 둘러싸고 있는데, 그 점을 미처 생각지 못했다. 날은 어두워지고 발바닥은 아프고 괜히 부식거리는 많이 사서 배낭 무게만 늘렸다는 후회 속에서 다카야마高山가 왜 다카야마인지를 뼈져리게 느껴야 했다.

결국 고개를 넘지 못하고 바위틈에서 졸졸 흘러내리는 샘이 있는 길옆 공지에 주저앉아 맥주 캔을 땄는데 아무래도 이곳은 야영에 적당치 않다는 생각이 들어 다시 자리를 털고 일어섰다.

밤기운은 쌀쌀해지고 오르막은 쉬 끝날 것 같지 않아 점점 불안한 생각이 드는데 길이가 2400미터에 달하는 터널을 만났다. 그간의 경험을 통해 터널은 대개 내리막길의 시작이라는 것을 알 수 있어서 다행이다 싶었지만, 자전거도로가 확보되지 않은 2400미터의 터널을 자전거를 끌고 가야 할지, 자전거를 타고 가야 할지 망설이다가 그냥 자전거를 타고 터널을 벗어나기로 했다.

예상대로 내리막길로 이어지는 터널은 자전거에 놀라운 가속도를 붙였는데 엄청난 체감속도와 앞뒤에서 질주해 오는 차들로 아찔했다. 속도에 질린 채 무사히 터널을 빠져나와 그토록 찾아 헤매던 캠핑장을 발견한 기쁨이란…….유레카!

안개, 가슴을 적셔오는 보이지 않는 입자들

고산지대라 그런지 밤이 무척 추웠다. 오래간만에 밥을 지어 고추장 하나로 포식을 한 다음 긴 쫄바지 위에 반바지를 겹쳐 입고 긴팔 티셔츠 위에 방풍 재킷을 입고 겨울용 침낭에 들어갔다. 그런데도 새벽녘에는 땅에서 올라오는 찬 습기와 계곡의 서늘한 물 기운에 뼈가 시릴 정도였다.

새벽추위에 눈을 뜬 채 어둠에 귀를 기울이고 있는데 빗방울이 떨어지기 시작했다. 서둘러 텐트를 접고 자전거와 짐을 처마가 있는 식수대로 옮겼다. 우선 으슬으슬 추워지는 몸부터 데워야겠다 싶어 커피를 끓여 마시고 밥 대신 라면을 끓여 먹는데 빗줄기가 굵어졌다.

아침 끼니를 해결한 다음 비 그치기를 기다리다가 오래간만에 육체적인 움직임 없이 고요한 시간을 보내며 그동안 쓰지 못했던 여행기를 적었다. 여정과 느낌들을 꼼꼼히 적을 여유가 없었고 무엇보다 게으르긴 했지만, 몸은 상처를 통해 여행의 흔적을 정직하게 기록하고 있었다.

오전 9시가 되자 어느 정도 비가 그치기에 짐을 챙겨 캠핑장을 빠져나

아무도 없는 산속에는 자전거를 끌고 올라가는
거친 숨소리와 깊이를 알 수 없는 안개가 전부였다.

왔다. 30분가량 내리막길을 타고 내려와 작은 시가지를 벗어나니 길은 다시 오르막으로 이어졌다.

 비가 그친 산은 짙은 안개 속에 묻혀 있고, 안개 속으로 들어가는 길은 굽이치는 1차선 협로였다. 자전거를 끌고 산을 오를수록 안개는 점점 더 짙어졌고, 보이지 않는 안개의 입자가 조금씩 옷을 적셔왔다. 아무도 없는 산속에는 자전거를 끌고 올라가는 거친 숨소리와 깊이를 알 수 없는 안개가 전부였다.

안개 속에 산이 잠들고
잠든 산이 안개의 꿈을 꾸고
안개 속에 잠든 산속으로
잠든 산이 꿈꾸는 안개 속으로

묵묵히 자전거를 끌고 오르고 있는데 산에서 내려오던 승용차 한 대가 멈춰 서더니 창밖으로 고개를 내민 노년의 운전사가 어디로 가냐고 물어왔다. "마쓰모토, 나가노長野, 도쿄, 홋카이도"라고 대답하자 또 무엇인가를 물었는데, 무슨 말인지 알아들을 수 없어 "외국인이고 일본어를 모른다"고 하자, 그는 차문을 열고 나와 내게로 다가왔다.

"아메리칸?"

왜 하나같이 일본인은 같은 동양인을 보고도 미국인인지를 먼저 묻는 것인지. 한국인이라고 말하자, 그는 고개를 끄덕이며 "스고이, 스고이"를 연발했다. 그러고는 잠시 기다리라고 하더니 차 안에서 꼬깃꼬깃한 비닐봉지를 가지고 나와 비스킷 한 봉과 캐러멜 한 곽을 꺼내어 건네주었다. 돈으로 따지면 얼마 되지 않는 비스킷 한 봉과 캐러멜 한 곽이었지만 그것을 건네주는 이의 고맙고 따뜻한 마음을 느끼기에는 부족함이 없었다.

잘 가라는 인사를 하고 돌아서는 그를 불러 세웠으나 잠시 망설일 수밖에 없었다. '오지이상'할아버지이라 불러야 할지 그냥 '오지상'아저씨이라 해야 할지. 분명 오지이상 연배로 보이는데 나는 그를 오지상이라 불렀다. 그렇게 처음으로 일본인에게 이름을 물었고, 그 이름이 '고바야시'가 되었다.

"사요나라, 고바야시."

길 위에서 만나는 낯선 이들이 베푸는 작은 호의는 늘 즐겁고 유쾌하다. 그리고 이런 호의를 접하게 되면 왜 이 길을 가고 있는지, 왜 이 길을 가야 하는지에 대한 깨달음을 어렴풋이나마 얻게 된다.

고바야시와 헤어진 뒤 일본여행 초기 후쿠오카행 페리에서 만나 시모노세키와 미네 근처까지 함께하고 또다시 미야지마에서 만난 스물한 살의 '애국청년'을 떠올렸다. 지금 청년은 어느 길에 있을지. 청년과 함께하는 동안 청년은 나를 줄곧 아저씨라 불렀다. 형이라 자칭하며 얘기를 붙이고 친밀감을 보이자 몇 번 형, 형 했는데, 헤어질 때는 또다시 아저씨라 불렀다. 괘씸하고 좀 서운하기까지 했다. 하지만 생각해보니 어느덧 내가 할아버지라 불러야 할 세대는 거의 남지 않았다는 것을 깨달을 수 있었다.

안개 속에 묻힌 1730미터 고지에서 자전거를 안내표지판에 기대어놓고 사진을 겨우 찍었다. 가지고 온 디카가 작동이 되다 말다 해서 부아가 치밀어 올라 안 되면 안 찍겠다는 심산이었다. 하지만 담고 싶은 풍경과 이미지를 만날 때마다 작동되지 않는 디카가 무척 원망스러웠다. 고바야시 오지상이 준 건포도 비스킷은 놀라울 정도로 맛있었다.

아름다운 방울호수에서의 하룻밤

고지를 넘자 비현실감을 자아내던 안개가 걷히면서 현실 속의 내리막길이 펼쳐졌다. 안개가 물러가며 내리막길을 조심해서 내려가라고 나에게 인사를 하는 것 같았다. 다음에 일본인을 만나 이야기를 나눌 수 있게 되면 안개를 일본어로 뭐라 부르는지 물어봐야겠다.

내리막길을 신나게 달려 내려와 진입한 마쓰모토에서 우선 마쓰모토

역을 찾았다. 도시에 도착할 때마다 먼저 그 도시에 있는 역을 찾았는데, 그것은 여행을 하면서 자연스레 터득한 요령 가운데 하나다.

역을 찾는 이유는 대부분의 역에는 관광안내소가 있고, 관광안내소에서 지역의 상세 지도를 비롯해 유스호스텔이나 캠핑장에 관한 자세한 위치와 정보를 얻을 수 있어 매우 유용하기 때문이다. 도심에서 잃기 쉬운 방향감각을 역을 중심으로 해서 되찾고 대략적인 도심 지역의 위치를 파악할 수도 있다.

안내소에서 받은 지도를 들고 마쓰모토 성을 찾았다. 까마귀성이라 불리기도 하는 마쓰모토 성은 검은 색채로 된 외관을 빼면 다른 성들과 그다지 달라 보이지 않았다. 한 번쯤 성 내부를 관람해보는 것도 좋을 것 같았지만 페달질에 충실한 것만으로도 충분하기에 마쓰모토 성 공원 벤치에서 휴식을 취하는 것으로 만족했다.

전날 밤에 겪은 추위에 대한 고통과 두려움 때문에 마쓰모토 시내를 구경하다가 만난 등산용품점에서 매트리스를 샀다. 유스호스텔 이용 요금보다 비싼 가격으로 매트리스를 사고 보니 유스호스텔에 머물겠다는 애초의 계획을 또 변경했다.

관광안내소에서 일러준 바에 따르면 캠핑장은 시내에서 한참 벗어난 산 위에 위치한 호수 주변에 있다는데 아직 시간이 일러 캠핑장으로 향했다. 캠핑장을 찾아가는 도중에 대형마트에 들러 부식거리, 소독약, 상처에 붙일 밴드를 구입하고 나니 마치 천하무적이 된 것 같은 기분이 들었다.

하지만 이런 우쭐함도 잠시. 마쓰모토 시가지를 벗어나기가 무섭게 비가 쏟아지기 시작했고 가파른 언덕을 올라가야 하는 일은 오전과 달리 힘

모든 도시에는 역이 있고
역에는 떠나는 사람과 남는 사람이 있다.
어쩌면 우리 모두는 '시간'이라는 기차를 타고
역에서 역으로 가고 있을 뿐인지도 모른다.

오늘도 길고도 험한 축복된 하루였다.
새벽, 아름다운 방울호수 미스즈코가 눈을 떴다.

에 부쳤다. 두 시간가량을 비를 맞으며 산에 올라 호수 주변을 헤맨 끝에 겨우 문 닫힌 캠핑장을 찾을 수 있었다. 관리인이 보이지 않아 무작정 캠핑장으로 들어가 비도 피할 겸 관리동 옆 식수대 처마 밑에 텐트를 쳤다. 아무도 없는 캠핑장에서 한가로이 맥주를 마신 다음 밥을 지어 먹었다.

    잠은 아무데서나 자도, 먹는 것은 부실하지 않게 챙겨 먹으려 애썼다. 짬짬이 쉴 때마다 간식거리를 입에 달고 있는데, 허기도 허기지만 체력이 떨어지면 안 된다는 강박감이 크기 때문이다. 숙박에 드는 비용을 줄이는 대신, 그 돈으로 편의점과 마트를 이용하여 주로 맥주, 다음날 부식거리, 간식 등을 준비한다. 소도시에도 제법 큰 마트가 있어 이를 잘 이용하면 저렴하게 다양한 음식을 즐길 수 있다. 오늘도 길고도 험한 축복된 하루였다.

아름다운 방울호수 미스즈코美鈴湖 캠핑장에서 새벽 4시에 일어났다. 눈을 감았다 떴을 뿐인데 벌써 새벽이었다. 비가 그친 새벽은 안개가 자욱했다. 새로 구입한 매트리스 덕에 잠을 잘 잤고 그래서인지 몸이 가뿐했다. 먹다 남은 밥에 물을 부어 라면을 끓여 먹고 나니 새벽의 한기가 어느 정도 가시는 것 같았다. 텐트를 접고 짐을 챙겨 캠핑장을 빠져나갔다.

지금껏 유료 캠프장을 대여섯 곳 정도 이용했으나 요금을 낸 곳은 한 곳에 불과했다. 관리인이 없는 경우도 있었지만 늦게 캠핑장에 도착해 새벽 일찍 떠나기 때문에 관리인을 만나지 못하는지도 모르겠다. 어찌 되었든 캠핑장을 이용하는 비용이 거의 들지 않아 내심 기분이 좋았다.

어느 곳이든지 발품을 좀 팔면 찾을 수 있는 일본의 캠핑장은 다른 곳과 마찬가지로 한결같이 깨끗하다. 휴가철에 만나는 우리나라의 무질서하고 더러운 캠핑장과는 확연히 다르다. 화장실은 오물 하나 없이 깨끗하고 식수대 수챗구멍에는 음식찌꺼기 하나 발견할 수 없을 정도다. 시설은 또 얼마나 좋은지, 산속 깊은 곳에 있는 캠핑장에 시설 좋은 장애인용 화장실이 따로 있기도 했다.

약자에 대한 배려와 약자와의 공생이 인본주의의 미덕이라 할 때 일본은 인본주의 정신이 철저히 생활 속에 구현되어 있는 나라인 것 같았다. 단순히 의식에 관한 부분만이 아니라 사회 시스템이 추구하는 목적 자체가 인본주의를 지향하고 있기에 가능하지 않나 싶다.

 울음이 그칠 때까지 길을 가야 하는지도.

이 울음이 그치거나 저 길이 끝날 때 그럼, '네 젊음을 가지고 뭘 했니?'라는 물음에 답할 수 있을까.

네 젊음을 가지고 뭘 했니?

내리막길이 주는 오르가슴

오늘도 변함없이 1200미터 고지를 넘었다. 고지를 넘어 나가노로 향하는 길은 수많은 경사진 터널과 굽이치는 도로로 이어졌는데, 페달 한 번 밟지 않고 근 두 시간을 내려왔다. 내리막길의 쾌감과 스릴, 창공을 나는 패러글라이딩의 자유—물론 아직 경험해보진 못했지만—를 넘어 풀무질로 강렬히 타오르는 불꽃처럼, 바람 속에 휘발되는 존재감과 그 존재감 너머에 있는 거대한 무엇을 느낄 수 있었다. 내리막길이 주는 오르가슴은 그야말로 'Better than sex!'

너무도 황홀한 내리막길에 취해 긴장을 늦췄는지 그만 터널 안에서 낙마하는 사고가 발생했다. 자전거도로가 확보되지 않은 터널을 주행하다 뒤따라오는 차들에게 길을 비켜줘야겠다는 생각으로 너무 벽 쪽으로 바짝 붙었다. 그런데 물기에 젖어 있던 배수로와 아스팔트 틈새를 따라 미끄러지고 만 것이다.

다행히 속도를 줄이면서 미끄러졌고 뒤따라오는 차량이 피해주었기에 망정이지, 긴 터널 안이 영원한 안식처가 될 뻔했다. 광대가 외줄 타듯 무당이 작두 타듯, 길 위에서는 길에만 집중해야 하는 것을 깜박했다.
세 번째 낙마사고의 원인을 보다 이성적으로 분석해보면 이렇다.

첫째, 자전거도로가 확보되지 않은 터널에서 차도로 자전거를 타고 주행한 점.
둘째, 터널 안을 주행하며 뒤따라오는 차량의 추월을 고려해서 사이드 쪽으로 너무 바짝 붙었던 점.
셋째, 터널 안은 항상 습기와 물기로 젖어 있어 도로가 미끄럽다는 점을 의식하지 못한 점.
넷째, 아스팔트 도로와 배수구가 접한 부위는 항상 틈새가 있어 미끄러질 수 있는 여지가 많은 점. 특히 공간 여유가 없는 터널에서 미끄러지는 것은 매우 위험한 사고로 이어질 수 있음을 생각지 못한 점.

세 번째 낙마사고를 통한 얻은 교훈. 절대 안전거리가 확보되지 않은 터널에서 벽 쪽으로 바짝 붙어서 주행하지 말 것. 뒤따라오는 차량을 피하고 추월을 배려하기 위해 벽 쪽으로 붙게 마련인데, 이는 자신의 안전보다 차량 운전자의 주행을 더 생각한 위험한 생각이며, 차량 운전자의 안전 또한 해칠 수 있다. 좁은 터널에서는 벽 쪽으로 붙기보다는 차라리 차도 한가운데를 차지하고 터널을 벗어날 때까지 달리는 게 훨씬 더 안전하다.
일본 운전자들은 우리나라 화물차량 운전자와 달리 앞에 자전거여행

터널을 통과하는 가장 안전한 방법은, 물론 자전거를 끌며 걸어가는 것이다.

자가 도로 한복판을 차지하고 달리고 있어도 경적을 울려 길을 비키라고 재촉하지도 않고 그 어떤 위협도 가하지 않는다. 그리고 터널을 벗어나기까지 기다리거나 안전거리가 확보될 때까지 기다리는 인내심과 양보의 미덕을 대부분 가지고 있다. 터널을 통과하는 가장 안전한 방법은, 물론 자전거를 끌며 걸어가는 것이다.

산들바람에 발가락을 꼼지락거리며,
싱그러운 풀밭에 누워 하늘을 바라보았다.

네 젊음을 가지고 뭘 했니?

　길을 가면 갈수록 잘못 가고 있는 것 같은 느낌을 지울 수 없어서 사람들을 붙잡고 물었는데, 물을 때마다 각자 다른 방향의 길을 가리켰다. 이정표도 계속해서 지나쳐 온 곳을 가리키고 있어 난감하던 차에 주재소(경찰서)를 발견해서 들어갔다. 젊은 여자 경찰관과 나이가 지긋한 남자 경찰관이 여러 지도를 펼쳐 보이며 친절하게 가야 할 길을 알려주었다.
　나가노를 벗어나 본격적으로 산을 올랐다. 재팬알프스에 들어와서부터는 하루에 한 번씩 1000미터 이상의 고지를 넘고 있었다. 두 시간을 넘겨 자전거를 끌고 올라 스가다이라(菅平) 고원에 당도했는데, 인적이 드문 그곳에서 또 길을 잃었다.

오르막으로 이어지는 길은 점점 체력의 한계를 느끼게 만들었다. 벌써 삶은 계란 여섯 개와 양갱 세 개를 먹어치웠는데도 허기가 졌다. 허기뿐 아니라 졸음마저 쏟아지는데 쉴 만한 마땅한 곳이 눈에 들어오지 않았다. 하는 수 없이 길 옆 풀밭에 자리를 깔고 누웠는데 파리와 모기가 괴롭혔다.

고원을 얼추 내려와 만난 편의점에서 도시락과 맥주를 사서 근처 놀이터로 향했다. 도시락을 먹고 나서 햇살 좋은 놀이터에 빨래를 널어 말리고 풀밭에 자리를 깔고 누웠다. 배도 부르고 졸음은 노곤노곤 쏟아지고, 시원한 바람이 산들산들 불어왔다. 싱그러운 풀밭의 향기를 맡으며 푸르기만 한 하늘을 바라보았다. 산들바람에 발가락을 꼼지락거리고 있으니 기분이 좋았다.

나물 먹고 물 마시고 풀밭에 팔 베고 누운 대장부의 기분이랄까. 하지만 앞으로 어떻게 살아가야 좋을지 모르는 백수는 앞길이 아득하고 막막하여 또다시 감상에 젖었다. 그래서였는지 추억 속의 시가 떠올랐다.

여기서 울고만 있는 너는
네 젊음을 가지고
뭘 했니?
여기서 울고만 있는 너는
• 베를렌, 「하늘의 지붕 위로」(부분)

아무도 찾아오지 않는, 녹슨 눈물이 날 것 같은 놀이터에서
멍하니 가야 할 길을 내다봤다.

　푸르기만 한 하늘 때문이었는지 눈물이 날 것 같아 얼른 자리를 박차고 일어나 앉아 멍하니 앞길을 내다봤다. 어쩌면 꺼이꺼이 울면서 길을 가고 있는지도 모르겠다. 울음이 그칠 때까지 길을 가야 하는지도. 이 울음이 그치거나 저 길이 끝날 때 그럼, '네 젊음을 가지고 뭘 했니?'라는 물음에 답할 수 있을까.
　오후 3시경 눈을 떠 놀이터에서 오늘 하루 쉬어 갈까 말까 망설이다가 출발준비를 위해 빨래를 걷었다. 빨래를 걷은 다음 오랫동안 사용하지 않아 잡풀이 무성한 화장실로 들어가 소변을 보는데 어깻죽지가 따끔거려 위를 올려다보니 천장에 벌집이 있었다. 다행히 큰 통증도 없고 그다지 부어오르지도 않아 약으로 봉침 맞았다 생각하니 기분이 한결 나아졌다.

다시 출발한 길은 구사쓰草津를 지나 나카노조中之条에 이르기까지 두 시간 넘게 내리막길로 이어졌는데 한번 붙은 탄력을 죽이기 싫어 쉬지 않고 나아갔다. 6시경 누마타시沼田까지 34킬로미터를 알리는 이정표가 나왔다. 내리막길의 탄력을 더 느끼고 싶기도 하고 벌써 야영장소를 물색하기에는 시간이 아까워 내처 누마타시까지 달리기로 마음을 먹었다.

원래 계획은 구사쓰에서 하루 머물고 나카노조나 누마타시에서 하루, 그다음 닛코日光에서 하루 머무는 것이었는데 생각지 못한 내리막길이 하루의 여정을 단축시킨 것이다.

8시, 어둑어둑 어둠이 내린 누마타시에 도착했다. 1200미터가 넘는 고지를 넘고, 스가다이라 고원에서 길을 잃기도 했지만 오늘 달린 거리는 130킬로미터가 넘을 것 같았다. 늦은 시간 누마타시 역 공원에 도착해 마트에서 장을 본 것으로 저녁을 먹고 텐트를 쳤다.

막 잠자리에 들려고 하는데 한 청년이 다가와 말을 걸었다. 고등학교 2학년인 청년의 이름은 게이스케, 그다지 원활한 언어소통을 할 수는 없었지만 기본적인 선의를 바탕으로 한 의사소통에는 지장이 없었다. 자전거여행에 이것저것 관심을 표하는 게이스케에게 '비루'맥주 한 잔 나눌 것을 제안하니 그는 흔쾌히 동의를 표했다.

몸도 피곤하고 졸음은 쏟아졌지만 일본인 청년—아직 고등학생이지만—과 대화를 나누며 맥주를 마시는 것도 일본 자전거여행에서 만나는 좋은 추억거리라는 생각으로 잠을 쫓았다. 공원에서 친구를 기다린다는 게이스케는 핸드폰에 저장된 여자친구 사진을 보여주고 자신이 좋아한다는 게임기의 화면을 보여주며 친밀함을 보였다.

더 이상 쏟아지는 잠을 막을 수가 없을 지경에 이르러 마지막으로 게이스케에게 안개를 일본어로 뭐라 부르는지 물었다. 그런데 내 영어 발음이 신통치 못했는지 게이스케는 전혀 알아듣지 못했다.

결국 메모지에 fog와 안개 '무(霧)' 자를 쓴 뒤에야 일본어로 안개를 '기리'라 부르는 것을 알 수 있었다. 일본어 '기리'와 일본인 청년 게이스케의 미소를 머릿속에 새긴 후, 미안하다는 말을 남기고는 텐트 안으로 들어가 뻗을 수밖에 없었다.

길과 대화하는 거친 숨소리

꿈속에서 엄마를 소리쳐 불렀는데 깨어보니 텐트 안이었다. 어둠 속으로 떠나는 새벽기차 소리에 귀를 기울이며 다시 잠을 청해보았지만 잠이 오지 않았다. 밖으로 나가 한참 동안 드문드문 불이 켜져 있는 새벽 역사를 바라보다 정신을 차리기 위해 체조를 했다.

어둠에 싸인 새벽 공원의 고요함을 깨뜨리지 않기 위해 소리를 죽이고 밥을 지었다. 경지에 이르고 있는 밥 짓는 솜씨에 스스로 감탄하며 어제 마트에서 산 한국산 김과 꽁치 통조림, 고추장으로 밝아오는 해를 바라보며 밥을 먹었다. 입에 넣을 수 있는 따뜻한 밥이 있다는 게 이루 말할 수 없이 기쁘고 행복했다.

누마타시 역 공원을 빠져나오니 조용한 새벽길을 사륵사륵 굴러가는 자

호수는 맑은 하늘빛을 담고 있었다.
호숫가 나무에 자전거를 기대어 놓고
호수가 하늘빛을 담듯
호수에 비친 하늘을 내 눈에 담고 싶었다.

전거 소리가 아름다운 음악처럼 울려 퍼졌다. 채 네 시간도 자지 못한 찌뿌듯한 몸을 생각하며 절대 무리하지 말자고 다짐했다. 완만한 언덕길을 오르는데 자꾸 졸음이 쏟아져 편의점에서 커피를 마신 다음 다시 길을 잡았다.

시내를 벗어나 한 시간가량을 달리니 본격적으로 가파른 언덕이 시작되어 미련 없이 자전거에서 내려 자전거를 밀고 올랐다. 오늘은 2000미터 고지를 넘어야 하는데 피곤한 몸이 조금은 걱정이 되고, 특히 어제 어깻죽지에서부터 목줄기까지 벌들에게 쏘인 곳이 뻐근해서 신경이 쓰였다.

두 시간째 계속된 가파른 오르막길이었지만 그다지 힘든 것을 느끼지 못하는 것은 그만큼 길이 아름답기 때문이었다. 때론 아무 곡조나 제멋대로 흥얼거리고 때론 흘러내리는 땀방울과 거친 숨소리에 집중하면서 어느덧 길과 대화하고 있는 나를 발견했다.

표고 2000미터에 달하는 구누마 고원九沼高原을 넘어서자 봉우리들을 경계로 연이어 아름다운 호수가 펼쳐졌다. 이름 그대로 구누마 고원은 아홉 개의 호수가 담긴 고원으로 재팬알프스의 진수를 느낄 수 있는 곳이었다. 아름다움에 이끌려 도착한, 해발 2000미터가 넘는 산들에 둘러싸인 호수는 수면에 맑은 하늘빛을 가득 담고 있었다. 호숫가 나무에 자전거를 기대어 놓고 호수가 하늘빛을 담듯 호수에 비친 하늘을 눈에 가득 담았다.

구소정 식당에서 배를 채운 다음 호숫가에서 젖은 빨래를 말리며 한숨 자야겠다고 생각했는데 아름다운 호숫가를 산책하는 이들을 생각해서 빨래 건조는 생략해야 할 것 같았다. 닭으로 만든 탕수육으로 점심을 먹고 나서 일기장을 펴놓고 그간 머릿속을 맴돌고 있던 시상을 정리해 「로드킬」이란 시를 써내려갔다. 시를 완성한 기쁨에 맥주 캔 하나를 사서 호숫가에 나가 나무그늘에 매트리스를 깔고 누웠다.

로드킬

너에게로 향한 참을 수 없는 그리움이
나를 이끌었네
바람과 구름과 달빛 속에 숨겨진
그 이상한 향기에 매혹되어
길 위에서 썩어가는 죽음들
어둠 속에서 바라보는 마지막 불빛의 추억과
그 불빛 속에 비친 너의 모습은
길이 부르는 멈추지 않는 노랫소리
어둠을 횡단하는 이 밤
다가오는 저 찬란한 빛의 급브레이크

나를 미혹시키는 것들에 대해서

아름다운 감명의 크기는 그만큼의 침묵을 동반하는가 보다. 구누마 고원에서 닛코로 내려오는 길 내내 차분한 침묵 속에서 나를 미혹시키는 것들에 대해 생각했다. 어쩌면 그 미혹에서 이제는 벗어날 수 있을지도 모르겠다는 희망과 그 미혹 속에서 그토록 찾고자 하는 것들을 찾을 수 있지 않을까 하는 생각이 들었다.

공자님께서는 나이 40을 불혹不惑이라 했지만 그것은 생리적인 나이를 이른 게 아니다. 흔들리지 않고 자신의 길을 믿음 속에서 간다는 것. 자신과 세계에 대한 원리나 원칙 같은 것들을 말한 게 아니었을까. 미혹되지 않는 불혹의 나이 40, 제임스 조이스는 이 불혹의 상태를 "사람들은 누구나 나이 40이 되면 자신이 원하는 얼굴을 갖게 된다"고 표현했다.

내가 원하는 나의 얼굴을 생각해본다. 늘 그렇지만 어떤 결론을 내는 것보다 중요한 것은 어떤 마음의 상태를 유지하는 것이다. 그리하여 그 마음이 늘 변함없는 것, 한결같은 마음으로 당신을 사랑하듯이.

길 위에서 만나는 수호천사

5시 반 닛코를 출발해서 기류桐生로 가는 122번 국도를 찾아 두 시간가량을 달렸는데 고원을 넘어와서 그런지 대부분 힘이 들지 않는 내리막길이었다. 계속해서 122번 국도를 따라가면 도쿄에 도착하게 된다.

도쿄는 일본 자전거배낭여행의 제1부가 끝나는 곳으로, 홋카이도까지 가는 여행의 제2부가 시작되는 도시이기도 하다. 제3부는 홋카이도 일주, 제4부는 귀환, 그렇게 총 4부로 여정을 나누어 계획했는데 예상보다 시간이 많이 단축되었다.

기류에서 도쿄까지는 서울에서 출력해 간 안내물에 나와 있는 대로 강변 사이클로드를 따라가려고 했다. 그런데 도무지 강변 사이클로드를 찾을 수 없어 결국 122번 국도를 타고 도쿄에 입성하는 수밖에 없었다.

평지와 다름없이 펼쳐진 122번 국도는 혼슈 중심부를 가로지르는 주요국도와 연결되고 있어 오가는 차량이 많아 혼잡했다. 뿐만 아니라 차들이 내뿜는 매연도 심했다. 더 견딜 수 없는 것은 강렬하게 내리쬐는 햇살과

다리 위에서 오래도록 손을 흔드는 자전거를 탄 그의 모습이
마치 길을 안내해주고 떠나는 수호천사 같았다.

아스팔트 바닥에서 올라오는 지열이었다. 정오 무렵 편의점에 들어가 이온 음료 1000밀리리터를 단숨에 들이킨 뒤에야 겨우 정신을 차릴 수 있었다. 하지만 몇 걸음 가지 못해 다시 숨이 턱 끝까지 차올랐다. 건식 사우나 안에서 마라톤을 하고 있는 느낌이었다.

지칠 대로 지쳐 차로주행을 포기하고 좀더 안전한 자전거도로를 타고 힘겹게 페달을 밟았다. 힘에 부쳐 헉헉거리며 페달을 굴리고 있는 모습이 가여웠던지 생활자전거를 탄 동네 쌀집 아저씨 같은 이가 가던 길을 멈춰 세웠다. 그러더니 어디까지 가냐고 물어왔다.

"도쿄 그리고 홋카이도."

이어진 질문에는 외국인이라 일본어를 하지 못한다고 하자, 그는 내게 다가와 도쿄로 가는 더 좋은 길이 있다고 했다. 122번 도로는 차량이 많아 위험하고 매연도 심할 뿐 아니라, 도쿄에 도착하기도 전에 혼잡한 도로에서 길을 잃을 수 있다는 것이다.

오사카에서의 경험상 대도시에서 길찾기란 무척 까다롭다는 것을 알고 있었지만, 도쿄 입성이 그리 순탄치 않을 것을 다시 한 번 확인할 수 있었다. 그는 자세한 길을 알려줄 테니 5분 정도만 기다려줄 수 있겠냐고 말하고는 서둘러 자전거를 타고 사라졌다.

그가 돌아올 때까지 길가의 그늘진 주차장 안에 자전거를 세워놓고 지금까지의 여정을 살펴보았다. 곧 돌아온 그는 지도 위에 표시된 지나온 나의 여정을 보며 "스트롱맨"을 연발하고는 자신의 집이 여기서 가까우니 집에 가서 자세한 길을 알려주고 지도도 주겠다고 제안했다. 고맙기 그지없기에 그를 따라 냉큼 일어났다. 그뿐 아니라 집으로 가는 도중 그는 같이 점심식사를 하자며 도시락 가게에 들러 도시락을 주문했다.

단정한 단층주택 앞에 자전거를 세운 그가 현관문을 열더니 발 냄새 때문에 주저하는 나를 안으로 이끌었다. 익히 고린내의 위력을 알고 있었기에 먼저 욕실에 들러 발을 씻는 게 낫겠다 싶었는데 그가 먼저 샤워를 하는 게 어떻겠냐고 권했다. "불감청不敢請이언정 고소원固所願이라······." 체면 불구하고 그가 건네는 수건을 받아 샤워를 했다. 시원하게 온몸을 씻고 나니 오랜 시간 지옥을 헤매다 아주 짧은 순간에 천국으로 공간이동을 한 기분이었다.

산뜻한 기분으로 탁자에 앉아보니 서재 겸 침실로 보이는 방 중앙에는 책들이 수북이 쌓인 커다란 책상이 있었고, 거실 벽에는 '신애경'信愛警이라 씌어진 조그만 액자가 걸려 있었다. 도대체 뭐하는 사람인지 궁금해졌다.

지도책을 찾아온 그가 자세히 안내해준 길은 그의 집에서 멀지 않은 도네가와利川 자전거용 도로를 따라가서 에도가와江戶川에 이르고 다시 에도가와 사이클로드를 타고 도쿄로 진입하게 되는 듣기만 해도 기분이 좋아지는 쾌적하고 안전한 길이었다.

그가 주문한 도시락을 찾아오는 동안 가져다 준 사진첩을 살펴보았다. 사진첩에는 철인삼종경기를 하거나, 험준한 산악에서 사이클을 타는 사진이 많아 그의 취미와 여가활동을 쉽게 짐작할 수 있었다.

따뜻한 돈가스 도시락을 먹으며 언젠가 꼭 한번 해보고 싶은 것 가운데 하나가 철인삼종경기라고 말하자, 그는 자신은 오직 사이클만 참가했다고 겸손히 말했다.

그의 이름은 히로코시 도시아키廣越俊昭, 1988년 서울올림픽이 개최되기 직전 서울에 방문한 적이 있는 그는 산요전기 에어컨디션 엔지니어였는데 다리를 다쳐 일찍 은퇴를 했다. 그래서 그는 마라톤은 하지 못하고 오직 사이클만 탄다고 했다.

후식으로 가져다 준 커다란 수박 한 덩이를 다 먹고 나자, 어느새 사이클 복장으로 갈아입은 그가 강변까지 직접 안내해주겠다고 앞장 섰다. 미끈하게 잘 빠진 사이클을 한쪽 어깨에 메고 헬멧까지 쓴 그의 모습은 처음 만났을 때의 동네 쌀집 아저씨 같은 모습과는 전혀 판판이었다.

매우 고가의 사이클로 짐작되는 그의 자전거가 혈통 좋은 경주마로 보이는 반면, 페니어·텐트·침낭·매트리스를 실은 지칠 대로 지친 불쌍한 팽이는 짐을 잔뜩 실은 늙은 노새 같았다.

한 손으로 그의 자전거 뒷바퀴를 슬쩍 들어보니 무게가 마치 손바닥 위에 올려진 깃털처럼 가볍게 느껴졌다. 도대체 자전거 무게가 얼마냐고 물었다가, 입이 쩍 벌어졌다. 두 바퀴를 포함해서 총 중량 8킬로그램. 팽이의 뒷안장에 장착된 페니어 한 짝 무게도 되지 않는 무게로 팽이가 감당하고 있는 총 중량, 즉 짐 25~30킬로그램, 자전거 무게 15킬로그램 등 대략 40~45킬로그램에서 대여섯 배 가까운 중량 차이였다.

호기심이 들어 자전거를 이리저리 살펴보는 나에게 그는 차체는 카본으로 이루어져 있으며, 에드 메리지라는 '투르 드 프랑스'Tour de France를 제패한 유명한 사이클 선수의 이름을 딴 제품이라고 설명을 해주었다. 그저 머리 숙여 감탄과 경의를 표할 수밖에 없었다. 고가의 자전거 때문이 아니라 진정으로 자전거를 사랑하는 이에게서 전해지는 인품 같은 것을 느낄 수 있었기 때문인데, 새삼 거실에 걸려 있던 '신애경'信愛警이라는 세 글자가 가슴속으로 파고들었다.

그와 함께 통통배를 타고 도네가와를 건너 약 한 시간 반가량을 사이클로드를 타고 달렸다. 그리고 다리 위에서 아쉬운 작별을 나누었다.

헤어지기에 앞서 그는 주의해야 할 것을 다시 한 번 일러주고는, 일본에서 좋은 추억을 많이 만들고 행복한 시간을 가지라고 하며 격려를 아끼지 않았다. 다리 위에서 오래도록 손을 흔드는 자전거 탄 그의 모습이 마치 길을 안내해주고 떠나는 수호천사 같았다.

이치로의 망언과 대한민국

도쿄 외곽 에도가와 변에서 야영을 했다. 화장실과 씻을 곳이 없어 야영조건은 엉망이었다. 그러나 늦은 밤시간에 딱히 다른 방도가 없어 다리 밑 잔디밭에 텐트를 쳤더니 영락없이 노숙자 신세였다.

무사히 밤을 넘기고 마침내 도쿄로 입성하는 아침 강변은 개를 데리고 산책하는 이들과 자전거를 타는 이들, 주말을 맞아 글러브와 배트를 들고 강변에 마련된 야구장으로 가는 이들로 활기를 띠었다. 서울의 한강 고수부지 같은 에도가와 변에는 야구경기를 위한 기본시설인 잔디구장, 그물이 쳐진 덕아웃, 심지어 조명시절까지 갖춘 야구장이 즐비했고, 드문드문 축구장도 보였다.

"30년 동안 일본야구를 쫓아오지 못하게 만들겠다." 제1회 월드베이스볼클래식에서 있었던 이치로의 말이 떠올랐다. '이치로의 망언'이니, '이치로는 입 치료를 받아야 한다'느니 하는 말로 회자되던 그 말은 야구 인프라만 놓고 보면 그다지 틀린 말도 아닌 것 같았다.

하지만 어쩌면 이치로의 말이 단순히 야구에만 그치는 것이 아닐지도 모른다는 생각에 더 가슴이 아팠다. 사회·문화·의식·시스템 전반에 걸쳐 우리나라가 일본보다 30년 정도 뒤처져 있는지도 모른다는 생각이 들었다.

우리나라의 힘과 국민의식을 평가절하하는 것은 절대 아니다. 하지만 알량한 감상적인 민족주의와 얄팍한 대중주의에 물들어 현실을 냉정하게 바라보지 못하고 끊임없이 비판과 성찰을 하지 않는다면, 결코 현실보다 나은 미래로 나아갈 수 없을 것이다. 또한 일본과의 현실 격차를 좁힐 수 없는 것도 불을 보듯 뻔하다.

　일본을 우습게 아는 유일한 나라, 자신이 이룩한 업적을 평가절하하는 유일무이한 나라인 대한민국이 아니라, 일본을 존중하고 배울 것은 배우는 나라, 자신의 역사를 정당히 평가하고 비판하며 과거의 역사에서 미래의 역사를 만들어가는 대한민국이 되어 있을 때, 이치로가 아니라 그 어떤 누구도 우리나라 야구를 우습게보지 못할 것이다.

　"양약良藥은 고어구苦於口이고 충언忠言은 역어이逆於耳"니, 타산지석하고 개똥조차 약으로 삼는 심정으로 이치로의 망언을 삼가 떠올려본다.

제1부의 끝, 하나비마쓰리

　에도가와 변을 따라 도쿄에 가까워질수록 특이한 점이 눈에 띄었다. 제방구실을 하고 있는 강변 잔디 위에 깔아놓은 가지각색의 천막과 비닐이 그것인데, 잔디 위 네 귀퉁이를 못으로 단단히 고정시킨 천막과 비닐에는 이름이 씌어 있었다.

　많은 사람이 빈자리를 찾아 분주히 움직이며 천막을 깔고 고정시킨 다음 테이프를 이용하여 이름을 만들고 있었고, 어떤 이들은 공터에다 텐트를 쳤다. 무슨 큰 축제라도 있는가 싶어 편의점에서 확인해보니 오늘이 바로 하나비마쓰리불꽃축제가 있는 날이란다.

　따사로운 오전 햇살을 받으며 산책하는 기분으로 자전거를 타면서 갈등에 빠질 수밖에 없었다. 이대로 도쿄 중심으로 진입할지, 아니면 가까운 도쿄 디즈니랜드를 둘러보고 유스호스텔을 찾을지, 아니면 그냥 이곳에서 텐트를 치고 하나비마쓰리를 구경할지를 결정해야 했다.

외로운 섬, 군중 속의 고독.
그 외로움과 고독 속에서
살아 있음의 슬픔과 환희가 피어오르듯
밤하늘 위로 불꽃이 솟아올랐다.

피곤함도 피곤함이지만 여행을 시작한 뒤 지금껏 쉬지 않고 달려왔기 때문에 여유를 가지고 쉬면서 그간의 여행을 돌이켜보며 앞으로의 일정을 구상도 하고, 빨래를 비롯한 개인정비도 하고, 맥주를 마시며 불꽃축제를 구경해야겠다는 생각이 들었다. 화장실이 가까운 곳에 자리를 잡은 다음 텐트를 치고 장애인 화장실을 이용해 대충 씻고는 양말과 셔츠를 빨아 널었다. 그러고는 맥주와 도시락을 먹으며 에도가와의 풍경을 음미했다. 자연스레 서울에 두고 온 한강과 고수부지가 떠올랐다.

한 수도의 젖줄이라는 공통점을 가지고 있는 에도가와와 한강은 서로 비슷하면서도 많이 달랐다. 규모와 크기에서는 한강에 비할 바는 못 되지만 에도가와에는 천연 습지와 갈대들이 있고 자연스럽게 조성된 나루가 있었다.

한강 고수부지에서 현대적인 인공미를 느낄 수 있다면, 에도가와 변에서는 자연미를 좀더 많이 느낄 수 있다. 이는 압축성장을 할 수밖에 없었던 국가의 실책과 비애인 동시에 돌이킬 수 없는 너무도 큰 대가가 아닌가 싶다.

흔히 청계천을 복원했다고 하지만, 보다 엄밀히 말한다면 그것은 복원이 아니라 조성이라고 해야 옳다. 단지 청계천이라는 인공의 조형물을 그 옛날 그 자리에 만들었을 뿐이다.

'복원'이라는 '오만'을 함부로 용인해서는 결코 안 된다. 쉽게 '복원'을 인정하고 받아들인다면 우리는 너무도 쉽게 결코 복원할 수 없는 것을 파괴할 것이기 때문이다. 물론 복원을 위한 노력이 의미 없다는 것은 아니다.

하지만 복원할 수 없는 자연을 훼손한 어리석음과 복원할 수 없는 자연을 복원해야만 하는 책임과 의무에서 인간은 결코 자유로울 수 없다. '복원'이라는 인간의 오만함이 무섭게만 다가오는 것은 바로 이 때문이다.

맥주를 마신 다음 텐트 안에 누워 지도와 가이드북을 살피며 앞으로의 여정을 머릿속에 그려보다가 깜빡 잠이 들었는데, 깨어나 보니 어두워진 강변은 하나비마쓰리를 즐기려는 사람들로 미어터지고 있었다.

잔디 위에 모자이크처럼 다닥다닥 붙어 있던 비닐과 천막 위에는 수많은 사람이 먹고 마시며 즐겁게 이야기를 나누고 있었고, 곳곳에서는 식욕을 자극하는 고기 굽는 연기가 피어오르고, 인산인해를 이루고 있는 자전거도로는 발 디딜 틈조차 없었다.

외로운 섬, 군중 속의 고독. 그 외로움과 고독 속에서 살아 있음의 슬픔과 환희가 피어오르듯 밤하늘 위로 불꽃이 솟아올랐다. 펑—펑—, 일본 자전거배낭여행 제1부 마감을 축하하는 하나비마쓰리가 너무도 아름답고 너무도 아쉬웠다.

밤늦도록 헤매어 바다를 만났습니다.
파도 소리만이 가득한 해변,
동네 아이들의 불꽃놀이……
새벽, 대양에서 뜨는 해를 보며 일어났습니다.
이제부터는 태평양을 따라 북상할 예정입니다.

제2부
기억 저편의 파도 소리를 타고

도쿄에서
아오모리 오마 항까지

길이 저를 호흡하고 있는 느낌입니다. 제 앞에 펼쳐진 저 길,
제 몸을 숙주로 삼아 무한히 번식하는 두렵도록 아름다운 에어리언 같은 길.

길, 나의 몸을 숙주로 삼는 아름다운 에어리언

언제나 멀리 밀려와 파도치는 어머니

도쿄에서 홋카이도까지 새롭게 시작된 제2부의 여정을 맞아 어머니께 전화를 드렸다.

"힘들지 않냐?"
"꽤 힘드네요."
"거 봐라, 그게 무슨 청승이냐."
"좋아서 하는 거 청승이라도 할 수 없죠."
"그래 언제 올 거냐?"
"글쎄요, 아직 3분의 1도 안 끝났어요."
"작작해라, 청승도 오래 떨면 못 쓴다. 그건 그렇고 이번에는 사람 좀 돼서 돌아오는 거니?"
"글쎄요, 가봐야 알죠."

"달팽아, 너는 도대체 어디까지 가봐야 정신을 차릴래?"
이번에는 사람이 돼서 돌아갈 수 있을까.
파도 소리만이 가득한 해변,
동네 아이들의 불꽃놀이.

"달팽아, 너는 도대체 어디까지 가봐야 정신을 차릴래, 응? 엄만 너만 정신 차리면 소원이 없다."

"어머니, 저도 저만 정신 차리면 소원이 없겠어요."

"그래 모기는 없냐?"

"많죠, 물린 데 또 물릴 정도로 많아요."

"여기도 모기가 극성이구나. 아무튼 집 걱정 말고, 좋은 거 많이 보고, 많이 배워서 돌아와라. 그리고 돌아올 때 하나밖에 없는 조카 선물 사오는 거 잊지 말고."

수화기를 내려놓고 다시 뜨거운 태양 아래에서 페달을 굴리며 '청승'의 사전적인 정의와 내가 떨고 있는 '청승'을 생각해보았다. 이번에는 사람이 돼서 돌아갈 수 있을지에 대해서도.

밤바다

밤바다의 파도 소리,
보지 못하는 가장 가까운 어둠 속에서
언제나 멀리 밀려와 파도치는
어머니…….

추신: 밤늦도록 헤매고 헤매어 바다를 만났습니다.
파도 소리만이 가득한 해변
동네 아이들의 불꽃놀이…….

쥐, 꿈속의 여인을 품에 안는 또 다른 방법

눈부신 여자였다. 둔부의 곡선이 드러나는 타이트한 흰색 스커트를 입은 몸매가 죽였다. 손에 닿을 것 같은 여자의 뒷모습에 이끌려 걸음을 옮기려 하는데 아무리 애를 써도 땅바닥에 붙은 발이 떨어지지 않았다. 끙끙거리며 간신히 한 발을 지면에서 들어올리는데 순간, 엄청난 통증이 거대한 쓰나미처럼 덮쳐왔다. 다리에 쥐가 난 것이다.

달콤한 꿈속에서 순식간에 근육이 뒤틀리고 있는 고통스런 육체로 돌아와 신음과 탄식과 아쉬움 속에 종아리를 주물러야만 했다. 그리고 꿈에 육체가 반응한다는 아주 중요한 사실을 새삼 처절히 깨달을 수 있었다. 하필 그 달콤한 순간에 쥐가 나다니.

자전거와 어울리는 길

새벽, 짐 정리를 마치고 히타치^{日立}로 향했다. 세 시간가량을 달려 만난 24시간 맥도날드에서 콜라 한 잔을 마시며 휴식을 취했다. 오늘은 해가 지기 전에 자리를 잡고 보다 여유로운 시간을 가져야겠다. 상처들이 하나둘 늘어나고 있었다.

특히 페달에 근접한 신발의 보호 범위에서 벗어난 발뒤꿈치 아킬레스건 부위는 상처투성이다. 어제는 길을 잡는 데 무척 애를 먹었지만 오늘부터는 한결 쉬워질 것이다. 상세지도를 가지고 있는 것은 아니지만, 이제부터는 바다를 길잡이 삼아 홋카이도로 넘어갈 때까지 계속해서 해안도로를 타고 북상할 예정이기 때문이다.

254번 도로를 만났다. 히타치까지는 약 20킬로미터. 잔모래와 돌멩이

새로운 타이어가 필요했다.
여행하면서 가장 힘든 하루를 겪었다.

들이 깔린 갓길 안쪽을 조심스럽게 달리고 있는데 펑— 소리와 함께 뒷바퀴가 급격히 주저앉았다. 마모된 타이어가 결국 마찰을 견디지 못하고 찢어진 것이다.

    마쓰모토에서 나가노로 넘어가는 길목에서 만난 일본인이 자전거를 살피며 뒷바퀴의 마모상태를 지적해주어 도쿄에 도착하면 뒷바퀴의 타이어를 교체할 생각이었는데 서둘러 도쿄를 탈출하는 바람에 그만 실행하지 못했다. 그 방심의 결과 타이어가 찢어지며 펑크가 난 것이다.

길 옆 그늘진 곳으로 자전거를 옮긴 다음 웃통을 벗어붙이고 자전거수리에 들어갔다. 줄줄 땀이 흐르는 가운데 펑크 난 튜브를 펑크 패드로 땜빵을 하고 나서 바람을 넣어보니 타이어의 찢어진 틈으로 튜브가 새어나왔다. 이대로 자전거에 올라탄다면 얼마 가지 못해 또다시 펑크 날 게 분명해 보였다. 할 수 없이 자전거를 조심스럽게 끌며 자전거수리점을 찾는데 외진 곳이라 그런지 좀처럼 찾을 수가 없었다.

　길을 벗어나 헤매는 것보다 히타치로 가서 새로운 타이어를 찾는 게 현명해 보였다. 까짓 것 자전거를 끌고 2000미터 고지도 넘었는데 20킬로미터를 못 가겠어?

　처음에는 이것도 좋은 추억이 되겠다 싶어 여유롭게 흥얼거리며 자전거를 끌고 갔는데 시간이 지날수록 힘에 부치면서 견딜 수 없는 짜증과 후회가 밀려왔다. 천신만고 끝에 히타치에 도착. 무려 다섯 시간 가까이 땡볕 아래에서 자전거를 끌고 왔다.

　길가에서 쉬고 있는 택시 운전사에게 자전거수리점을 물으니 근처에 자전거를 수리할 수 있는 곳이 없다고 했다. 계속되는 불행한 상황을 어떻게 타개해나가야 좋을지 눈앞이 캄캄해졌다.

　난감해하는 내가 가여웠던지 운전사는 다른 동료 운전사들을 찾아 도움을 주었다. 어쩌면 오토바이 수리점에서 새로운 타이어를 구할 수 있을지도 모른다면서 나를 안내했다.

　이윽고 새로운 타이어가 필요한 절박한 상황을 설명하고 나서 고개를 갸우뚱갸우뚱하는 오토바이 수리공의 표정을, 마치 나의 생사여탈권生死與奪權을 쥐고 있는 것처럼 바라볼 수밖에 없었다. 한참을 고민하던 그가 다락으로 올라가더니 먼지가 뽀얗게 앉은 타이어를 가지고 나왔다.

　　타이어의 파열로 여행하면서 가장 힘든 하루를 겪었다. 하지만 언제고 닥칠 문제였기에 이만하게 해결된 것이 다행이 아닐 수 없었다. 재팬알프스를 넘는 도중에 타이어가 찢어졌다면, 오 마이 갓!

　　대양에서 뜨는 해를 보며 일어났다. 어제는 무척 힘들었는데 또다시 아침이 되니 아무렇지도 않은 듯 상쾌했다. 5시 30분에 출발해 근방에서 만난 해수욕장 샤워장에서 어제 제대로 씻지 못한 몸을 말끔히 씻었다. 오늘은 출발부터 상큼한 게 기분이 좋다. 어제는 제2부의 신고식이 아니었나 싶다. 신고식을 제대로 치른 만큼 이제부터는 좀 수월해질 것이다.

　　이제 야영은 몸에 익은 것처럼 자연스러워졌다. 유스호스텔을 찾는 게 아니라 야영할 장소를 물색하는 게 하루여정의 마감 순서가 됐다. 이곳에서 센다이仙臺까지는 180여 킬로미터. 6번 도로를 타고 가다 자동차전용도로 같은 하이웨이를 만났는데 너무 위험한 것 같아 다시 해안도로를 찾았다.

　　힘이 들수록 여유를 가지고 길을 가야겠다는 생각을 의식적으로 했다. 편의점에서 산 1000밀리리터짜리 초코우유를 빵 두 개와 함께 앉은 자리에서 다 마셨다. 점점 더 체력이 고갈되어가고 있는 느낌이었다.

　　제2부 여정에 들어 왜 힘이 더 들었는지 이제야 알 것 같았다. 그다지 자전거여행에 어울리지 않는 길, 차량과 위험요소가 많은 길을 가고 있기 때문이다. 삭막한 도로풍경과 고속으로 질주하는 차량들이 있는 도로는 자

전거와 궁합이 맞지 않는다. 자전거와 어울리는 길은 쭉 뻗은 대로가 아니라 굽이굽이 에돌아가고 언덕과 내리막길이 덩실덩실 춤을 추는 길이다. 질주하는 차량이 무서워 벌벌 떠는 도로가 아니라 무심한 무단횡단의 욕망이 아주 자연스럽게 표출되는 도로다.

그리하여 길가의 들꽃이나 흘러가는 구름의 그림자를 따라갈 수도 있고, 길을 가는 나그네의 흔적을 아무도 모르게 바람이 지우고 가는 그런 길, 일을 하던 농부가 주저앉아 담배를 물고, 작은 포구의 어구들이 바람과 함께 놀고 있는 길.

매번 길과 싸우지 않겠다고 다짐하지만 또다시 길과 싸우고 있는 어리석은 나를 발견한다. 이제 다시 길과 대화할 시간이다.

밤의 야구장과 노팬티

어제는 관공서로 보이는 건물 자전거 주차장에서 비를 피하며 야영을 했다. 6번 국도를 벗어나 시골길에서 한가로이 놀다보니 금세 날이 어두워지기에 다시 6번 국도를 타고 가면서 쉴 만한 곳을 찾았다.

편의점에서 도시락과 맥주를 샀는데 마침 비가 쏟아지기 시작해서 근방의 공원을 찾다 들어선 곳이 처마가 있는 관공서 건물 자전거 주차장이었다. 자리를 잡자마자 콰콰광— 천둥이 치고, 번개가 번쩍이는데 정말 누군가 나를 도와주고 있는 것 같았다.

그렇게 하루를 무사히 마감한 즐거운 기분으로 도시락을 먹으며 맥주를 마셨다. 일찍 텐트를 치고 자리에 누웠는데 모기들과 몸을 괴롭히는 알 수 없는 벌레들로 잠을 제대로 이룰 수가 없었다. 이미 몸 곳곳이 모기로 인해 망가질 대로 망가졌는데 몸은 아직도 깨끗하고 편안하던 기억을 잊지 못하고 있었다.

편의점 화장실에서 씻고 컵라면과 햇반으로 배를 채운 다음 어제 가지 못한 길로 나섰다. 센다이까지는 90킬로미터. 네 시간가량을 달려오면서 세 번을 쉬고 세 번의 간식을 먹었다. 떨어지는 체력을 막기 위해서 무엇이든 자주 많이 먹어야겠다는 생각뿐이다.

흩날리던 비가 무섭게 쏟아지기에 잠시 자전거를 편의점에 세웠는데 비에 젖은 몸이 서늘해지는 것 같아 또 컵라면을 먹었다. 12시도 되지 않았는데 벌써 네 번째 간식이었다.

센다이에 진입하는 길 위에는 파친코 건물들이 많이 있었다. 한 파친코 건물에 부속건물로 딸려 있는 인터넷 카페에 들어가 인터넷 연결을 시도했다. 데스크 여직원과 의사소통이 원활하지 않았지만, 여직원은 어떻게든 인터넷을 연결시켜주려고 애를 썼다.

편안한 의자에 앉아 모니터를 보고 있는데 옆에서 도와주고 있던 여직원에게서 문명의 향기로운 냄새가 났다. 달콤했다. 비에 젖고 땀에 찌든 몸에서 나는 냄새와는 차원이 달랐다. 결국 인터넷 접속이라는 문명의 이기를 누리지는 못했지만 문명의 향기 정도는 맡은 기분이 들었다.

센다이를 벗어나 소도시와 소도시를 연결하는 해안도로를 타고 가다 날이 저물었다. 편의점에서 도시락과 맥주를 사서 배낭에 넣고 야영장소를 물색했다.

마침 한 무리의 학생들을 만나 "지카이 코엔"^{가까운 공원}을 외치며 쉴 만한 곳을 물었다. 학생들의 안내를 따라간 곳은 공원이 아니라 마을 초입에 있는 '도리'였는데 야영할 만한 장소가 아니었다. 결정적으로 생리적인 욕구를 해결할 수 있는 화장실이 없었다. 화장실은 근처 편의점을 이용하면 되겠지만 불 켜진 집들에 둘러싸인 장소가 야영에 적합하지 않았다.

할 수 없이 학생들에게 고마움을 표한 뒤 다시 자전거에 올랐다. 마을을 벗어나 공원을 가리키는 이정표를 무작정 따라가다 어둠 속에 덩그러니 놓인 야구장을 만났다. 낡은 나무의자가 놓인 덕아웃은 손때 묻은 물건들이 가지런히 정돈되어 있었고, 덕아웃 앞에는 땅을 다지는 롤러가 놓여 있었다.

작은 어촌에서 조명시설까지 갖춘 야구장을 만나니 일본인들이 야구를 대하는 진지한 태도를 다시 한 번 느낄 수 있었다. 나무의자에 앉아 도시락을 먹고 야구장 잔디밭에 텐트를 쳤다. 그러고는 가로등 불빛이 닿지 않는 어둠 속 수도꼭지 앞에서 옷을 다 벗고 온몸을 구석구석 씻었다.

북 치는 아이들

어제는 드문드문 태평양을 보며 도심을 달렸는데, 오늘은 어촌 냄새 가득한 길이 끝없이 이어졌다. 아직 여행의 반도 지나지 않았는데 조금은 지친 느낌이 들었다. 그마나 특별히 아픈 곳이 없어 다행이었다. 팽이도 타이어를 교체한 뒤 크게 이상이 없었다. 무리하지 말자고 하면서도 자꾸 무리를 하는 건 매번 주행거리에 대한 욕심을 버리지 못하기 때문이다. 어제까지만 해도 까마귀가 많이 보였는데 오늘은 갈매기 울음소리가 가득했다. 어촌을 따라 이어지는 389번 국도는 산을 넘고 다시 바다를 만나는 과정을 되풀이해서 보여주었다.

저녁 무렵 다카타마쓰바라라는 시설 좋은 미치노에키를 만났다. 미치노에키는 지친 여행자, 특히 나와 같은 자전거여행자에게는 사막의 오아시스 같은 존재다. 더위를 피해 실내에서 시원하게 휴식을 취할 수도 있고 지역정보를 얻을 수도 있을 뿐만 아니라 쾌적한 야영장소까지도 구할 수 있기 때문이다.

다카타마쓰바라 미치노에키 뒤로 아름답게 조성된 제법 규모가 큰 공원이 있었고 공원 내에는 청소년 수련관쯤으로 짐작되는 건물들이 신나고 재미있어 하는 많은 학생들을 품고 있었다. 공원을 구경하고 돌아와 미치노에키 내 편의점에서 맥주와 안주거리를 사들고 적당한 야영장소를 찾아 나서는데 공원 광장에서 둥—둥— 북소리와 노랫소리가 들려왔다.

광장에는 화물차를 개조해서 만든 화려하게 장식된 무대차량이 줄지어 서 있었고 차량에 올라탄 아이들이 둥그렇게 모여 커다란 북을 치며 노래를 부르고 있었다. 지역 축제인지 축제 연습 중인지 알 수 없었으나 각각의 무대차량은 저마다 독특한 문양과 장식으로 꾸며져 마을을 대표하고 있는 듯했다. 아이들이 어찌나 진지하게 열심히 북을 치고 노래를 부르는지 일종의 시합 같다는 느낌이 들었다.

맥주를 마시며 한동안 그 모습을 지켜보고 있자니 축제를 대하는 일본인의 태도를 생각하지 않을 수 없었다. 일본인의 축제는 우리나라의 축제와 많이 다른 느낌이다. 일단 일본인의 축제는 지역주민이 축제의 주인공

광장에는 독특한 문양과 장식으로 꾸며진 차량에 올라탄 아이들이 북을 치며 노래를 부르고 있었다. 어찌나 진지하게 열심히 치는지 일종의 시합 같다는 느낌이 들었다.

이라는 점이다.

 그러나 우리나라에서 볼 수 있는 다양한 지역 축제는 축제의 주인공이 지역주민이 아니라 오히려 축제를 구경하러 온 관광객인 것 같다. 물론 우리나라에도 점차 사라져가고 있지만 지역주민이 오롯한 주인공인 축제가 있다. 시골 가을운동회나 면단위 체육대회 같은 축제는 지역주민이 주인공이다.

 도쿄 가는 길에 만난 '수호천사' 히로코시 도시아키는 어렸을 때부터 매년 지역 축제에 참여한다고 말했는데, 이번 가을 축제 때에는 머리띠를 차고 북을 친다고 했다. 아이부터 어른까지 함께 어울려 축제를 준비하고 추억을 만들며 그 추억을 공유하는 축제는 이벤트성 외부행사와는 질적으로 다르다.

진정한 축제는 아마추어참여성 속에 있다. 진행이 깔끔하지 못하고 실수를 연발하고 마이크 잡은 술 취한 이장님이 똑같은 노래를 반복해서 부른다고 해도 그것이야말로 진정한 축제다. 축제가 프로상업성화 되면 그것은 더 이상 축제가 아니라 참여할 수 없는 '쇼'에 불과하다.

엉덩이의 괴로움

새벽에 일어나 미치노에키 화장실에서 밀린 빨래를 했다. 오토바이 그물로 잡아맨 젖은 옷들은 길을 가는 동안 자전거 위에서 마를 것이다.

한동안 자전거여행자를 볼 수 없었는데 45번 국도를 따라가면서 앞서거니 뒤서거니 하는 아오모리靑森까지 자전거를 타고 간다고 하는 일본인 여자를 만났다. 작은 체구에도 짐을 가득 실은 자전거를 여유롭게 타고 가고 모습이 무척 인상적이었다.

편의점에서 도시락을 먹고 나서 정오의 뜨거운 태양을 피해 잠을 잤다. 그러고는 두 시간을 내리달렸는데 오르막이 계속되는 힘든 길도 마치 누군가 뒤에서 밀어주는 듯한 느낌이 들었다.

45번 국도를 따라 계속 북상 중이다. 아오모리까지는 290킬로미터, 오늘은 수많은 터널을 통과했다. 터널 안에서 만나는 서늘함, 터널을 지나면 내리막이 시작될 것이라는 기대감, 터널을 무사히 통과해야 한다는 긴장감, 터널을 무사히 통과했다는 안도감. 터널이 매번 묘한 쾌감을 전해주었다.

미야코官城 시내를 구경하며 마트에서 장을 봤다. 그리고 낚시용품점에서 떨어진 야외용 가스를 구입한 다음 항구에 들어섰다. 미치노에키가 있는 미야코 항구는 공원 시설이 잘 정비되어 있는 아름다운 항구였다. 산책하는 주민들과 낚싯대를 드리우고 있는 태공들이 노을 지는 바다와 어울려 한가롭고 부드러운 풍경을 연출했다.

화장실 바로 뒤쪽 잔디밭에는 단체로 자전거여행을 하고 있는 일본 청년들이 텐트를 치고 저녁을 짓고 있었다. 편안한 기분과 한적하고 여유로운 풍경 탓인지 내일 하루는 이곳에서 온전히 쉬어야겠다는 마음이 들었다.

계속된 강행군 덕에 여정은 많이 단축되었지만 엉덩이의 곤욕이 이만저만이 아니었다. 장거리 자전거여행에서 가장 곤욕을 치르는 신체부위는 당연 말랑말랑한 엉덩이다. 『키스의 역사』라는 책에서 입술을 외부로 드러난 가장 내밀한 피부라고 했는데, 장거리 자전거여행에서는 엉덩이가 외부와 마찰하는 가장 내밀한 피부인 것 같다.

키스를 외부로 드러난 가장 내밀한 피부를 가지고 행하는 외부 세계와의 접촉이라고 한다면 자전거여행은 엉덩이로 하는 키스가 아닐까. 사랑하는 님과 입술 부르트도록 키스를 하는 것은 아니지만 자전거여행은 낯설고 아름다운 세계와 엉덩이 부르터 진물이 흐르도록 나누는 깊고 진한 엉덩이 키스라고 말할 수 있다.

이 엉덩이 키스 또한 심장이 터질 것 같은 격정 속에서 님의 부드러운 입술을 탐닉하며 맛보는 영혼의 교감처럼 황홀한 에로티즘을 선사한다. 하지만 텐트 안에 묘한 자세로 엉덩이 까고 누워 벌겋게 달아오르고 살갗이 벗겨져 진물을 흘리는 엉덩이에 소독약을 발라줘야 한다는 거.

길, 나의 몸을 숙주로 삼는 아름다운 에어리언

텐트 안에 엉덩이 까고 누워 소독약을 바르면서 내일 하루는 이곳 미야코 항구에서 엉덩이나 말리면서 쉬어야겠다고 생각했다. 그런데 새벽이 밝아오고 몸이 피곤함에서 깨어나니 다시금 길을 가야겠다는 욕망이 또다시 길 위로 나를 내몰았다. '그래, 쉬더라도 길 위에서 쉬자.'

어제는 줄곧 태평양과 수많은 작은 어항을 끼고 달렸는데, 오늘은 산의 바다를 넘고 있다. 언덕길 정상에 올라보니 기껏 해발 350미터밖에 되지 않는데도 혀가 늘어질 정도로 힘에 부쳤다. 이어지는 완만한 내리막길에 몸을 맡기고 나서야 늘어진 혀가 언제 그랬냐 싶게 조갯살처럼 쏙 들어갔다.

오가는 차량이 드문 산길이 무척 호젓했다. 가슴 깊이 길을 들이마셨다 조용히 내뱉었다. 산과 나무를 건너오는 맑은 바람이 가슴속 깊이 들어왔다가 흔적 없이 빠져나갔다. 길을 음미한다는 게 혹 이런 것은 아닐는지.

순간 어머니의 목소리가 뒤통수를 때렸다.

"작작해라."

영화 「시티 오브 엔젤」에서 자전거를 탄 맥 라이언이 눈을 감고 두 팔을 날개처럼 펼치면서 길이 주는 생의 풍요로움을 만끽하다, 그만 한순간

자전거여행을 사랑하는 님과의 키스는 아니지만
낯설고 아름다운 세계와 나누는 영혼으로 하는 키스가 아닐까.

의 방심 또는 우연으로 삶과의 인연을 끊게 되는 장면이 떠올랐다. '폼 잡다 골로 가는 수가 있어!'

  길이 저를 호흡하고 있는 느낌입니다
  제 앞에 펼쳐진 저 길,
  제 몸을 숙주로 삼아 무한히 번식하는 두렵도록 아름다운 에어리언 같은 길.

지친 나그네가 바라보는 도시의 불빛

익숙해진 45번 국도와 헤어지고 338번 도로로 접어들었다. 아오모리로 가는 45번 국도와 달리 혼슈 북부 끝자락으로 이어지는 338번 도로는 차량이 드물고 끝없이 펼쳐진 풍경은 눈부시도록 아름다워, 하이킹하기엔 그만이었다. 그만큼 사람들의 발길이 닿지 않는 외진 곳이리라.

애초에 계획했던 아오모리행을 포기했다. 홋카이도에서 가장 가까운 항구인 오마 항大間港까지 올라가 그곳에서 홋카이도로 넘어갈 생각으로. 한자로는 청青 삼森인 아오모리, 푸르름이 짙은 아오모리를 아쉽게도 이번 여행에서는 제외하게 됐다.

338번 도로는 해안을 끼고 평지처럼 펼쳐졌다. 마치 한강 고수부지를 달리는 듯 자전거가 시원하게 바람을 갈랐다. 여행 들어 처음 만난 확 트인 평탄한 길은 협소한 일본의 정취와는 전혀 다른 광활함을 느끼게 했다. 혼슈 북부는 아직 채 개발되지 않은 지역이 많다고 하는데 충분히 알 수 있었다.

해안을 따라 미끄럽게 이어지던 338번 도로가 바다를 버리고 산으로 들어가기 시작했다. 어제 구지久慈에서 충분히 휴식을 취한 덕분인지 꽤 먼 거리를 왔음에도 아직 해가 많이 남아 있었다. 무쓰陸奥까지 50킬로미터, 저녁노을이 지고 있는 산길의 유혹에 끌려 다시 자전거에 올라탔다. 하지만 어둠이 내리기 시작하는 산길에서 조금씩 두려움이 배어나왔다. 좀처럼 쉬어갈 마을을 찾을 수 없었다. 스쳐가는 자동차 불빛마저 없다면 그야말로 적막강산이었다.

가파른 언덕길을 자전거를 끌고 오르는데 수풀에 숨어 있던 벌들이

저녁노을이 지는 산길의 유혹에 이끌려
다시 자전거에 올라탔다.
어둠이 내리기 시작하는 산길,
도시의 불빛을 찾아가는
지친 나그네.

땀 냄새를 맡았는지 몸에 달라붙었다. 처음에는 한두 마리였는데 눈 깜짝할 사이 십여 마리로 불어나 눈앞을 가리더니 머리와 등허리가 따끔거렸다.

순간 위험하다는 생각이 스쳤다. 야영할 곳을 찾아야 한다는 마음은 조급해지는데 어둠은 짙어지고, 오르막은 가파르고, 무쓰까지 남은 길은 멀고, 벌들은 계속해서 쫓아오고…… 정말 난감했다.

그러다 만난 호텔 간판은 뿌리치기 힘든 유혹이었다. 하지만 여기서 야영을 포기할 수 없다는 쓸데없는 객기가 또다시 발동했다. 그렇게 두려움과 공포 속에서 간신히 숲길을 빠져나와 발견한 도시의 불빛.

지친 나그네여!
불빛을 찾아 가는 외로운 영혼이여!
저기 저 도시의 불빛이
그대에게 따뜻한 밥과 편안한 잠자리를 줄지니.

삶, 여행, 그리고 불확실성의 미학

어제는 150킬로미터 넘는 거리를 엉덩이가 얼얼할 정도로 달렸다. 무쓰 시내에 도착, 공원에 자리를 잡고 나서 아침밥까지 생각하고 밥을 넉넉히 지었는데 먹다보니 그만 다 먹고 말았다.

서울에 있을 때의 식사분량으로 치자면 족히 세 끼를 해결하고도 남을 양이었는데 고추장 하나로 후딱 해치우는 나 자신이 무척 놀라웠다. 왕성한 식욕을 통해 느끼는 나의 낯설음이란. 라면과 빵으로 아침을 해결하고

불확실성의 미학, 여행이 그렇듯 우리들의 인생이 언제 어떻게 변할지는 누구도 장담할 수 없다.

    다시 길을 잡았다. 이곳에서 오마 항까지는 50킬로미터. 어제 무리한 덕에 오늘 가야 할 길이 많이 줄어들었다.

    쉬엄쉬엄 달렸는데도 오전에 오마 항에 도착했다. 11시 40분에 출항하는 배편을 끊고 대합실 의자에 몸을 기댔다. 드디어 홋카이도! 여행의 제2부가 생각보다 빨리 끝나고 제3부가 시작되는 시점이다. 줄어든 제2부의 여정으로 전체 여행일정이 수정될 것 같다.

    하지만 지금까지의 여정이 그랬듯, 앞으로의 여정이 어떻게 변할지는 장담할 수는 없다. 불확실성의 미학, 그것이야말로 여행이 주는 참 즐거움 중의 하나일 수도 있으니까. 이 불확실성의 미학을 통해 생이 깨닫게 되는 것은 무엇일까.

여행은 배설이다. 싸지르는 것이다.
세상과의 소통 속에서 쌓이고쌓인 숙변과
나 자신이 소화시키지 못한 기억이나
아픔을 말끔히 비우는 것이다.
여행은 세상과의 대화,
자기 자신과의 소통이라는
비움의 과정을 통한 내적 정화의 시간이다.

제3부
홋카이도, 돌아온 연어가 노을에 잠기는 섬

하코다테에서
오타루까지

 어떠한 길을 어떠한 모습으로 가고 있든지 결국 우리들의 삶은 길 위의 그림자가 아닐는지.
길 위에 남는 것은 결국 그림자에 불과하고 그 그림자 또한 언젠가는 노을 속으로 사라지겠지.

길 위에 그림자

자전거에 올라탄 자유의 고통

　홋카이도에서 첫 밤을 무사히 보냈다. 자동차 캠핑장에서 오래간만에 더운물로 샤워도 할 수 있었다. 캠핑장 곳곳에는 가족들과 캠핑을 온 사람들이 한 옆에 자동차를 주차시켜놓고 커다란 텐트 속에서 고기를 굽는데 고기 굽는 냄새를 쓸쓸히 맡고 있으려니 새삼 멀리 두고 온 일상이 그리워지고 친구들과 지인들이 눈앞에 새록새록 떠올랐다.

　무쓰에서부터 괴롭히던 벌(?)들이 이곳에서도 쉴 새 없이 물고 핥고 빨았다. 언뜻 보면 벌인 것 같고, 자세히 보면 왕파리 같은 그놈들은 사람 몸에 빨대를 꽂고 피를 빤다는 점에서 모기라고 할 수밖에 없을 것 같다. 앞으로 이 홋카이도 똥파리들이 무척 고달프게 할 것 같다.

　또 하나 심각한 문제는 앞서 언급한 바 있지만 엉덩이가 점점 더 아파오고 있다는 점이었다. 자전거 안장 위에 올라타 페달을 굴리는 동안 쓸려서 아리고, 부딪혀 까져서 좀체 라이딩에 집중할 수 없을 지경까지 이르고 말았다.

그래서 수시로 자세를 바꾸고 엉덩이를 이쪽저쪽으로 옮겨놓으며 덜 아픈 포인트를 찾지만 손바닥만한 안장 위에 올려놓아야 할 엉덩이의 크기를 생각하면 큰 효과를 기대할 게 못 된다.

이제 겨우 한 달이 지났을 뿐인데 몸을 너무 혹사한 게 아닌가 하는 생각도 들면서, 몇 년에 걸쳐 자전거여행을 하는 이들은 이런 상황을 어떻게 대처했는지 궁금해졌다.

고통이 무르익으면 마비가 올 테고 종기가 곪아 터지면 그 자리는 더욱 단단해지겠지. 지금껏 자전거 타기에만 집중했는데 이제부터는 길에 대한 욕심을 버리고 보다 길을 음미하며 가야겠다.

몸이 고되고 불편할수록 서둘러 여정을 마무리 짓고 싶은 생각이야 굴뚝 같지만 그럴수록 여정에 대한 부담을 버리고 힘들게 마련한 자유의 고통을 만끽하자고 다짐했다.

가엾은 나의 엉덩이여!
그 위에 올라탄 나는 자유로울지니!

정적의 바다, 모든 소리들이 사라져 다시 태어나는 곳

아름다운 공원을 포기하고 다시 야쿠모八雲로 향했다. 길에 대한 욕심을 또 버리지 못했으니 어리석은 이의 고생은 이루 말할 수가 없다. 야쿠모 시내에서 떨어진 쌀과 라면, 가스를 구입해야 했기에 어쩔 수가 없었다. 오후 6시에 도착한 야쿠모 시내는 그리 규모가 크지 않아 편의점 외에는 장볼 곳이 마땅치 않았다.

고통이 무르익으면 마비가 올 테고
종기가 곪아 터지면 그 자리는 더욱 단단해지겠지.

이곳 홋카이도는 시민들을 위한 편의시설로서의 공원이 많지 않은 것 같다. 한 발짝 벗어나면 끝없는 바다가 펼쳐져 있고, 눈 한번 돌리면 광활한 들판과 산들이 뻗어나가는 자연이 있는 곳이기에 공원이라는 별도의 휴식공간이 필요 없는지도……

그래서인지 홋카이도에서 만나는 대개의 공원은 관광객을 위한 상업시설인 온천, 테마파크와 연계되어 있는 경우가 많았다. 그러니 공원에서 어떻게든 비벼볼 생각을 하는 나 같은 배고픈 자전거여행자에겐 공원이 그다지 어울리지 않았다. 그래도 주민을 위한 놀이터 정도는 찾지 않을까 하여 시내 주변을 어슬렁거리다 강가 옆에 있는 야구장을 발견하고 그곳에 짐을 풀었다.

장을 본 쌀로 밥을 안친 다음 벤치에 앉아 야구장에서 타격연습을 하는 두 사람의 모습을 바라보며 맥주를 마셨다. 한 사람이 치기 좋게 공을 던져주면 다른 한 사람은 공을 힘껏 쳐내는데, 빈 구장을 깡— 깡— 울리는 그 소리만으로도 새우깡 안주가 따로 필요 없었다.

야구장에 지는 오늘의 선셋 포인트에서 느긋하게 밥을 먹는 것까지는 좋았으나, 날이 저물자 예상치 못한 모기들의 대공습이 이어졌다. 실로 살인 모기들의 가미카제 작전이었다. 손바닥 외에는 아무런 방어 화기도 준비되어 있지 않아 서둘러 전선을 텐트 안으로 물려야 했다. 하지만 살인모기들의 공습은 계속되고 야쿠모에서의 잠 못 드는 밤은 깊어만 갔다.

태평양을 마주하고 앉았다. 애마 팽이 또한 차도 가드레일에 지친 몸을 기대고 시원한 바닷바람에 땀을 식혔다. 모기를 피해 이른 새벽부터 시작된 라이딩은 홋카이도의 광활함 속으로 이어져 오른쪽으로는 태평양을, 왼쪽으로는 들판과 산을 끼고 계속되었다.

은빛 고기떼처럼 햇살이 부서지고 있는 바다, 영화 「쇼생크 탈출」에 나오는 '추억이 사라진 곳'이라는 구절을 떠올리게 만드는 바다는 너무도 고요하고 아름다웠다. 멀리서 우는 까마귀 소리와 드문드문 지나가는 차량의 소음 외에는 파도 소리만이 귓가에 가득 밀려왔다.

태평양, 추억이 사라진 곳.
파도 소리만이 귓가에 가득 밀려왔다.
정적의 바다,
모든 소리가 사라져 다시 태어나는 곳.

정적의 바다,

모든 소리들이 사라져 다시 태어나는 곳.

비에 젖은 향기로운 빵 냄새

　엉덩이의 아픔을 줄이려고 애를 쓰다보니 오히려 무릎에 무리가 가는 것 같다. 길 위에서 만나는 돌발상황보다는, 피곤함에서 비롯되는 긴장감의 해이와 조급함이 안전주행을 방해하고 때론 위험한 사고가 나기 직전까지 이르게 만들었다. 정신을 차려야겠다. 이러다 님도 못 보고 객사라도 하면 자전거를 타고 구천을 떠돌게 될지도 모르니.

　새벽부터 바람이 사납게 불더니 아침이 되자 빗방울이 간간이 떨어졌다. 자전거를 타기에는 땀을 식힐 수 있는 가는 비가 찜통더위보다는 한결 편안하다고 생각하자마자 빗방울이 굵어졌다. 서둘러 비 피할 곳을 찾았지만 시내를 벗어나서 그런지 발 들여놓을 만한 곳을 찾을 수 없었다. 다행히 차량 정비소의 대형 처마 밑에 들어가 비가 한풀 꺾이기를 기다렸다.

　가는 비를 뚫고 한 시간가량 달려왔는데 다시 비가 굵어졌다. 편의점을 찾아 두리번거렸지만 굵어진 빗줄기 속에서 편의점은커녕 쉬어 갈 작은 처마마저 보이지 않았다. 비에 젖은 옷은 몸에 들러붙고 빗방울이 맺힌 안경은 시야확보를 어렵게 만들고. 하지만 또다시 쓸데없는 오기가 발동했다. '오냐, 내 편의점을 만날 때까지 멈추지 않고 달릴 테다.'

　그렇게 무모하게 빗속을 달리다 큰 빵집을 발견했다. 대형주차장을 겸비하고 있는 빵집 2층에는 호텔에 버금가는 깨끗한 화장실과 피아노 공연실이 있었다. 화장실에서 볼일을 보고 나와 공연실 옆 나무의자에 앉아 있으니 아래층에서 올라온 달콤한 빵 냄새가 코끝을 간질였다.

몸에서 나는 비에 젖은 땀 냄새와는 비교가 되지 않는 향기로운 냄새, 순간 몸의 모든 세포들이 확장되면서 비에 젖은 땀 냄새와 향기로운 빵 냄새를 온전히 기억 속에 새기고 있는 것을 느꼈다.

언제든 다시 힘들고 지쳤을 때 가만히 이 순간의 이 냄새를 꺼내어 맡을 수 있었으면 좋겠다는 생각이 들었다.

간이역에서 보낸 하룻밤

지도를 살피지 않고 도로표지판만을 보고 따라온 게 잘못이었다. 딱히 실수라고 할 것도 없지만 예상 밖의 상황을 만난 계기가 된 것은 틀림없었다. 비가 오락가락하고 구름이 잔뜩 낀 게 예사롭지 않아 몬베쓰혼마치門別本町까지 43킬로미터를 더 가서 일찍 거처를 잡고 쉴 생각으로 서둘러 길을 잡았다.

40킬로미터 즈음에서 니치이마치日井町라는 조그만 마을을 만나 조금만 더 가면 몬베쓰가 나올 것이라 생각했는데 43킬로미터가 지나고 50킬로미터가 되어도 마을은 나타나지 않았다. 더군다나 가는 빗줄기가 폭우로 바뀌더니 바람과 함께 몰아치기 시작했다.

간신히 도로 옆에 있는 폐점한 카페를 발견하여 낡은 목조 테라스 위에 자전거를 세우고 겨우 머리를 가릴 수 있었다. 무지막지하게 쏟아지는 비를 바라보며 어찌해야 좋을지 몰라 넋을 놓고 있는데, 낡은 지붕에 매달린 거미가 마치 나를 노리고 있는 것 같았다.

가는 거미줄에 빗방울이 이슬처럼 맺히고 있었는데, 아련한 거미줄 너

우연히 만나는 간이역에서 우리들의 삶은 숨을 고른다.
스쳐 지나간 짧은 인연들을 헤아리며.

멀로 추억 속의 열차 같은 한 량짜리 기차가 멈추어 서는 곳이 보였다. 자세히 살펴보니 길 건너에 작은 간이역이 있었다.

성냥갑 같은 역사 안으로 자전거를 옮기고 역사의 문을 닫으니 꼭 전생에 인연이 있었던 옥탑방처럼 아늑했다. 젖은 옷을 벗고 새 옷으로 갈아입은 후, 역사 의자에 앉아 맥주 안주용으로 사두었던 땅콩으로 허기를 채웠다.

오후 4시, 간이역에 들어서서 따뜻한 커피로 추위를 쫓은 다음 발포성 매트리스를 깔고 피곤한 몸을 누이니 나도 모르게 잠이 쏟아져 한숨 달게 자고 일어났다.

눈을 뜨니 역사 안에는 환하게 불이 켜져 있고 밖에서는 8시 30분 도마코마이苫小牧행 기차가 도착하는 소리가 들렸다. 승객 한두 명이 내린 것 같은데 역사를 들르지 않고 밖에서 기다리고 있던 자동차에 올라타고 떠났다.

역사 안쪽 벽면에는 JR 홋카이도 보통운임과 발차시각표가 붙어 있는데 시간표대로 정확히 장난감 같은 열차가 정차하는 게 참 신기했다. 시간표에 따르면 10시 27분에 마지막 열차가 이곳에 도착할 것이다. 그리고 마지막 열차가 떠나고 나면 역사 안의 불빛이 저절로 켜졌듯 저절로 꺼질지도 모르겠다.

지금껏 여행한 혼슈와 달리 이곳 홋카이도는 도시와 마을을 벗어나면 다음 도시와 마을이 나오기까지 광활한 풍경의 연속이다. 그런 한편으로는 편의점조차 찾을 수 없는 막막한 자연 풍광만 이어지고 있는데, 그 점을 미처 염두에 두지 못했다. 하지만 이 어처구니없는 우연적인 상황이 무척 재미있고 뜻 깊게 다가오는 까닭은 무엇인지, 자꾸만 입가에 웃음이 번졌다.

9시 10분 전, 마지막 열차가 도착할 때까지는 깨어 있어야 할 것 같다. 역사의 불빛이 꺼지면 그때 말리려고 펼쳐놓은 침낭 속으로 들어갈 생각이다. 마쓰모토에서 산 매트리스가 효자 노릇을 톡톡히 했다. 바닥에서 올라오는 냉기를 막아주는 이 매트리스가 없었다면 야영을 이토록 즐겁고 편안하게 하지 못했을 게 분명했다.

지금 이 순간, 이 지상에서 나처럼 바닥에 몸을 누이고 있을 많은 이들에게 발포성 매트리스를 한 장씩 나누어준다면, 이 세상은 한결 따뜻해질 것 같았다.

조용히 빗소리를 듣고 있자니 궁벽한 시골 마을의 허름한 여관방에 들어와 있는 기분이다. 이 분위기에는 라면 국물에 소주 한 잔이 '딱'인데 아쉬웠다.

길 건너에는 식료품 간판이 붙은 허름한 상점이 보였는데, 이곳에 도착했을 때부터 문이 닫힌 채로 있는 걸로 보아 폐점했거나 영업에 그다지 신경 쓰지 않는 상점인 것 같았다.

가까운 곳에서 허기를 채울 수 있는 것과 이왕이면 정종이나 소주가 어울리겠지만, 맥주라도 샀으면 좋겠다. 그러나 아무래도 오늘 저녁은 굶어야 할 것 같다. 하나 남은 마른 옷을 입은 채 빗속을 뚫고 어디에 있는지도 모를 상점을 찾아 나서기도 그렇고, 쉽게 상점을 찾을 수 있을 것 같지도 않기 때문이다.

때론 굶어야 더 운치가 나는 상황이 있게 마련이다. 현재시각 9시 15분, 마지막 열차가 도착하기까지 1시간이 더 남았는데 더 이상 쓸 것도 없고 으슬으슬 추워지는 게 그만 침낭을 덮어야 할까 보다.

라이더하우스, 나그네의 고향

새벽이 되자 역사 안의 어둠이 희미하게 걷히기 시작했다. 어제처럼 거칠게 쏟아 붓고 있지는 않지만 짙은 해무 海霧 속에서 부슬부슬 내리고 있는 비는, 요 며칠 대지를 뜨겁게 달구었던 열기를 차분히 식히기라도 하는 것 같았다.

첫 열차가 도착하기 전에 떠날 생각으로 차비를 했다. 마른 옷을 벗어 비닐봉지 안에 넣어 밀봉하고는, 채 마르지 않은 어제의 옷을 꺼내어 입었다. 그 옷을 입자마자 퀴퀴한 냄새와 차가운 습기에 정신이 번쩍 들었다.

간밤의 추억을 오롯이 남기기 위해 카메라를 꺼내 들었지만 배터리가 다 되어 하룻밤 애틋한 정을 나눈 간이역의 풍경을 담을 수 없어 너무도 아쉬웠다. 허기를 채우지 못한 빈속으로 문을 열고 나서니 한여름 날에 맞는 비가 서늘함이 되어 파고들었다.

빗속이라 그런지 좀처럼 속도가 붙지 않고, 몸도 여기저기 쑤시는데다가 돌보지 못한 엉덩이가 아침주행부터 아려왔다. 무엇보다 안개비의 희미함 속에서 좁은 해안도로를 세차게 달리며 지나가는 화물차량이 괴물 같았다. 화물차량을 피하기 위해 자전거를 멈춰 세우고 숨을 고르지만 멈추어 설수록 추위는 점점 더 깊숙이 파고들어왔다.

어느덧 안개비에 반바지가 흠뻑 젖어 서늘함이 싸늘함으로 바뀌어 무릎 아래서부터 머리끝으로 올라왔다. 해안을 끼고 펼쳐진 초원에는 목장들이 이어졌다. 비가 오지 않았다면 그림 같은 풍경이었을 텐데 다시는 보고 싶지 않은 지옥 같은 풍경으로 다가왔다. 이런 내 마음을 아는지 모르는지 안개 속에서 드문드문 만나는 말들은 한가롭게 풀을 뜯고 있었다.

자전거를 끌고 언덕을 오르는데 '프로방스'라는 호텔을 만났다. 등 비빌 언덕이라도 발견한 것 같아 반가웠으나 그냥 지나쳤다. 아침 8시도 되지 않아 호텔에 들어가기도 그렇고, 주행을 시작한 지 세 시간도 못 되어 길을 접는다는 게 용납이 되지 않았다. 하지만 턱없는 자만과 오기도 때론 부정할 수 없는 벽에 부딪힐 때도 있다.

'더 이상 가면 위험하다.' 머릿속에서 빨간불이 켜지고 내부에서 경고의 메시지가 계속해서 울렸다. 마침 235번 도로에서 사요하타 시가로 빠지는 샛길을 발견하여 그쪽으로 말머리를 돌렸다. 시가라 하지만 어젯밤 머물렀던 곳과 그다지 다를 바 없었다.

다행히 간이역을 찾을 수 있어서 어제의 경험을 되새기며 역사 안으로 들어가 문을 닫고 추위를 쫓으며 빵을 뜯었다. 가던 길을 멈춰 서면 이상하게도 채울 수 없는 허기가 몰려들어 입에 뭘 넣지 않고는 쉬어도 쉴 것 같지 않았다.

그렇게 덜덜 떨며 추위를 쫓고 있는데 반바지에 게다를 신은, 멋지게 턱수염을 기르고 꽁지머리를 한 아저씨가 역사 안으로 들어오더니 내게 말을 붙였다. 빗속에 세워둔 내 자전거를 보고 들어왔다는 아저씨가 따뜻한 '고히'커피 한 잔을 같이 들자며 나를 자신의 집으로 이끌었다.

아저씨의 집은 간이역 바로 옆이었다. 비에 젖은 양말과 배낭을 벗어 놓고 들어가 커피를 마셨다. 그는 비에 젖은 나그네새의 고충을 짐작했는지 집 뒤에 있는 창고 건물을 가리키며 그곳이 '라이더하우스'임을 일러주었다.

일본어를 하지 못하는 나를 응대하기가 좀 껄끄러웠던지 라이더하우스에 묵고 있던 청년 두 명을 불러왔다. 그러고는 그들과 함께 커피를 마시며 쌍방의 듬성듬성한 영어로 원초적이지만 즐거운 대화를 나누었다. 알고 보니 꽁지머리 아저씨는 라이더하우스의 '오야지'였다.

까―까―거리는 까마귀 울음소리가 새벽을 두드렸다. 눈뜨기가 무섭게 라이더하우스 아래층 창고로 내려가 자전거 상태를 확인하니, 염려했던 대로 뒷바퀴의 바람이 빠져 있었다. 어젯저녁 잠자리에 들기 전에 라면을

가던 길을 멈춰 서니 채울 수 없는 허기가 몰려들었다.
길에서 만난 낯선 이가 쉬어갈 곳을 일러 준다.

끓여 먹으려고 라이더하우스 창고 아래로 내려갔을 때 애마의 뒷바퀴가 납작해진 것을 발견했다. 새벽에 발견했다면 출발이 지연되었을 텐데 다행이다 싶었다.

히타치 오토바이 수리점에서 타이어를 교체한 뒤 지금껏 아무 이상 없이 잘 달려왔는데, 또다시 뒷바퀴가 말썽을 부렸다. 하중의 대부분을 감당해야 하는 뒷바퀴로서는 어쩔 수 없는 일인지도 모르겠다. 라면을 먹고 공들여 점검을 했지만 특별히 이상이 있는 곳을 발견할 수 없었다. 교토에서

누군가 머물렀을 자리에 몸을 눕혔다.
앞서 간 나그네의 체취가 그림 움처럼 배어나왔다.

도 이번과 같은 일이 있었기에 걱정스러운 마음으로 잠자리에 들었는데 아침이 되어 보니 역시 바람이 빠져 있었다.

밥을 안쳐놓고 이참에 튜브를 교체하기로 마음먹었다. 처음으로 뒷바퀴를 프레임에서 빼내야 하기에 조금은 주저되었다. 하지만 히타치에서 오토바이 수리공이 수리하던 모습을 잘 지켜보아두었기에 큰 어려움 없이 바퀴를 빼내어 튜브를 교체한 후 바람을 넣을 수 있었다. 세상일이 다 그렇듯 처음이 어렵고 힘들 뿐이지, 직접 겪고 어려움에 부딪쳐 해결하다보면 안 되는 일이 없다.

떠나는 이들은 항상 무언가를 남긴다.
운명처럼 새긴 낙서에는 그가 가고 있을 길이 보인다.

튜브 교체에 너무 집중한 나머지 그만 밥을 살짝 태우고 말았다. 밥을 먹고 코펠에 눌러 붙은 누룽지까지 물을 부어 숭늉으로 긁어 마시고 남은 물로 설거지까지 마쳤다. 밥 먹는 모양새가 꼭 스님이 바리때 공양하는 것과 비슷했다.

출발 준비를 마치고 어젯저녁 미리 인사를 드렸던 라이더하우스의 오야지 집 앞으로 갔다. 거기서 빌려왔던 슬리퍼를 갖다 놓고 나서 헬멧을 쓰고는 축축이 젖은 장갑을 꼈다. 비는 오지 않으나 날이 잔뜩 흐린 게 언제

다시 비가 쏟아질지 알 수 없었다. 하루를 푹 쉬고 뒷바퀴 튜브까지 교체한 덕분인지 자전거가 가뿐하게 굴렀다.

이곳은 하루타치春立 역이다. 봄을 세우는 역, 봄이 쉬었다 가는 역 앞에서 삶아온 계란 하나를 먹고 담배를 피웠다. 어제 비를 맞고 추위에 떨었던지라 약간 감기 기운이 있어 걱정이었는데 주행에 익숙해진 몸은 자전거 위에서 점차 제 컨디션을 찾아가고 있었다. 무엇보다 조금씩 하늘이 개이고 있어 마음이 놓였다. 봄이 쉬었다 가는 곳에서 잠시 쉬다 일어났다.

새벽 햇살 속에 거미 한 마리

바람의 집 가제노칸風の館이 있는 에리모 갑岬에서 하룻밤 머물 예정이었으나, 관광객으로 붐비는 그곳은 그다지 머물기에 적당치 않았다. 바람의 집, 바람이 머무는 곳. 왜 집 가家 자를 쓰지 않고 여관 관館 자를 썼는지, 자유로운 바람의 정체성을 생각해보니 쉽게 납득이 갔다. 머물러 주인이 되기보다는 항상 길을 떠나는 나그네인 바람.

바람의 집으로 가는 길은 크고 작은 구릉으로 이어졌는데, 그 이름에 걸맞게 바람이 세차게 불어 나무 한 그루 없는 풀밭으로 이루어져 있었다. 도착한 바람의 집 앞에는 수많은 라이더의 오토바이와 몇몇 자전거여행자의 자전거가 줄지어 서 있었다. 바람의 집이라는 이름에서 풍기는, 어딘지 모르게 허전하고 자유로운 분위기가 많은 여행객을 끌어당기는 것 같았다.

'바람의 집'이라는 낭만적인 이름을 붙인 건물에서도 일본인의 치밀함과 섬세함이 느껴졌다. 미로 같은 입구를 따라 복도로 걸어 들어가는 동안

바람의 집,
머물러 주인이 되기 보다는
항상 길을 떠나는 바람
보이지 않는 길을 가는 나그네.

바람 소리, 파도 소리가 가득한 어두운 텐트 안에서
침낭 밖으로 눈만 빼꼼히 내놓고 그 소리를 듣는다.
서서히 날이 밝아 온다.

바람 소리 같은 음악이 흘러나오고, 건물 안쪽에는 바람 체험관과 옥외에는 전망대가 있었다.

약간 감기 기운이 있어 입장료를 내야 하는 바람 체험관은 생략하고 옥외 전망대에 올랐다. 전망대에서 내려다보이는 해안 절벽 바위 위에는 500여 마리의 물개들이 서식하고 있다고 하는데, 육안으로는 보이지 않았다.

바람의 집을 벗어나 한 시간가량 달리니 햐쿠닌하마百人浜 캠핑장이 나와 쉽게 쉴 자리를 잡았다. 이곳 캠핑장은 폐장을 했는지 아직 개장을 하지 않은 건지 관리인도 없고 손님 하나 보이지 않았다.

다행히 화장실 불은 환히 켜져 있어, 아무도 없는 빈 캠핑장에서 젖은 옷들을 빨아 널고 밥을 지어 먹었다. 저녁 7시에 모기를 피해 서둘러 잠자리에 들었는데 눈을 뜨니 어느새 새벽이었다.

바람 소리 파도 소리가 가득한 어두운 텐트 안에서 침낭 밖으로 눈만 빼꼼히 내놓고 바람 소리 파도 소리를 들었다. 툭— 툭— 빗방울 떨어지는 소리에 잠을 털고 일어나 짐을 처마 밑으로 옮기고 밥을 지었다.

>희미한 새벽 햇살 속에서
>거미 한 마리
>거미줄에 걸린 벌레에게 다가가고 있다.

길 위의 그림자, 삶의 영원한 물음표

문득 차량이 없는 광막한 길 위에 서 있는 그림자를 보았다. 길 위의 그림자, 무슨 생각을 하는지 나는 온데간데없이 사라지고 길 위에는 오직

길 위의 그림자가 바람에게 물었다.
지금 어디로 가고 있는 거야?

    그림자만이 남았다. 귓가를 스쳐가는 바람은 내가 지금 어디에 있고, 또 무슨 생각을 하고 있는지 알고 있을까.
    사람들 모두 저마다 자신에게 주어진 길을 가고 있다. 어떤 이는 아직 자신의 길을 찾지 못해 방황하고 고민하기도 하고, 어떤 이는 자신이 가고 있는 길이 힘들고 외롭고 아무런 보상이나 희망을 기대할 수 없을 것 같아 후회와 체념을 하기도 하고, 어떤 이는 장밋빛 미래를 펼쳐 보이는 자신의 길을 신념과 만족으로 한눈 한 번 팔지 않고 묵묵히 가고 있고.

하지만 어떠한 길을 어떠한 모습으로 가고 있든지 결국 우리들의 삶은 길 위의 그림자가 아닐는지. 길 위에 남는 것은 그림자에 불과하고 그 그림자 또한 언젠가는 노을 속으로 사라지겠지.

저기 길 위의 그림자,
다가와 물음표처럼 삶의 의미를 묻는
저기 길 위의 그림자.

가야 할 아름다운 비포장도로

갈림길을 만났다. 조금이라도 더 한적하고 조용한 길을 달리고 싶은 욕심에 해안도로로 향했다. 예상대로 주도로를 벗어난 해안도로는 오가는 차량이 드물어 대자연이 주는 평화로움과 여유로움을 만끽할 수 있었다.

찌는 무더위 속에서 편의점과 그 흔한 음료자판기마저 찾을 수 없어 조금은 고되었지만, 문명의 편의를 벗어나 한 발짝 더 자연 속으로 들어가고 있다고 생각하니 기분이 좋았다. 하지만 갑자기 도로가 끊기고 굽이치는 비포장도로를 만나니, 아차 싶었다. 일본에서 비포장도로를 만나게 될 줄이야, 꿈에도 몰랐다.

지도에 무색으로 표시된 구간이 비포장도로구간을 뜻하는 것을 유심히 살피지 않은 탓이었다. 가뜩이나 뒷바퀴 타이어가 불안한데 길마저 자갈투성이인 비포장도로을 만나고 보니 불안함이 밀려왔다. 이런 곳에서 펑크라도 나면 고생이 이만저만 아닐 게 분명했다. 날이 저물기 전에 비포장

멀리서 파도치는 장대한 태평양을 바라보았다.
문득, 알 수 없는 예감에 사로잡혔다.

도로를 벗어나야 하는데, 길을 되돌아가기에는 너무 늦어 조심조심 길을 살피며 갈 수밖에 없었다.

자갈에 튕겨 오르는 반동이 아린 엉덩이를 더욱 쓰리게 만들고 내리막에서는 양 브레이크를 잡아도 제동이 원활하지 않았다. 군데군데 도로공사 간판과 막사가 있어 도로포장을 위한 길 닦기가 한창인 것을 알 수 있었다.

한참 동안 위험하고 불편한 비포장도로를 불안과 불만 속에서 가다가 태평양을 가득히 조망할 수 있는 비포장도로 전망대를 만났다. 표지판 하

"내가 가야 할 인생길도
저 비포장도로 같아."
태평양에게 다짐을 했다.
나에게 주어진 아름다운 비포장도로를 사랑하겠다고.

구름의 궤적을 눈으로 좇을 수 있었다.
씻고 저녁을 지어야 하는데 만사가 귀찮아졌다.

나 달랑 서 있는 그곳에서 숨을 돌리며 멀리서 파도치는 장대한 태평양을 바라보고 있으려니, 문득 알 수 없는 예감에 사로잡혔다.

험난하고 곳곳에 위험이 도사린 자갈투성이에 흙먼지 펄펄 날리는 비포장도로, 어쩌면 내가 가야 할 인생길도 저 비포장도로와 같다는 생각이 들었다. 비록 반듯하게 닦인 탄탄대로는 아니지만, 나에게 주어진 비포장도로를 항상 아름답게 바라보면서 사랑하겠다고 태평양에게 다짐을 했다.

앗케시 대교^{岸岩大橋}를 지나 산속 캠핑장에 자리를 잡았다. 바람이 무척 세게 불고 있어 흘러가는 구름의 궤적을 눈으로 좇을 수 있었다. 씻고 저녁을 지어야 하는데 만사가 귀찮아졌다. 바람을 피해 텐트 안에서 빵에 맥주 한 캔을 마시고는 침낭을 덮고 눈만 멀뚱거리고 있었다.

홋카이도로 넘어오면서 부산에서 산 순창 고추장이 떨어졌다. 그래서인지 도무지 밥 지을 흥이 나지 않았다. 궁여지책으로 일본 된장을 사서 비벼 먹을까 싶었다. 그러다 된장보다는 간장이 낫겠다 싶어 간장을 샀는데 그다지 당기지 않았다. 차라리 맨밥이 낫지 않을까 싶지만 그래도 간장 몇 방울 떨어뜨리는 게 나은 것 같았다.

밥을 지으면 주로 참치캔을 따서 넣고 간장 몇 방울을 떨어뜨린 다음, 날계란이 있으면 깨서 넣고 비벼 먹는다. 오래간만에 일찍 자리를 잡고 쉬자니 그동안의 긴장이 풀리는지 몸이 퍼져 꼼짝하기가 싫었다.

때론 달콤한 휴식을, 때론 수많은 생각과 추억을 정리하고 반추하기 위해,
때론 떠남 그 자체에 끌려, 천태만상의 인생만큼이나 많은 이유를 가지고 떠나는 것이 여행이리라.

여행, 세상과의 대화

날계란과 자전거배낭여행

새벽 4시 반에 일어나 밥을 짓고 텐트를 정리하는 게 어느덧 익숙한 일상이 되었다. 비가 오지 않을까 걱정이었는데 다행히 비는 오지 않고 바람만 몹시 불고 있었다. 바람 때문에 30여 분을 뜸을 들였는데도 밥이 제대로 지어지지 않았다. 3분 카레를 넣고 밥을 비벼 먹고 나서 휴지 하나 남기지 않고 자리를 정리하니 6시가 되어갔다. 어제 네무로根室로 들어왔던 길을 되짚어 나가는 게 싫어 좀 에돌아가더라도 해안도로를 타고 거슬러 올라갈 생각이었다.

오전 나절 해안도로를 타고 네무로를 빠져 나가 앗토코原床에 이르러 간식 겸 점심을 먹었다. 편의점에서 컵라면과 햇반을 사서 가지고 다니던 날계란 하나를 컵라면에 넣어 먹었다. 자전거 짐받이에 날계란을 싣고 달리는 자전거배낭여행자는 그리 흔하지 않을 것 같다는 생각이 들었다.

하룻밤 쉬어 가려 했던 시베쓰標津를 지나치고 보니 갈 길이 막막해졌

또다시 길이 막막해졌다.
다른 방도가 없었다.
곰과 만날지도 모르니 달리는 수밖에.
날계란을 싣고 달리는 자전거배낭여행.

다. 다음 도시인 라우스羅臼까지 40여 킬로미터 남았는데 해가 뉘엿뉘엿 지고 있었다. 그다지 좋지 않은 몸 상태로 어제도 120킬로미터를 달려 좀 무리를 했는데 오늘도 똑같은 전철을 밟고 있으니, 정말 사서 고생이 아닐 수 없었다.

하지만 다른 방도가 없었다. 곰과 만날지도 모르는 깊은 산속 해안도로에서 무턱대고 텐트를 칠 수는 없으니 달리는 수밖에.

엉덩이의 쓰라림을 줄이려고 왼쪽 무릎에 체중을 많이 주었더니 이번에는 그쪽에 통증이 왔다. 그래서 다시 자세를 바꿔 오른쪽 무릎에 더 많은 하중을 실어 페달을 밟았다. 오늘 무사히 라우스에 도착한다면 내일 시레토코知床峠를 쉬 넘어갈 듯해 안심이 되기도 하지만 몸이 걱정이다.

오사무, 요시코 부부

라우스를 20여 킬로미터 남긴 지점에서 니네하마峰浜라는 조그만 어항漁港을 발견했다. 촉박하게 길을 잡는 와중에 발걸음을 멈추게 한 것은 어항을 낀 작은 놀이터와 주차장에 주차되어 있는 캠핑카였다. 오늘의 임시 거처가 이곳이라는 느낌이 들어 라우스로 가던 길을 멈춰 섰다. 캠핑카 옆에서 고기를 굽고 있는 아저씨에게 목례를 하고 놀이터 한쪽에 자리를 잡았다.

오늘도 편안한 잠자리를 찾았다는 안도감으로 짐을 풀고 밥을 지으려 하는데 날계란 여섯 개 중 두 개가 깨져 있어 밥 대신 라면을 끓여 저녁을 먹었다. 일찍 씻고 잘 생각으로 날적이日記를 끄적이고 있는데 승용차를 타고 주차장으로 들어온 서양인 남녀가 내 옆자리에 텐트를 쳤다. 쉬어 갈 편

오랜 친구를 만나듯
나는 아름다운 홋카이도의 밤에 취해갔다.

안한 자리를 알아보는 것은 아마도 나그네의 본능인가 보다.

하루의 일과를 마감하고 텐트 안으로 들어가려 하는데 캠핑카 아저씨가 다가와 같이 저녁 식사를 하는 게 어떠냐고 물어왔다. 이미 라면을 두 개 끓여 먹었지만 먹는 것을 마다할 상황이 아니기에 냉큼 아저씨를 따라 일어섰다.

서양인 남녀에게도 함께 식사할 것을 권했지만 그들은 사양을 하여 나만 홀로 아저씨의 캠핑카로 들어섰다. 신발을 벗고 캠핑카에 오르니 조그만 우리 안에 갇힌 주먹만한 강아지들이 요란스럽게 맞아주었다. 아마도 내 고린내가 그들의 민감한 후각을 자극한 것 같았다.

아저씨의 호통에 금세 조용해지는 것을 보니 제법 훈련이 잘 된 애완견들이었다. 캠핑카 내부에 차려진 식탁의 한 자리를 차지하고 앉아보니 그야말로 진수성찬이었다. 훈제 치킨과 아저씨의 친구가 직접 잡은 연어로 요리한 훈제 연어, 간장에 찍어 먹도록 데친 연어 내장 고니, 소금을 뿌려 바짝 구운 쇠고기 스테이크와 각종 밑반찬. 게다가 아주머니께서 김이 모락모락 나는 밥을 한 공기 가득 퍼주는데 라면을 괜히 먹었다는 생각이 들지 않을 수 없었다.

아저씨의 성함은 시오미 오사무, 아주머니는 시오미 요시코로 아저씨와 짧은 영어로 의사소통을 하며 간간이 필담도 나누었다. 아저씨는 밥을 드시지 않고 위스키에 물을 타서 마셨는데 연신 나에게 위스키를 권했다. 게다가 요시코 아주머니는 계속해서 밥을 퍼주겠다고 하는데 두 공기를 먹은 뒤라 술 들어갈 자리가 없었다. 어쩔 수 없이 사양할 수밖에.

풍성한 식탁은 자연스럽게 술판으로 이어졌고 술이 들어갈수록 목소리와 웃음소리가 커져 오랜 친구를 만난 듯 어색함이 가시면서 화기애애함이 감돌았다. 아저씨, 아주머니에게 지나온 여정을 지도를 펼쳐 보이며 설명해드리니 아저씨 또한 자신의 여정을 말해주었다.

딸 다섯을 모두 출가시키고 직장에서 은퇴한 아저씨는 아주머니와 두 달 가까이 캠핑카를 타고 홋카이도를 여행하고 있는데, 아름다운 이곳 니네하마에서만 일주일째 머물고 있다는 것이었다. 모든 의무에서 벗어났다고 하는 아저씨는 딸도 다섯, 손자도 다섯, 기르고 있는 애완견도 다섯이라고 하면서 손바닥을 쫙 펴 보이며 연신 호쾌한 웃음을 지었다.

오사무 아저씨는 위스키를 마시고, 요시코 아주머니는 소주를 마시고. 나는 오사무 아저씨가 건네는 위스키 한 잔, 요시코 아주머니가 따라 주는 소주 한 잔을 번갈아 마시며 아름다운 홋카이도의 밤에 취해갔다. 오래간만에 즐긴 식사다운 식사와 술다운 술, 그리고 호인인 오사무 아저씨와 다정하신 요시코 아주머니와의 즐거운 저녁 한때로 그동안의 여독을 잊고 달게 잘 수 있었다.

잠에서 깨어 시계를 보니 변함없이 4시 30분, 화장실에 가려고 밖으로 나왔는데 니네하마 항의 새벽바다가 너무 아름다워 볼일도 잊은 채 카메라를 들고 사진을 찍었다. 텐트로 돌아와 요시코 아주머니가 끓여주겠다는 미소 된장국을 떠올리며 다시 잠을 청했다.

눈을 뜨니 7시 30분, 텐트를 열어젖히니 캠핑카 앞에서 아침상을 차리고 있는 오사무 아저씨가 손을 들어주었다. 텐트를 접어 짐을 꾸리고 서둘러 세수를 하고 나니 아저씨가 다가와 아침을 먹자고 청했다. 요시코 아주머니가 퍼준 따뜻한 밥과 된장국이 나를 무척이나 행복하게 만들었다.

이게 다 야영이 주는 선물인 것 같았다. 야영을 하는 이들, 특히 유목민들은 나그네에게 관대하고 친절하다. 아마도 유목과 야영을 통해서 보다 가까운 삶의 본질을 보기 때문인 것 같다. 생이 죽음으로 가는 여정에 불과하다는 단순한 진리에서 얻는 깨달음.

밥을 세 그릇이나 비우고 난 뒤 자리에서 일어서려고 하는데 요시코

야영이 주는 아주 특별한 선물.
유목민들은 나그네에게 관대하고 친절하다.
보다 가까운 삶의 본질.
생이 죽음으로 가는 여정이라는 단순한 진리에서 얻는 깨달음.

아주머니가 붙잡았다. 나를 위해 주먹밥을 만든다며 삼각으로 뭉친 주먹밥을 김에 돌돌 말고 계신 게 아닌가. 나는 너무도 고맙고 황망해 어쩔 줄 몰라하다가 공원 벤치로 뛰어가 가방에서 날적이를 꺼내어 일본에서 쓴 시 「로드킬」을 메모지에 정성스럽게 옮겨 적었다.

감사의 표시로 시를 건네드리자 아주머니는 연서라도 받아들 듯이 좋아하며 오히려 내게 감사를 표했다. 그때의 고마움과 부끄러움이란.

아저씨, 아주머니와 커피를 마시며 남은 여정에 관한 이야기를 나누고 기념으로 사진을 찍었다. 담배가 떨어진 나에게 오사무 아저씨는 담배 한 갑과 라이터를 챙겨주시고, 요시코 아주머니는 주먹밥과 컵라면 두 개를 건네며 반반 나누어 라면과 함께 먹으라고 일러주셨다. 하룻밤을 머물고 훌쩍 떠나는 나를 향해 한참 동안 손을 흔들어주시는 오사무 아저씨와 요시코 아주머니의 모습이 오래도록 나의 망막을 떠나지 않았다.

세상의 끝, '시레토코'

니네하마에서 라우스까지 20여 킬로미터를 오사무 아저씨와 요시코 아주머니의 고마운 마음을 생각하며 달렸다. 국적과 피부 색깔 따위는 중요하지 않으며, 같은 공기를 마시면서 살고 있는 이 세상의 모든 사람은 모두 평등하다고 한 오사무 아저씨의 말을 다시 한 번 생각해보고, 어머니 같은 자상함과 섬세함 그리고 친절함을 보여주신 요시코 아주머니가 대하는 삶의 태도를 떠올려보았다.

60세가 넘은 늙은 부부가 바라보는 삶의 지혜와 생의 소박한 풍요는 늘 방황과 암중모색에 여념이 없는 나에게 깊은 울림을 주었다. 니네하마

늙은 부부가 바라보는 삶의 지혜와 생의 소박한 풍요는 늘 방황과 암중모색에 여념이 없는 나에게 깊은 울림을 주었다.

에서 연어가 돌아오기를 기다리는 오사무 아저씨, 강아지를 산책시키고 음식을 만들고 친구들과 딸들에게 안부 전화를 하고 있을, 장동건이 아직 미혼이라는 말에 소녀처럼 좋아하던 요시코 아주머니를 생각하니 입가에 흐뭇한 미소가 떠나질 않았다.

 그래서였는지 언제 왔는지도 모르게 라우스에 도착했다. 라우스에서부터 우토로宇登呂까지 가려면 시레토코 반도를 횡단하게 되는데, 지금까지 타고 온 335번 도로가 334번 도로로 이어지는 산길이었다.

산속으로 올라가는 길이
하늘에서 내려온 사다리 같았다.
길과 싸우는 내 자신이
너무도 어리석은 기분이었다.

　작은 라우스 시내를 벗어나자마자 산속으로 올라가는 언덕길이 하늘에서 내려온 숲의 사다리처럼 펼쳐졌다. 기어를 최저단으로 내리고 땅을 보며 묵묵히 페달을 굴리다가 삶의 여유로움에 발을 적시며 낚싯대를 드리우고 있을 오사무 아저씨 생각에 정신이 번쩍 들었다. 아저씨 말대로 길은 계속해서 오르막으로 이어지는데 또 길과 싸우고 있는 나 자신이 너무도 어리석게 다가왔기 때문이었다.
　자전거에서 내리자 안장 위에서 보지 못했던 풍경이 다가와 말을 붙이는 것 같았다. 길 옆 들꽃들은 바람에 흔들리고 청명한 하늘 위로 흘러가는 구름이 아스팔트 위에 그림자를 드리우고 있었다.
　아이누족 말로 '세상의 끝'이라는 '시레토코', 그 대자연이 펼쳐 보이

자전거에서 내렸다.
보지 못했던 풍경이 다가와 말을 걸었다.

는 산과 나무와 바다와 섬의 풍경이 눈이 시리도록 아름다웠다. 시리다 못해 마치 아름다운 꿈결 속을 걷는 것 같았다. 깊게 숨을 들이쉬면 세상의 끝으로 뻗은 아름다운 길이 몸 안으로 흘러들어와 나를 투명하게 통과하며 지나갔다.

눈이 열리고 온몸의 모공이 열리고 마음이 열린 지금, 나는 마치 길의 일부분이 된 듯하고, 마침내 보이지 않는 길을 가는 바람이 된 것만 같았다.

아름다운 꿈결 속을 걷는 것 같았다.
세상의 끝으로 뻗은 길이
몸 안으로 흘러들어와
나를 투명하게 통과하며 지나갔다.

침묵 속의 리듬을 타고
숨결의 일정한 템포를 유지하면서
자전거를 끌고 가는 세상의 끝,
시레토코.

시레토코를 넘는 산 정상 부근에서 야생 사슴을 만났다. 도로 옆 풀숲에서 나뭇잎을 뜯고 있는 뿔이 멋지게 자란 수놈이었는데 내가 다가가는 것도 모를 정도로 정신없이 배를 채우고 있었다. 세계자연유산으로 지정될 만큼 풍광이 아름답고 야생의 삶이 온전히 간직된 곳이 바로 이곳 시레토코인 것을 생각하면 그다지 놀랄 일도 아니다. 하지만 야생의 사슴을 만났다는 사실은 충분히 가슴 설레는 일이었다.

카메라를 꺼내어 녀석의 모습을 담고 있는데 관광객을 태운 차량들이 멈춰 서더니 사람들이 고개를 내밀어 셔터를 누르며 녀석의 모습을 지켜보았다. 사람들의 시선이 부담이 되었던지 녀석은 도로 위로 도망쳐 나왔는데, 마침 지나가는 차량이 양방향으로 녀석의 앞길을 막아섰다. 도로 위에 갇힌 녀석은 한동안 어찌할 바를 몰라 허둥지둥하다가 잠시 뒤로 물러서더니 높이뛰기 선수처럼 사뿐히 가드레일을 뛰어넘어 반대편 계곡으로 사라지고 말았다.

화창한 날씨를 비롯해서 운 좋은 하루의 연속이었다. 세 시간 넘게 자전거를 끌고 올랐는데 내려갈 때는 채 20분이 걸리지 않았다. 산을 다 내려오니 또 다른 바다, 오호츠크 해가 펼쳐졌다. 이제부터는 오호츠크 해를 끼고 북상할 것이다.

세상의 끝, 시레토코.
산, 바다, 섬의 풍경이 눈이 시리도록 아름다웠다.

우토로 미치노에키에서 쉬면서 요시코 아주머니가 싸준 주먹밥을 먹었다. 삼각으로 뭉친 주먹밥은 김에 돌돌 말려 있었는데 팩 한켠에는 분홍색 피클과 우메보시(매실장아찌)가 담겨 있었다. 요시코 아주머니의 상냥한 미소가 주먹밥에 곱게 배어 있었다.

우토로에서 사리까지 38킬로미터, 해도 많이 남았고 오늘은 자전거를 얼마 타지 않았기에 사리까지 내쳐 달려야겠다고 마음을 먹었다. 우토로 시내에서 사리로 가는 길에는 수많은 관광객을 태운 관광버스가 오가고 있었다. 아마도 일본인에게 이곳 시레토코는 죽기 전에 한 번쯤 꼭 가보고 싶은 자국의 오지, 우리나라로 치면 땅끝마을이나 울릉도·독도쯤 되지 않을까 싶었다.

사리를 10여 킬로미터 남긴 지점에서 조그맣고 한적한 해안가에 자리잡은 니네하마 캠핑장을 발견했다. 니네하마 어항에서 만난 오사무 아저씨와 요시코 아주머니 생각에 이곳에서 하루를 묵어가기로 했다.

처음에는 같은 니네하마의 한자어인 '봉빈'峯浜이 왜 여기에도 있을까 의아해했는데 유심히 살피니 이해가 되었다. 한글로 치면 서로 음이 같은 '봉빈'이지만 한자로는 그 모양새가 조금 다르다. 라우스를 가기 전에 들른 니네하마는 봉우리 봉 자가 '峯'이고, 시레토코를 넘어와서 만난 이곳 니네하마는 봉우리 봉 자가 '峰'으로, 두 곳 모두를 거쳐온 사람이라면 그 차이를 쉽게 납득할 수 있을 것 같았다.

오사무 아저씨와 요시코 아주머니를 만난 니네하마는 산을 마을 머리 위에 이고 있었고峯, 시레토코를 넘어와 만난 이곳 니네하마 캠핑장은 산을 옆구리에 끼고峰 있기 때문이다. 같은 봉우리 봉峯,峰이지만 단어에 담긴 지형적인 의미는 서로 달랐다.

오늘의 선셋 포인트

새벽 4시, 한기에 잠이 깼다. 목이 잠긴 게 감기에 걸리지 않았는지 걱정되었다. 다시 잠을 청하고 눈을 뜨니 5시 30분. 사륵—사륵— 구슬 굴러가는 파도 소리에 텐트를 열고 밖을 내다보니 활짝 개인 오호츠크 해가 눈에 들어왔다. 추위를 쫓기 위해 물을 끓여 컵라면을 먹고, 쌀을 씻어 불

노을이 지는 오늘의 선셋 포인트에서
노토로코와 더불어 삿포로 소주를 기울일 생각이었다.

에 안쳐놓고 세수를 한 다음 차분히 오늘 가야 할 길을 살폈다.

지금껏 하루 평균 100킬로미터 이상을 달려왔는데 이제부터는 걸음을 늦출 생각이었다. 홋카이도 여정이 조금씩 줄어들수록 보다 찬찬히 홋카이도를 음미하고 싶은 아쉬움이 커져가고 있었다.

밥을 먹고 오래간만에 아침 햇살에 엉덩이를 말리고 있자니 염려했던 감기 기운이 가신 듯했다. 오늘밤에는 위스키를 한 병 사서 파도 소리를 들으며 마셔야겠다. 날이 추워지니 맥주 생각은 더 이상 나지 않고 속을 따뜻하게 데울 수 있는 소주 생각이 간절해졌다.

관광지인 노토로코能取湖 주차장에서 하루 쉬어갈 요량으로 텐트를 쳤는데 호수를 둘러보는 사람들이 있어서 좀 꺼림칙했다. 힘들어도 좀더 가서 마음 편안히 쉴 곳을 찾을 걸 잘못 생각했다.

허나 이왕 자리를 잡았으니 하룻밤 노토로코와 함께 능히 풍류를 즐겨야겠다. 곧 노을이 지고 어두워지기 시작하면 노토로코와 더불어 삿포로 소주를 기울일 생각이다. 노토로코가 호수이다 보니 습지 곳곳에서 서식하는 모기들이 장날이라도 맞이한 듯, 죽여도 죽여도 죽어라고 몸에 달라붙었다.

야영의 괴로움 가운데 하나는 바로 모기들이다. 인간에게 하등의 도움이 되지 않는 모기들이지만, 기초생태계의 먹이사슬에서 모기의 알들은 없어서는 안 될 중요한 먹이가 된다. 그러니 모기 또한 자연의 구성원으로 당당히 한자리를 차지하고 있는 셈이다. 어쨌거나 오늘밤은 모기들과 술보다 진한 피를 거하게 나누게 될 것 같다.

이곳에서 몬베쓰紋別까지는 90여 킬로미터, 오늘과 같이 평탄한 길이 이어진다면 비교적 수월하게 몬베쓰까지 갈 수 있을 것 같았다. 드디어 오늘의 선셋 포인트를 찾았다. 조금 더 해가 기울면 기다리던 그 순간이 다가올 것이다.

지난밤에는 모기들의 왕국에서 벌어진 축제에 희생제물이 된 기분이었다. 선셋 포인트까지는 어찌어찌 버텼으나 어두워지자 모기들의 왕성한 활동과 식욕에 그만 텐트 안으로 후퇴할 수밖에 없었다. 비록 노토로코와

드디어 오늘의 선셋 포인트를 찾았다.
조금 더 해가 기울면 기다리던 그 순간이 찾아올 것이다.

야영의 괴로움 가운데 하나는 바로 모기들이다. 오늘밤은 모기들과 술보다 진한 피를 거하게 나누게 될 것 같다.

더불어 대작할 수는 없었으나 밥을 안주 삼아 텐트 안에서 삿포로 소주 작은 병을 반이나 비우고 잠이 들었다.

한숨 달게 자고 눈을 떴는데, 새벽인 줄 알았던 시각이 밤 10시 30분이었고, 다시 눈을 뜨니 2시, 또다시 눈을 뜨니 2시 30분, 마침내 3시. 모기들의 활동이 위축된 새벽에 얼른 밥을 지어 먹고 일찌감치 모기들의 왕국을 벗어나자는 생각으로 자리를 털고 일어났다.

텐트를 열고 밖으로 나오니 어두운 새벽하늘을 모기만큼이나 많은 별

모기들에게 처참히 유린당했지만
떠오르는 태양의 햇살을 받아 호수는 관능적으로 물들었다.

들이 아름답게 수를 놓고 있었다. 장소가 넓은 장애인 화장실에서 쌀을 씻어 밥을 안치고 뜸을 들이는 동안 바지와 속옷을 빨았다.

  고추장이 떨어진 이후 밥 짓기가 그다지 흥이 나지 않았는데 훨씬 더 간편하고 맛좋은 식사 방법을 찾았다. 바로 편의점에서 파는 3분 카레인데 처음에는 코펠도 하나이고 어떻게 조리해야 할지 마땅치 않아 포기했다. 그런데 밥 뜸 들이는 동안 카레를 코펠 위에 올려놓아 카레를 데운 다음 마지막에 밥에 부어 뜸을 들이면 간편하게 즐길 수 있는 맛좋은 카레밥이 되었다.

카레밥을 들고 붉게 밝아오는 호숫가에 앉아 밥을 먹고 있는데 모기들의 방해공작이 만만치 않았다. 서둘러 짐을 정리하고 5시에야 모기들의 왕국을 빠져나왔다.

비록 모기떼에게 처참하게 유린당했지만 새벽녘 떠오르는 태양의 햇살을 받아 관능적으로 물드는 호수변을 달리니 기분이 좋아졌다.

두어 시간을 달려서 만난 편의점에 들러 오래간만에 어머니께 안부를 전했다. 그러고는 따뜻한 캔커피를 마시며 담배를 피우고 있는데 발목이 퉁퉁 부은 것을 발견했다. 아마도 노출된 발목 부위가 모기들의 집중공략 지점이 되었고, 밤새 무의식적으로 발목 부위를 손톱으로 긁어 독이 오르지 않았나 싶었다.

지금은 또 다른 호수 세로마코 미치노에키에서 쉬고 있는데 이곳 또한 모기들을 피할 수 있는 안전지대는 아닌 것 같다. 하긴 숨이 붙어 있는 한 인간이 모기를 피할 수 있는 곳이 지구상에 없을 것 같다. 오늘은 몬베쓰에서 쉬어 갈 예정인데 '문별'蚊別에서는 정말 '문별'蚊 모기 문, 別 헤어질 별할 수 있을지 모르겠다.

여행, 세상과의 대화

어떤 형태, 어떤 수단, 어떤 목적이든지 모든 여행의 공통점은 바로 세상과의 대화가 아닐까. 세상과의 대화는 세상을 바라보고 느끼는 자기 자신과의 대화이기도 하니, 여행은 자기 자신과의 소통이라고도 할 수 있다. 물론 여행을 떠나지 않는다고 해서 세상이나 자신과 소통을 하지 않는 것은 아니다. 삶, 그 자체가 여행이듯, 우리들의 일상 그 자체가 세상과 나누는 끊임없는 대화이며, 자기 자신과의 소통의 연속임을 우리들은 잘 알고 있다.

그런데도 굳이 여행을 떠나는 것은 일상에서 쉽게 얻을 수 없는 어떤 것을 기대하기 때문일 것이다. 때론 달콤한 휴식을, 때론 수많은 생각과 추억을 정리하고 반추하기 위해, 때론 떠남 그 자체에 끌려, 천태만상의 인생만큼이나 많은 이유를 가지고 떠나는 것이 여행이리라.

내게 있어 여행은 의식적인 행동의 산물이 아니다. 부정할 수 없는 어떤 거대한 힘이 나를 세상 밖으로 밀어내는 것 같은, 어느 시점이 되면 저항할 수 없이 떠밀려 떠날 수밖에 없는, 그리하여 종국에는 의식의 통제를 벗어나 싸고 마는 일종의 배변작용 같은 것이다.

그렇다. 여행은 배설이다. 싸지르는 것이다. 체내에 쌓인 쓸모없는 것들을 밖으로 밀어내어 비우는 과정. 세상과의 소통 속에서 쌓이고 쌓인 숙변과 나 자신이 소화시키지 못한 기억이나 아픔을 말끔히 비우는 것이다. 그 비우는 과정은 대가를 요구하고, 항상 고통을 동반하며, 마침내 엄청난 희열을 가져다주는데, 이는 정화의식인 카타르시스라고도 할 수 있다.

카타르시스란 말의 어원이 '배설'에서 비롯되었듯이, 여행은 세상과의 대화, 자기 자신과의 소통이라는 비움의 과정을 통한 내적 정화의 시간이다.

신들은 채식주의자?

몬베쓰 시 스포츠센터에 딸린 축구장 잔디밭에서 하루를 쉬었다. 어제 저녁에는 계란찜을 만들어 남은 소주를 마시고 잠들었다. 날계란을 싣고

여행은 배설이다. 싸지르는 것이다.
체내에 쌓인 쓸모없는 것들을 밖으로 밀어내어 비우는 과정.
세상과의 소통 속에서 쌓이고 쌓인 숙변과
나 자신이 소화시키지 못한 기억이나 아픔을 말끔히 비우는 것이다.

달리는 자전거여행, 귀엽다고 해야 하나 어처구니가 없다고 해야 하나. 하지만 현실적으로 가난하고 배고픈 자전거배낭여행자에게 계란만큼 영양가 높고 싼 먹을거리는 없을 것 같다. 삶아 먹고 끓여 먹고 이제는 찜까지 쪄 술안주로 먹으니 이번 여행에 계란이 기여한 바가 매우 크다고 할 수밖에 없다. 닭을 그리 즐기지는 않지만 닭을 신이 인간에게 내린 선물이라는 표현에 적극 동의할 수밖에 없는 입장이 되고 말았다.

물론 채식주의자가 주장하는 것처럼 모이만을 쪼아 먹을 수 있는 비좁은 닭장 안에서 주야로 알을 낳아야 하는 닭들의 고통과 수고로움을 잊어서는 안 되겠지만 말이다.

실제 우리의 삶은 비인간적인 조건과 잔인함에 의해 생산되는 여러 생산물과 서비스에 기반하고, 아무런 양심의 가책 없이 그 생산물과 서비스를 이용하고 있는 게 사실이다. 입 안에서 녹는 달콤한 초콜릿에서 하루 1달러도 안 되는 임금으로 카카오를 따는 아프리카 어린이의 중노동을 떠올리기란 말처럼 쉽지 않다.

그래서 보다 인간적인 무역을 뜻하는 페어트레이드 상품들이 있기도 하지만 그것은 어디까지나 그냥 있을 뿐이다. 어쩌면 문제해결의 실마리조차 쉽게 찾을 수 없는 이런 비인간적인 조건과 상황으로, 비인간적인 인간은 비로소 인간다워질 수 있는지도 모르겠다.

그리고 시공을 초월하는 신들의 입장에서 보면 닭장 같은 아파트와 콘크리트 더미 속에서 허우적대는 인간들도 닭장 안의 닭 같은 신세와 별로 다르지 않을지도 모른다. 그렇게 본다면 비인간적인 조건으로 닭을 사육하는 인간과 마찬가지로 비신성非神聖적인 조건과 상황

속에 인간을 방치하고 있는 신들 또한 결코 영혼의 채식주의자일 리 없다.

이른 저녁을 먹고 텐트 앞 나무 의자에 앉아 날적이를 적고 있는데 한 일본인이 다가왔다. 일본인으로 여겼는지 자연스럽게 말을 걸어왔는데 한국인이라고 하자 놀란 표정을 지으며 관심을 표했다. 그에게 지도를 펼쳐 지나온 여정과 가야 할 여정을 보여주니 그는 엄지손가락을 치켜세웠다. 그러고는 도대체 뭐하는 사람이냐고 물었다. 직업이 뭐냐고? 순간 당황하지 않을 수 없었는데 있는 그대로 현재 직업은 없고 긴 휴가 중이라고 말했다. 그랬더니 고개를 끄덕이며 "롱 베케이션" Long vacation 하고는 다시 엄지손가락을 치켜세웠다. 그러고는 일본에서 좋은 시간을 보내라며 내게 악수를 청했다.

변함없이 새벽 4시 30분에 잠에서 깨어 주민들이 새벽 공원을 산보하기 전에 아침을 지어 먹고는 텐트를 접었다. 6시가 못 되어 길에 들어섰는데 오늘은 또 어떤 길이 다가올지 무척 궁금했다. 길은 같은 길일 뿐인데 그날 기분에 따라 다르고, 그날 날씨에 따라 또 다르니, '팔색조'가 따로 없었다.

오늘도 어제처럼 쉬엄쉬엄 팔색조를 따라갈 예정이다.

소야마 항은 작았고, 작은 배들이 묶여 있는 항에는 어슬렁거리는 한 어부가 있었다.
고요한 바다와 바람이 어부가 가진 시간의 전부처럼 보였다.
그 모습이 묘하게 아름다웠다.

길을 아는 것과 길을 가는 것의 차이

무쇠팔 무쇠다리의 쓸쓸함

　에사시로 들어서는 길목에서 만난 오카시마 미치노에키 오토캠핑장에서 '겔'을 쳤다. 봉고를 개조한 캠핑카로 홋카이도를 여행하고 있는, 이곳에서 연어가 돌아오기를 기다리는 캠핑카 아저씨가 다시마를 한 봉지 가득 주었다. 저녁을 지어 먹고 라면 수프에 다시마와 계란을 넣고 끓인 다시마국을 안주삼아 이 지역 특산물인 리시리^{다시마} 소주를 마셨다.

　이곳은 북위 45도로 밤이 무척 추웠다. 생각 같아서는 캠핑카 아저씨와 두런두런 이야기를 나누며 소주를 나누고 싶은데, 일찍 자동차 안으로 들어간 아저씨는 기척이 없었다. 그만 마시고 잠이나 청해야겠다.

　텐트 안이 환해서 잠이 깨었는데 시계를 보니 한밤중이었다. 캠핑장 가로등 밑에 자리를 잡은 덕분이었다. 좁은 텐트 안에서 다리를 쭉 펴니 뭉쳐 있던 근육들이 풀리는 게 느껴졌다. 여행 초기에는 밤마다 온몸이 욱신거리는 통증으로 꽤 고달팠는데 이제는 몸이 완전히 적응한 것 같았다. 몸

한밤중에 몸을 이루 만지다가 단단해진 허벅지 근육에 깜짝 놀라고 말았다. 어찌나 단단한지 내 다리가 아닌 것 같았다.

을 어루만지다가 단단해진 허벅지 근육에 깜짝 놀라고 말았다. 어찌나 단단한지 내 다리가 아닌 것 같았다. 더위에 지치고 추위에 떨고, 넘어져 까지고 부딪쳐 벗겨지는 상처를 입으면서도 몸은 조금씩 외부에 적응하고 단련이 되었나 보다. 단단해진 몸만큼 말랑말랑한 정신상태도 좀 단련이 되었는지 모르겠다. 이렇게 홀로 좁은 텐트 안에 누워 단단해진 몸을 어루만지고 있으려니 왠지 모를 쓸쓸함에 젖었다.

느지막이 일어나 강렬하게 퍼지고 있는 햇살 아래에서 '다시마 마을

라면'을 끓여 먹었다. 옆 텐트 아저씨가 준 다시마와 요시코 아주머니가 챙겨주신 생마늘을 넣고 끓인 라면은 다시마의 소금기 때문에 무척 짰다. 생각 같아서는 길을 멈춰 남은 리시리 소주를 마시며 쉬고 싶었다. 그러나 남아 있는 먹을거리가 라면 하나와 계란 하나밖에 없어 길로 나서야 했다.

캠핑장에서 바라보이는 바다는 아름답고 평화로웠다. 왜 일본인들이 홋카이도를 일본 속의 캐나다라 부르는지, 그리고 많은 이들이 홋카이도를 여행하는지 조금은 이해가 되었다.

우리나라에 '강원도의 힘'이 있다면 일본에는 '홋카이도의 힘'이 있는 것 같다. 대자연 속에서 얻게 되는 엄청난 에너지를 그저 '힘'이라고 부를 수밖에 없지만, 알 수 없는 그 '힘'의 정체를 조금씩 느껴간다는 것은 매우 놀라운 일인 동시에 조금은 두려운 일이다. 생의 거창한 의미가 아니라 생의 보잘것없는 단순한 의미를 깨닫는 것, 생은 그저 죽음으로 가는 여정이라는 단순한 진리를 받아들여야 한다는 것.

사루후쓰 미치노에키에서 온천욕

사루후쓰猿払 미치노에키에서 하루 쉬어 가려고 일찍 길을 접었다. 공원을 배회하다 파라솔 그늘에서 들판을 보며 생맥주 한 잔을 마시는데 건너편으로 온천욕 건물이 보였다. 천천히 여유를 가지고 길을 가니 미처 발견하지 못하고 지나치던 것들이 보였다.

일본에 와서 처음으로 하는 온천욕이었다. 부산 태종대 사우나에서 뜨거운 물에 몸을 담근 이후 한 달 보름 만이었다. 문을 열고 들어가 지갑을 꺼내는데 나를 반갑게 맞아준 직원이 자동매표기를 가리켰다. 중학생 이상 대인 요금이 350엔, 우리나라 찜질방이나 사우나 요금과 비교하면 매우 저렴했다.

표를 내고 안으로 들어섰는데 내부가 기대했던 것과는 상당히 달랐다. 살펴보니 남탕과 여탕으로 구분된 입구에 사물함이 있고 탕 내부로 들어가 탈의를 하게 되어 있었다. 그런데 공간이 협소하고 수건 또한 비치되어 있지 않은 게 아닌가. 다시 밖으로 나와 수건과 갈아입을 옷가지를 챙겨 들고 탕으로 들어섰다.

온천의 수질 분석표가 근사하게 벽에 붙어 있지만 시설과 공간은 꼭 동네 공동목욕탕 같았다. 하지만 뜨거운 물에 몸을 담근다는 것만으로도 충분히 만족할 수 있었다. 구석구석 몸을 씻고 열탕과 냉탕, 건식 사우나를 번갈아 오가며 한가롭게 시간을 보냈다.

탕 안에는 나를 비롯해서 대여섯 사람이 있었다. 어린아이를 씻겨주는 젊은 아빠와 거동이 불편한 늙은 아버지의 등을 밀어주는 중년의 아저씨. 이들의 정겹고도 쓸쓸한 모습을 보자니 마치 인생의 축약본을 보는 듯한 느낌이 들었다.

일본인이 생각하는 온천욕과 우리나라 사람이 생각하는 온천욕은 많이 다른 것 같다. 첫 경험으로 섣불리 판단하는 게 온당하지야 않겠지만, 일본인은 온천욕을 하루 동안 흘린 땀을 씻고 피로를 푸는 아주 단순하면서도 기본적이며 근본적인 측면에 충실해 보인다. 반면 우리나라 사람은 온천 그 자체보다는 부대시설과 부대효과에 더 많은 주안점을 두는 것 같다.

일본문화가 전통과 근본에 충실하면서도 발 빠른 변화와 새로움을 추구한다면, 우리나라는 전통과 근본을 외면한 채 시류적인 욕구나 표피적인 흐름만 반영하고 있는 게 아닌가 하는 생각이 들었다.

마른 수건이 없어 젖은 몸을 제대로 말리지 못했다. 그랬는데도 휴게실에서 맥주 한 캔을 마시며 일본에서 경험한 첫 온천욕의 느낌을 적고 나니 젖었던 몸이 뽀송뽀송해져 상쾌했다. 이제는 들판으로 나가 텐트를 쳐야겠다.

연어를 기다리는 사람들

니네하마에서 만난 오사무 아저씨도 그랬고, 오카시마 미치노에키에서 만난 후쿠오카 아래 지방에서 왔다는 내게 다시마를 준 옆 텐트 아저씨도, 잘생긴 애완견을 데리고 텐트와 자동차를 가지고 지은 멋진 기지에서 홀로 의자에 앉아 고즈넉이 노을을 맞고 있던 수염이 텁수룩한 청년도 모두들 연어^{사케}가 돌아오기를 기다리고 있었다.

오사무 아저씨의 말에 따르면 9월이 되면 기다리던 연어들이 북태평양과 알래스카를 돌아 자신이 태어난 모천으로 돌아온다고 했다. 그때쯤 되면 조용하고 평화로운 항구와 강가에는 한바탕 풍성한 축제가 벌어지리라.

연어를 기다리는 이는 사람만이 아니다. 월동준비를 하기 위해 많은 영양소를 축적해야 하는 홋카이도의 수많은 곰도 연어가 돌아오기를 손꼽아 기다리고 있을 게 틀림없다. 연어가 돌아오기를 기다리는 사람들도 단순히 손끝의 즐거움과 혀끝의 즐거움을 위해 연어를 기다리고 있는 것은

강을 거꾸로 거슬러 오르는 한 마리 연어.
강에서 낚싯대를 들고 연어를 기다린 건 아니지만
나 또한 연어가 돌아오기를 기다린다.

아닐 것이다.

　연어가 돌아오기를 기다리는 이들에게 연어는 쉽게 지각할 수 없는 거대한 자연이 품은 생명의 상징이 아닐까. 먼 항해를 끝마치고 고향으로 돌아와 알을 낳고 죽는 연어의 일생은 자연으로부터 와서 결국 자연으로 돌아갈 수밖에 없는 생명의 압축적인 단면이다. 돌아와 죽음으로 새로운 생명의 시작을 준비하는 연어, 그 연어를 기다리며 사람들은 말로는 표현할 수 없는 어떤 깨달음을 얻는지도 모른다.

　그리하여 노을 진 강가나 항구에서 연어를 기다리던 사람들은 자연이 주는 풍성한 혜택과 깨달음을 가득 품은 채, 긴 항해를 마치고 죽은 한 마리를 연어를 가슴에 묻은 채, 새로운 삶 속으로 돌아갈 수 있는 게 아닐까.

　비록 강에서 낚싯대 들고 연어를 기다리는 것은 아니지만 나 또한 연어가 돌아오기를 기다리면서 끝없이 펼쳐진 길을 자전거를 타고 달리고 있다. 흐르는 강물을 거꾸로 거슬러 오르는 한 마리 연어처럼······.

길을 아는 것과 길을 가는 것의 차이

　여행을 떠나기 전 고등학교 친구들을 만났다. 오래간만에 만나도 어색하지 않은 친구들이 그날따라 조금은 어색했다. 하지만 고등학교 친구들이기에 만나자마자 어색함이 가셨다. 모두 세 명이었는데, 한 친구는 결혼을 해서 애가 있었고, 한 친구는 결혼을 준비하고 있었고, 또 다른 한 친구는 결혼하기 위해 여자를 만나고 있었다.

　물론 나는 결혼 생각은 없이 여자는 생각하곤 했는데 언제나 생각뿐이었다. 친구 둘은 일찍이 국가자격시험을 통과해 직장을 가져 지금은 직접 경영을 하는 이른바 전문직 종사자였고, 다른 친구 한 명은 느지막이 국가자격시험을 통과해 회사에 들어간 사회초년생이었다.

물론 나는 오래전에 국가자격시험을 통과한 1종 보통운전면허 소지자로 오랫동안 놀고 있는 백수였다. 친구 셋은 직업상 업무 분야가 유사해서 공통의 화젯거리가 많았다. 게다가 부동산·주식·신형 컴퓨터와 핸드폰을 비롯한 업그레이드된 첨단기기들까지 더해 더욱 화제가 풍성했다.

물론 나는 친구들이 꺼내는 모든 화제를 아무 거리낌 없이 유유자적 즐겼다. 왜냐하면 고등학교 친구들이기 때문에. 그렇게 술기운이 얼추 올랐을 무렵 인생의 터닝포인트를 얘기하며 일본 자전거배낭여행을 꺼냈고, 친구들의 반응은 다양했지만 비교적 일관됐다.

"너 그렇게 할 일 없니?"

친구 A 처자식이 없으니 참 자유롭구나. 그래 없을 때 많이 즐겨라. 근데 그렇게 힘들게 가서 즐길 수나 있겠어.

친구 B 역시 대단해. 우리랑은 달라, 달라도 많이 다르네. 그럼 갔다 와서는 뭐할 거야, 다시 취직할 거야? 그럴 거 왜 가?

친구 C 야, 그 돈 있으면 좋은 데 가서 질펀하게 떡이나 쳐. 그럼 내일 아침 바로 돈 벌어야겠다는 생각이 들 걸. 뭐하러 일본까지 가, 힘들게?

졸렬한 백수는 친구들과 헤어져 집으로 돌아오면서 졸렬하게 생각했다. '백수'의 '백 가지'의 가능성을 보지 못하는 오직 눈앞에 '한 수'만 바라보는 '한수' 같은 놈들이라고.

어차피 내려올 산을
오르는 이유와
어차피 죽을 인생을
사는 이유에 대해서
졸렬한 백수는 또
졸렬하게 생각했다.

여행을 출발하기 며칠 전 우연히 선배를 만났다. 일본으로 자전거배낭여행을 간다는 말에 선배는 이렇게 말했다.

선배 똥인지 된장인지 꼭 찍어 먹어봐야 아는 건 아니잖아. 자전거 타고 일본 일주하고 오면 뭐가 달라질 거 같니? 절대 아니다.

졸렬한 백수는 또 졸렬하게 생각했다. 어차피 내려올 산을 오르는 이유와, 어차피 죽을 인생을 사는 이유에 대하여. 그리고 부모 잘 만나 자기 인생 똥인지 된장인지 구분 못 하고 사는 껍데기 같은 인생보다는, 꼭 찍어 먹어보더라도 똥인지 된장인지 구별하는 인생을 살겠다고.

영화 「매트릭스 I」에서 네오에게 모피어스가 말했다.
"길을 아는 것과 길을 가는 것의 차이를 언젠간 알게 될 거야."
침묵으로 이어지는 길을 바퀴가 굴렀다.

야영하는 사람들

막노동처럼 가던 길을 늦추니 순간순간 알 수 없는 감상에 젖었다. 간밤에도 남은 소주를 몇 잔 마시고 잠이 들었는데 새벽 한기에 깨고 말았다. 제법 매서운 추위가 견디기 힘들어 커피를 끓여 마신 다음, 미치노에키에서 바람을 피했다.

변기 위에 앉아 졸았다. 아침 햇살이 따뜻해지기를 기다리면서. 이제 천천히 길을 간다 해도 홋카이도에서 남은 여정은 채 일주일도 안 남았다. 오늘은 홋카이도 최북단까지 올라갔다가 와카나이椎內 시내로 들어가 쉴 예정이다. 햇살이 퍼진 만큼 슬슬 라면을 끓여 먹고 출발해야겠다.

드디어 일본의 최북단 소야마사키小山崎에 도착했다. 언제나 곶으로 가는 길은 바람과 벌이는 싸움이었다. 다행히 날씨가 좋아 그다지 바람의 영향을 덜 받고 올 수 있었다. 계속되는 화창한 날씨는 우리나라의 가을하늘을 연상시켰다. 아침을 라면으로 때우고 아무런 간식도 먹지 않았기에 소야마 항 놀이터에서 밥을 지어 이른 점심을 먹었다.

소야마사키 항은 작았는데, 작은 배들이 묶여 있는 항에는 어슬렁거리는 한 어부가 있었다. 고요한 바다와 바람이 어부가 가진 시간의 전부처럼 보였다. 그 모습이 묘하게 아름다웠다. 소야마사키를 지나

변기 위에 앉아서 졸았다.
아침 햇살이 따뜻해지기를 기다리면서.
이제 천천히 길을 간다 해도
홋카이도 여정이 얼마 남지 않았다.

와카나이로 가는 길은 무척 바람이 세서 나그네의 발걸음을 편히 놓아주지 않았다.

오후 3시 무렵 와카나이 시내로 들어서는 길목 편의점에서 저녁 먹을거리와 커피를 사고 간식으로 도넛을 먹고 있는데, 한 자전거여행자가 환한 웃음을 지으며 코앞에 멈추어 섰다. 말없이 도넛을 내밀자 청년은 선뜻 도넛을 받았다.

와카나이에서 페리를 타고 리시리토利尻島를 둘러보고 왔다는 22세의 대학생은 캠핑 장소를 정하지 못한 나에게 좋은 캠핑 장소를 추천해주었다. 하지만 어떻게 가야 할지 몰라 길안내를 부탁하니, 청년이 흔쾌히 앞장섰다.

청년과 함께 도착한 곳은 페리터미널 옆 와카나이 북방파제 밑이었다. 청년은 이곳이 수많은 오토바이 라이더와 자전거여행자들이 캠핑을 하는 유명한 장소라고 했다. 그의 말대로 방파제 밑에는 수많은 오토바이와 텐트가 자리를 잡고 있었다. 청년은 내일 기차표를 예매하기 위해 역으로 향했고, 나는 먼저 자리를 잡고 텐트를 친 오토바이라이더 옆에 팽이를 세웠다.

폴대를 세워 텐트를 치고 있는데 옆 텐트에서 고개를 불쑥 내민 할아버지가 반갑게 인사를 건네왔다. 텐트를 친 후 할아버지에게 다가가 인사를 하고 내 소개를 했다. '할리'같이 멋진 오토바이의 주인인 할아버지의 나이는 자그마치 75세였다.

그런데 더 놀라운 사실은 매년 여름이 되면 아이치愛知 현에서 와카나이까지 멋진 오토바이를 타고 와 여름이 지날 때까지 이곳 방파제 밑에서 야영을 하신다는 것이다. 할아버지의 이름은 히오시 지무쓰로 이곳을 찾는 라이더들 사이에서는 유명인사인 듯 보였다.

텐트 안에 앉아 계신 할아버지가 내준 접이의자에 앉아 이야기를 나누었다. 할아버지가 보여준 사진첩에는 과거 이곳을 스쳐 지나간 수많은 여행자의 사진과 그들이 보내온 엽서·편지들이 빼곡했다.

지무쓰 오지이상이 '어머니' '아버지' 하며 한국에 대한 관심을 표했는데, 아마도 우리나라와 인연이 꽤 깊으신 모양이었다. 할아버지는 커피와 과자, 샌드위치와 삶은 계란을 자꾸 내어 주셨는데, 배가 고픈 나머지 내어 주시는 음식을 사양하지 않고 낼름낼름 받아먹는 내가 기특하게 보이셨나 보다.

심지어 나중에는 텐트 안에서 이면수까지 직접 구워 주셨고, 노릇노릇 구워진 이면수를 보자 염치없이 술을 받아 마셨다. 할아버지는 속이 안 좋다며 술을 사양했다.

할아버지 그리고 기차표를 예매하고 돌아온 청년과 저물도록 어설픈 영어대화와 필담으로 즐거운 시간을 보냈다.

새들이 내려와 쪼아 먹는 좁쌀빵

어제는 와카나이 초입에서 만난 청년과 지무쓰 할아버지와 즐거운 저녁을 보냈다. 새벽 일찍 기차를 타고 떠나는 청년과 함께 지무쓰 할아버지가 내어주는 따뜻한 커피를 마신 뒤 그 청년과 아쉬운 작별을 나눴다.

한숨 더 자고 일어나니 날이 훤히 밝아 있었다. 세수를 하고 느긋하게 아침밥을 불에 올려놓은 다음 보도블록 턱에 앉아 날적이를 적었다. 텐트를 활짝 열어놓은 지무쓰 할아버지는 어제와 마찬가지로 텐트 안에 앉아

멋진 오토바이의 주인인 할아버지의 나이는 자그마치 75세였다.
매년 여름이 되면 이곳 방파제 밑에서 야영을 하신다는 것이다.

빵을 좁쌀처럼 떼어내어 텐트 밖으로 던지고 있었다. 바닥을 구르는 좁쌀 같은 빵을 따라 작은 새들이 포르르 내려와 빵을 쪼아 먹고는 다시 포르르 하고 사라졌다. 지무쓰 할아버지는 그 모습을 귀여운 손주들의 재롱이라도 되는 듯 흥겹게 내다보고 계셨다.

　여름마다 아주 먼 거리를 멋진 오토바이를 타고 와 작은 텐트 안에서 작은 새들에게 빵 모이를 주며 여름을 나는 지무쓰 할아버지. 이런 할아버지의 모습은 인생의 경이로움 그 자체였다.

짐을 정리하고 가야 할 길을 살피고 있는데 지무쓰 상이 다가와 내게 최북단 와카나이라 적혀 있는 깃발을 선물로 주었다. 내 손을 꼭 붙잡은 지무쓰 할아버지의 미소에는 말로는 다할 수 없는 정겨움과 애틋함이 서려 있어, 다시 길로 나서는 이의 마음이 그다지 편치만은 않았다.

와카나이 시내를 벗어나 산 하나를 넘으니 새로운 바다가 펼쳐졌다. 동해, 우리나라 용왕님이 살고 있는 동해바다. 그 바다를 접하고 보니 그만큼 돌아갈 길이 가까워진 듯해서 아쉬운 마음이 들었다. 더군다나 동해를 접해 처음 만난 마을이 바쓰카이拔海라는 조그만 항구 마을이었다. 비록 한 자는 다르지만 발해라는 동일한 발음이 주는 묘한 역사적 향기에 그냥 지나치지 못하고 항구로 들어섰다. 도로 입구와는 달리 제법 규모가 있는 항만에는 많은 강태공들이 접이의자에 앉아 낚싯대를 드리우고 있었다.

바닷물은 꽤 맑은 것 같은데 비닐봉지를 비롯해서 각종 생활쓰레기들이 떠다니고 있어 이런 데서 고기가 잡힐까 하는 생각으로 가만히 들여다보고 있는데, 어른 팔 길이만한 '대물'들이 바로 눈앞에서 유유히 헤엄쳐 다니고 있었다.

그제야 시멘트 바닥에 고여 채 가시지도 않은 선명한 핏자국과 태공들마다 옆구리에 차고 있는 다듬이방망이 같은 몽둥이의 상관관계를 짐작할 수 있었다. 저런 대물이 걸린다면 뜰채로 끌어내자마자 냅다 몽둥이로 기절시키지 않고는, 아마 생선회 뜨기조차 힘들 게 분명해 보였다.

싱싱한 생선회로 배를 채울 수 있는 대물이 바로 코앞에서 왔다갔다 하고 있으니 눈 까뒤집고 낚싯대에 붙어 있는 태공들의 마음을 이해할 수

동해를 접하고 처음 만난 바쓰카이라는 마을.
비록 한자는 다르지만 발해라는
동일한 발음이 주는 묘한 역사적 향기에
그냥 지나치지 못하고 항구로 들어섰다.

> 대물을 기다리는
> 고요한 정적이 깨질 때까지
> 시간이 되는 대로
> 기다려볼 작정이었다.
> 바다 위에는 머리에
> 화산 구름을 이고
> 리시리토가 그림처럼
> 떠 있었다.

있을 것 같았다.

　대물을 기다리는 고요한 정적이 깨질 때까지 시간 되는 대로 기다려볼 작정으로 바닥에 앉고 보니, 바다 위에는 머리에 화산 구름을 이고 있는 리시리토가 그림처럼 떠 있었다.

　106번 도로를 타고 데스미로 내려가는 길은 무척이나 인상 깊고 아름다워 나도 모르게 탄성이 나왔다. 페달 굴리는 것도 잊은 채 멍하니 바라보게 할 정도로 빼어난 풍경 속으로 길은 이어졌다. 감탄의 파노라마. 오가는 차도 거의 없고 오로지 바다와 평원, 바람과 구름, 떠나는 이에게 인사하는 리시리토뿐이었다. 여유를 가지고 리시리토를 방문하지 않은 것이 두고두고 한이 될 것 같았다.

오후 4시, 후쓰미 미치노에키에 도착하여 화장실 뒤편에 자리를 잡고 저녁까지 지어 먹었는데 아무래도 장소가 꺼림칙해 미치노에키 상점이 문 닫기가 무섭게 상점 옆으로 자리를 옮겼다. 그럭저럭 오늘밤도 잘 버텨낼 수 있을 것 같았다. 장애인 화장실에서 씻고 빨래를 한 다음 커피를 끓여 마시고 있으니 노을이 서서히 지기 시작했다.

뜸 들이는 시간—야영과 노숙에 대해서

새벽 추위와 미치노에키에 들렀다 가는 차량들의 불빛과 소음으로 새벽 4시에 잠이 깼다. 멍하니 눈만 껌벅이다 추위를 쫓기 위해 커피를 끓여 마시고 안락한 장애인 화장실에서 느긋한 시간을 보냈다. 쌀과 버너, 코펠을 텐트 안으로 옮겨 밥을 지었다. 좁은 텐트 안에서 밥을 지어야겠다고 생각이 든 건 아마 지무쓰 할아버지의 영향 때문일 것이다. 갈수록 점점 더 야영의 새로운 방법을 깨닫는 것 같다. 가스불로 인해 쌀쌀했던 텐트 안 공기가 훈훈해졌다.

뜸 들이는 시간 동안 희뿌옇게 밝아오는 여명 속에서 까먹은 가타카나를 다시 외웠다. 히라가나는 얼추 눈에 들어오는데 아직 가타카나는 익숙지 못했다. 앞으로는 밥 뜸 들이는 시간만큼은 가타카나를 비롯해서 필수 회화 몇 개는 더 외워야겠다. 얼마 되지 않는 쌀을 남겨두기 뭐해 몽땅 밥

노숙이 생산력과 생산수단에서 소외된 도시를 떠도는 잡시의 것이라면
야영은 자급자족으로 광활한 대지를 달리는 유목민의 것이다.

을 짓고 보니 양이 생각보다 많았다. 예전 같았으면 족히 하루 세 끼니를 해결하고도 남을 양이었는데, 그 많은 밥이 모조리 뱃속에 들어가 편안히 자리를 잡는 게 신기했다.

밥을 먹고 커피를 마시며 야영과 노숙에 대해 생각해보았다. 길 위에 머문다는 것은 같지만 머무는 양상이 다르고 머무는 이의 사고가 다르다는 점에서 야영과 노숙에는 엄청난 차이가 있었다. 노숙이 말 그대로 아무런 의식적인 행위 없이 자기 자신을 길 위에 방치하는 것이라면, 야영은 자기 자신을 은폐, 엄폐시키며 의식주에 관한 것을 자급자족하며 좀더 효율적으로 자기 자신을 관리하는 것이 아닐까.

그 차이는 단순히 밤이슬을 가릴 처마텐트가 있냐 없냐에 달린 것이 아닐 것이다. 노숙이 생산력과 생산수단에서 소외된 정신상태라면, 야영은 자급자족의 생산력과 생산수단을 위한 사고방식인지도 모른다. 노숙이 도시의 불빛을 좇아 떠도는 집시의 것이라면, 야영은 광활한 대지를 향해 달리는 유목민의 것이라는 생각이 든다. 물론 나는 때론 야영을, 때론 노숙을 하고 있는 것 같다.

6시 10분 전, 상점 문을 열기 전에 짐을 정리하고 이곳을 떠나야겠다.

삼각김밥 하나로 만들어지는 추억

루모이留萌 공원에서 6시에 출발, 두 시간 동안 30여 킬로미터를 달려 헤키스이碧水에 도착해 간식으로 컵라면과 도넛을 먹었다. 오늘은 간만에 라이딩에 집중할 생각이었다. 바다와 헤어지고 만난 233번 도로의 풍경은 벼가 익어가는 우리나라 시골의 가을 들녘과 똑같았다. 앞으로 275번 도로를 타고 삿포로札幌로 들어서게 된다.

편의점 앞 의자에 앉아 날적이를 적으며 편안히 간식을 먹고 있는데 먼저 와서 쉬고 있던 오토바이족이 말을 걸어왔다. 지도를 펴서 지나온 여정을 설명해주자, 마치 자기 일이라도 되는 듯 좋아하던 그가 자리에서 일어나 편의점을 들어갔다 나오더니 전자렌지에 데운 삼각김밥 하나를 선물이라며 건네주었다. 그러고는 날적이에 자신의 연락처를 적어주며 삿포로에 도착하면 연락을 하라고 당부했다.

　9시가 못 되어 다시 길을 잡으니 이정표가 삿포로까지 103킬로미터를 가리켰다. 이틀에 걸쳐 잡았던 여정을 하루로 줄이려고 나 자신을 독려했다. 딱히 시간에 쫓기는 것은 아니었다. 하지만 굳이 시간을 늦추기도 싫고 대도시로 들어가는 길이 그다지 눈에 들어오지 않기 때문이었다.

　그렇게 마음을 먹고 나니 오직 길을 가기 위한 나와, 내 앞에 펼쳐진 길 외에는 아무것도 없고 아무 생각도 나지 않았다. 규칙적으로 50분 달리고 10분 쉬며 길을 줄여나가 오후 4시가 못 되어 삿포로 시내에 도착했다. 대도시는 나그네로 하여금 이상하리만큼 막막함과 갑갑함 그리고 군중 속의 고독을 느끼게 만든다. 그러니 자전거를 끌고 대도시를 여행하는 것은 그리 좋은 방법이 아닌 것 같다.

　서양 중세에는 '도시의 공기가 자유를 만든다'고 했는데, 이는 농노제도와 노예제도에 묶여 있는 이들이 도시에 숨어들어 일정 기한이 지나면 자유로운 도시 시민이 될 수 있었기에 가능한 말이었다. 하지만 오늘날 도시의 공기는 역으로 농노와 노예들이 고통스럽게 당한 속박, 억압, 노동 착취를 떠올리게 만든다고 한다면, 이는 실의에 빠진 백수의 지나친 과장이자 피해의식에서 비롯되었다고 할까.

　한적하게 삿포로 시내를 자전거를 끌고 거닐고 있으려니 연락처를 적어준 오토바이라이더를 불러내어 저녁과 술을 함께 했으면 좋겠다는 생각이 들었다. 우연치 않은 인연으로 만난 낯선 이들이 나누는 이야기와 술잔,

꽤 운치 있는 추억이 될 것 같았다. 하지만 아무래도 숙소를 잡지 않은 채 자전거를 끌고는 '무리데스'였다. 아쉽지만 야영을 하기로 마음먹은 이상 그와의 만남은 포기해야 할 것 같았다.

삿포로로 들어섰던 275번 도로가 오타루小樽로 향하는 5번 도로와 만나는 이정표가 보였다. 오타루로 향하면서 먹을거리와 떨어진 가스도 보충하고 야영장소도 찾을 생각으로 삿포로 시내를 벗어났다. 마침 대형마트를 발견하여 가스를 구입하고 편의점에서 쌀과 부식, 맥주를 사들고 지도를 보니 오늘 달려온 길이 무려 150킬로미터나 되었다.

일본 자전거여행자에게 대도시의 장점을 꼽자면 날이 어두워져도 인도와 자전거도로를 이용하면 큰 위험과 불편함 없이 자전거를 탈 수 있다는 것이다. 점점 더 짙어지는 어둠 속에서 본능적으로 야영할 장소를 찾았다. 이쯤에 공원이 있겠다 싶으면 영락없이 공원이나 놀이터를 발견할 수 있었다. 무슨 수맥을 찾는 풍수도사도 아니고, 명당을 보러 다니는 지관도 아니지만, 확실히 야영할 장소를 찾는 일이 점점 쉬워졌다. 그게 다 널리고 널린 일본의 공원과 미치노에키와 캠핑장 덕분이지만서도.

가만히 생각해보니 오늘 하루 먹고 마신 게 장난이 아니었다. 컵라면 세 개, 햇반 한 개, 카레밥 2인분, 빵 한 개, 도넛 한 봉지, 아이스크림 한 개, 캔맥주 두 개, 마지막으로 오토바이라이더가 선물로 준 삼각김밥 하나.

꿈의 노래를 듣는 시간

어제 길을 많이 줄인 덕에 오전에 오타루에 도착할 수 있었다. 도착하

'꿈의 소리'라는 장난감 가게 앞 벤치에 앉아 꿈결같이 흘러나오는 음악소리를 들었다.

자마자 페리터미널로 향하여 마이즈루舞鶴행 배편을 예약했다. 오타루에서 밤 11시 30분에 출발하는 페리는 다음날 밤 9시 30분에 마이즈루에 닿을 예정이었다. 배편을 예약하고 자전거를 끌고 나와 오타루 운하와 시내를 한적하게 돌아다녔다. 그러다 오래간만에 집에 안부를 전하려고 전화를 걸었는데 연결이 되지 않아 아쉬운 마음에 형과 통화를 했다. 넉넉히 여유롭게 다녀오라는 형의 조언에 다시 한 번 여행을 반추해보면서 앞으로의 길을 떠올려보았다.

개인의 작고 구체적인 일상 속에 자리 잡고 있는 것들.
그것을 가꾸고 공들여 만들고 포장해서 상품과 문화를 만드는 이들이 있다.

    순간 오키나와沖繩가 머릿속을 스쳤다. 오키나와, 일본의 최남단. 생각보다 일정이 많이 짧아져 일찍 귀향을 해야 할지 망설이던 차에 떠오른 오키나와는 다시금 새로운 목표에 대한 묘한 설렘을 불러일으켰다. 시모노세키에서 바로 한국으로 돌아갈지 아니면 규슈를 거쳐 오키나와까지 갈지 아마도 시모노세키에 이를 동안 계속 고민이 될 것 같았다. 여정에 없던 오키나와의 바다 빛이 어느새 마음에 물들고 있으니, 앞으로의 길이 어떻게 될지는 장담할 수 없었다.

만화 속 풍경 같은 오타루 시내를 돌아다니고 있자니 절로 작은 것을 가꾸고 사랑하는 일본인에 대해 생각하게 되었다. 생이나, 삶이나 생각해보면 작은 것들을 제외하고는 성립되지 않는다. 삶의 한순간, 생의 한 편린, 그러한 것들이 쌓이고 쌓여 개인의 인생을 만들고 이러한 개인들의 추억과 인생이 모여 한 사회의 유·무형의 문화를 이루게 되며, 이러한 흐름이 도도한 역사의 물줄기로 이어지는 것이다.

이런 단순한 생각을 해본다면, 한 국가나 사회의 문화란 결코 거대한 관념이나 구호, 이상 속에 존재하는 것이 아니다. 개인의 작고 구체적인 일상 속에 자리 잡고 있는 것들, 그것이 문화의 핵심이고 시드seed 문화가 아닐까.

꿈의 소리夢の音라는 장난감 가게 앞에 있는 벤치에 앉았다. 꿈결같이 흘러나오는 음악소리를 들으니 기분 좋은 혼몽에 빠질 것 같았다. 눈길을 끈 장난감 가게를 그냥 지나치지 못하고 들어갔는데 내가 좋아하는 애니메이션 「이웃집 토토로」의 '토토로' 인형이 가득했다. 일본에 오기 전부터 여행을 마치고 돌아갈 때에는 꼭 토토로 인형과 DVD를 사서 조카에게 선물로 주어야겠다고 생각해왔다.

가게 안에는 토토로뿐만 아니라 일본 애니메이션에 나오는 각종 캐릭터들이 열쇠고리와 수건을 비롯해서 각종 팬시 상품으로 손님을 기다리고 있었다. 마음 같아서는 커다란 토토로 인형을 하나 사주고 싶은데 짐을 많이 가지고 다니지 못하는 자전거여행의 불편함 때문에 달랑 열쇠고리 두 개만 구입했다. 작은 열쇠고리여도 가격이 만만치 않았다.

별것 아닌 것을 소중히 가꾸고 공들여 만들고 포장해서 상품과 문화를 만들고, 거기에 그치지 않고 그것을 자연스레 생활 속에 녹아들게 하는 것이야말로 일본문화의 보이지 않는 힘인 것 같았다.

좀더 시내를 어슬렁거리다가 밥을 먹고 장을 본 다음 페리터미널 온천장에서 몸을 풀고 승선할 예정이었다. 솔직히 말해 오늘밤을 무척 기다려 왔다. 왜냐하면 바로 고대하던 선상 맥주파티를 거하게 벌이는 밤이기 때문이었다. 그간 물설고 말 설은 곳을 여행하면서 항상 긴장하고 조마조마했는데 오늘은 허리띠 풀어놓고 마셔볼 작정이었다.

앞으로의 남은 여정을 위해 "간파이!"

작은 발견 큰 놀라움

오타루 운하를 벗어나 좀 외진 곳에서 대형마트를 찾아 장을 보았다. 맥주와 안주거리, 24시간 가까이 되는 운행시간으로 족히 네 끼니는 배 위에서 해결해야 할 것 같아 식빵 · 땅콩잼 · 옥수수통조림 · 크로켓 · 핫도그, 그밖에도 건전지와 면도기를 사고 나니 부득이 짐 박스가 하나 더 늘 수밖에 없었다. 간신히 짐을 자전거에 싣고 행여 자전거에 무리가 가지 않을까 걱정을 하며 미리 점찍어둔 공원으로 조심스럽게 자전거를 끌었다.

공원에서 맥주와 크로켓으로 점심을 먹은 후 양말과 팬티를 빨아 햇살에 널어 말리면서 쉬었다. 강아지를 데리고 산책을 하던 한 아주머니가 자전거여행을 하는 나의 모습이 이색적이었던지 멀찍이서 말을 붙였다. 한국인이라고 하자, 자신은 배용준을 좋아한다며 나를 반겼는데 마치 내가 배용준이라도 된 듯싶었다.

오후 6시까지 쉬면서 아예 저녁을 지어 먹고 페리터미널로 가서 온천

운하를 따라 불빛이 번졌다.
거리의 악사는 아코디언을 연주했고 무희는 춤을 췄다.

욕을 한 후 승선할 생각이었다. 그러고 보니 공원을 떠나기 전에 긴 항해를 위해 준비해야 할 게 또 있었다. 바로 삶은 계란.

　공원에서 한숨 늘어지게 쉬다가 밥을 지어 먹고 일어섰다. 바로 페리터미널로 가려다가 오타루 시내의 밤풍경이 너무 귀엽고 낭만적이어서 발걸음을 멈추었다. 오타루 운하를 따라 켜진 가로등과 거리의 악사와 무희들, 그리고 낭만과 여유를 만끽하고 있는 사람들의 모습은 유럽의 도시 풍경을 연출하고 있었다.

흥취에 젖어 그 모습을 물끄러미 바라보다 근처 편의점에서 맥주 한 캔을 사들고 가로수 벤치를 찾았다. 나무 주위를 대리석으로 네모지게 틀을 짜서 행인들이 앉아 쉬기 좋게 만들어놓았는데, 모서리마다 구멍이 송송 뚫린 재떨이 같지 않은 재떨이가 있었다. 흡연에 비교적 관대한 일본인들의 섬세함과 미적 감각을 충분히 짐작할 수 있었다.

하지만 더 놀라운 것은 밤기운에 차가워졌을 것으로 예상하고 걸터앉은 대리석이었다. 온돌 위에 올라앉은 것마냥 엉덩이가 따끈따끈했는데 손을 갖다 대니 미세한 전류가 손끝을 따라 퍼지는 걸 느낄 수 있었다. 아마도 대리석 밑에 전열선을 깔아놓은 것 같았다.

다른 이를 섬세하게 배려하는 일본인들. 그들이 가진 이런 마인드의 작은 차이가 살아 있는 문화를 만들고 수많은 관광객을 불러오게 만든다는 생각이 들었다.

홋카이도를 떠나며

홋카이도를 떠나고 있습니다.
홋카이도에서 만난 길들,
길 위에서 보았던 바다,
제 곁을 스쳐갔던 바람들,
하룻밤을 보냈던 간이역과
짧은 인연으로 만났던 이들과의 추억……
언제고 다시 당신이 저를 부른다면

저는 기꺼이 당신 앞에 부끄럼 없이 설 것입니다.
그때까지 홋카이도여
사요나라!

제4부
'남쪽 바다, 집으로 가는 꿈길

마이즈루에서 다네가시마, 야쿠시마 그리고 후쿠오카까지

툭툭, 이마에 떨어지는 빗방울,
아득히 먼 세계를 달려왔을 빗방울이
나뭇잎에 맺혔다가 떨어져 가고시마 공원 벤치에
누워 있는 내 이마에 부딪혀 터지는 순간,
그 순간이 이루 말할 수 없이 행복했다.

바람이 좋습니다. 좋다… 좋다… 좋다… 참, 바람 좋다 하며
바람 속에 서 있으니 바람이 이토록 좋은 이유가
바람 속에 보이지 않는 당신이 있기 때문인 줄 알겠습니다.

바람, 보이지 않는 당신

마이즈루에서 만난 인연

　하루 종일 맥주를 홀짝거리며 취한다 싶으면 대욕탕 속에 들어가 늘어지게 동해의 푸르름을 보았다. 선상 카페와 욕탕을 오락가락하며 맥주와 온천을 즐겼더니 어느덧 마이즈루에 도착했다. 무학舞鶴, 춤추는 학이라는 도시지명이 그다지 낯설지 않은 것은 함께 조기 축구를 하던 팀 이름이 무학이기도 해서지만, 어딘지 모르게 춤추는 학의 이미지에서 내가 추구하고자 하는 이상을 어렴풋이 엿볼 수 있기 때문이었다. 고고하면서 자유로운…… 초탈한 듯하면서도 세상과 더불어 춤을 추는 학.
　마이즈루가 작은 도시라고 하지만 날개를 활짝 펴고 춤을 추는 학답게 위로는 홋카이도를 연결하는 선로의 중심지이고, 아래로는 교토와 도쿄를 잇는 철로의 요지다. 오늘은 이 교통의 요지에서 요긴하게 머물 곳을 찾아야 했다.

페리에서 하선한 일군의 자전거여행자 대열을 쫓아 마이즈루 항을 벗어났다. 하나둘 자전거들이 흩어지고 남은 두 대의 자전거가 정지 신호에서 멈춰 서더니 나에게 말을 걸어왔다. 물정 모르는 내가 캠핑 장소나 숙소를 찾는다고 하자, 그들은 흔쾌히 함께 찾아보자고 답했다. 한 명은 27세인 메구미 호시노로 매우 귀엽고 착하게 생긴 여자이고, 다른 한 명은 생명공학을 전공한다는 다노베 나오키다.

그들은 페리 안에서 만났다고 하는데 마치 사이좋은 오누이 같았다. 마이즈루 시내를 방황하다 자리 잡은 미니스톱 편의점에서 간단한 음식을 먹으며 그들과 이야기를 나누었다. 오늘밤은 이대로 미니스톱 편의점 의자에 기대어 지새울 작정이었다.

즐겁게 이야기를 나누던 메구미는 옆에 붙은 동전세탁소 안으로 들어가 잠을 청했고, 나오키는 편의점 테이블 위에 엎드려 불편한 잠을 자고 있다. 잠은 오지 않고, 가야 할 길은 아직 밝지 않았다. 그래서 일본 자전거여행을 하는 데 매우 유용한 장소인 일본 편의점에 대해 생각해보았다. 일본의 편의점과 한국의 편의점에는 많은 차이점이 있었다.

첫째, 서비스 정신이 다르다. 별 다섯 개짜리 호텔 직원처럼 친절히 인사하고 도와주는 일본 편의점과 신문 읽기에 바빠 인사도 하지 않는 우리나라 편의점의 차이점을 일본 편의점에 발을 들여놓는 순간 즉시 깨달을 수 있다.

둘째, 시설이 다르다. 각종 편의시설인 핸드드라이기·휴지·일회용 변기 덮개·세균제거기·비누·비데 등을 겸비한 화장실이 있는 편의점과

편의점, 도시의 외로운 이들이 잠시 머물다 떠나는 곳.
하룻밤을 같이 지새운 인연들.

없는 편의점. 물론 우리나라 편의점에도 화장실이 있다. 'staff only'.

셋째, 개념이 다르다. 도로휴게소 역할을 겸하고 있는 일본의 편의점은 주로 주거상업밀집지역에서 찾을 수 있는 우리나라 편의점과는 접근 개념 자체가 다르다고 할 수 있다. 일본의 편의점의 특성을 이해하기 위해서는 일본문화에 대한 이해가 전제돼야겠지만, 반대로 일본 편의점의 특성을 통해 일본문화의 단면을 엿볼 수도 있을 것이다.

일본으로 장기 자전거배낭여행을 떠나고자 하는 이들은 필연적으로 수많은 편의점과 만나게 될 수밖에 없는데, 본능적인 욕구 해결이 중요한 자전거여행자에게 일본의 편의점은 안락한 휴게소가 된다. 또한 언제 어디서나 비교적 쉽게 필요한 물품을 구입할 수 있으며, 때론 도로정보와 지역정보를 얻을 수도 있다.

일본의 도로 위에 산재한 편의점은 자전거배낭여행족을 위한 병참기지의 역할을 한다. 따라서 자전거여행자는 자유롭게 '피트인'PIT IN하여 재정비할 수 있는 시간과 공간을 누릴 수 있다. 일본 자전거배낭여행의 유쾌한 성공 여부는 편의점의 활용 여부에 달려 있다고 해도 과언이 아니다.

소나기가 만드는 교향곡

홋카이도의 여운이 채 가시기도 전에 새로운 길 위에 섰다. 한숨도 제대로 자지 못하고 미니스톱 편의점에서 새벽을 맞이했는데 새로운 출발에 대한 설렘과 긴장 탓인지 몸과 마음이 개운했다. 더군다나 메구미와 나오키가 마이즈루를 벗어나 히메지姬路로 향하는 길에 접어들 때까지 함께하게 되어 더욱 기분이 좋았다.

두 시간가량을 달려 만난 175번 도로와 178번 도로로 나뉘는 갈림길에서 메구미와 나오키와 아쉬운 작별을 나누었다. 언제고 다시 홋카이도에서 만날 그날을 기약하며.

다시 178번 도로를 타고 한 시간 반가량을 달리니 일본 3경 가운데 하나라고 불리는 아마노하시다테天橋立를 만났다. 하늘다리, 하늘이 만든 다리가 세워진 곳이라는 지명처럼 위대한 자연과 장대한 시간의 역사가 만든

걸작품이었다. 만을 가로지르는 퇴적층으로 이루어진 아마노하시다테는 폭이 좁은 곳은 40여 미터, 넓은 곳은 60여 미터쯤 되는 것 같았다. 길 양옆으로는 고고한 자태와 멋을 한껏 뽐내며 자란 울창한 소나무가 숲의 터널을 만들고 있었다.

하늘다리와 소나무가 만든 숲의 터널을 걷고 있자니, 자연이 만든 위대한 작품도 작품이지만 그 작품을 훼손하지 않고 가꾸어온 일본인의 정성과 노력에 존경을 표하지 않을 수가 없었다. 아마노하시다테를 건너면 만을 빙 둘러 돌아가는 178번 도로와 다시 만나게 된다. 그런데 아마노하시다테 위에 충분히 도로를 놓을 수 있음에도 오직 사람과 자전거 통행만을 허용하고 있었다. 풍경이 수려한 곳이라면 모조리 까발려 뒤지고 볶고, 첨단시설과 각종 유락시설을 설치해야 직성이 풀리는 우리나라의 천박한 개발주의와는 사뭇 달랐다.

자연이 베풀어준 혜택 그대로 보존하는 일본인, 그리고 그 혜택을 누리기 위해 기꺼이 인간적인 수고를 아끼지는 않는 일본인을 생각하면 왠지 부끄러워졌다. 자생적 근대로의 이행의 상실이 이렇게 큰 차이를 만들고 있는 것이라면 과연 우리는 어떻게 이 격차를 좁혀나갈 수 있을지.

언제나 그렇지만 길은 항상 생각했던 것과는 다르게 다가왔다. 길을 간다는 것이 끝없는 우연과 예상치 못한 돌발상황과의 만남이라면 길을 옳게 가거나 잘 간다는 것은 자신에게 다가온 우연과 돌발상황을 어떻게 대처하느냐에 달려 있을 것이다.

길은 항상 생각했던 것과는 다르게 다가왔다.
길을 간다는 게 끝없는 우연과
예상치 못한 돌발 상황과의 만남이라면
우리는 어떤 마음으로 이 우연과 돌발 상황을 받아들여야 할까.

젖은 몸을 떨림판 삼아 울려 퍼지는 소나기의 교향곡을 들으며,
나그네는 그렇게 빗속의 추억을 만들었다.

　　작고 아름다운 어항에서 쉬면서 지도를 살펴보니 해안을 벗어나 산 하나를 넘어야 해서 아예 점심을 먹고 산을 넘기 시작했다. 가파른 오르막을 자전거를 끌고 오르는데 빗방울이 떨어지기 시작하더니 눈 깜짝할 사이 사방이 안개에 뒤덮였다. 그러고는 천둥과 번개를 동반한 A급 소나기가 산속을 쩌렁쩌렁 울리며 쏟아졌다. 어찌해야 좋을지. 피할 수 없는 소나기를 고스란히 맞으며 자전거를 끌고 오르는 수밖에는 다른 도리가 없었다.
　　의기소침해지고 불안해지고 초조해지는 마음을 다잡으며 소나기 속을

아름다운 길일수록 힘들고
고통스럽다.
참을 수 없는 고통에서
아름다움의 깊이를
생각할 수 있다면 좋으련만.

뚫고 가다보니, 어느 순간 퍼붓는 소나기 소리가 베토벤의 「운명교향곡」처럼 들리기 시작했다. 이 무슨 조화인지 소나기가 만드는 운명교향곡은 산과 대지에 울려 퍼지고 마침내 쫄딱 젖은 여행자의 몸을 떨림판 삼아 서라운드 입체음향으로 다가왔다.

　소나기의 아름다운 운명교향곡에 사로잡혀 그렇게 잊을 수 없는 빗속의 추억을 만들어갔다. 하지만 더 이상 빗속을 뚫고 가는 것은 어리석고 매우 위험한 일이라고 깨달았을 때, 다행히 언덕 위에 자리하고 있던 큰 당산나무를 발견해 비를 피할 수가 있었다. 겨우 나뭇가지 아래 몸을 피한 다음 젖지 않은 담배를 찾아 물고는 불을 붙였다. 한동안 신당이 모셔진 당산나무 아래에서 비를 피하고 있으려니 젖은 몸이 으슬으슬 추워지기 시작했다. 차라리 비를 맞더라도 몸을 움직이는 편이 낫겠다 싶은 시점에 이르자, 마술처럼 비가 그치더니 안개가 걷혔다.

산을 벗어나 몇 군데 해수욕장에서 텐트 칠 곳을 찾았으나 온통 모래사장뿐이라 결국 해수욕장을 포기하고 '덴키텐키탄고'てんきてんき丹後라는 이름이 재미있는 미치노에키에 몸을 의지해 하루를 잘 쉬었다. 비에 흠뻑 젖었던 몸이 꽤 걱정되었으나 비교적 따뜻하고 평온한 밤을 보냈다. 잘 쉬고 또다시 길을 나서며 하늘을 보니 비는 오지 않을 것 같았다.

하지만 알 수 없는 게 길이 아니던가.

아름다운 길, 아름다운 고통

아름다운 길일수록 힘이 들고 고통스럽다. 도상으로 얼마 안 되는 거리를 달려왔을 뿐인데 무척이나 고통스럽고 아름다운 길이었다. 맥주 두 캔을 마신 지금 아무것도 적고 싶지 않다. 아니, 적을 힘이 남아 있지 않았다. 그저 아름다움이 주는 고통스런 길을 왔다는 것뿐.

돗토리鳥取 시가를 15킬로미터 남겨두고 만난 우라도메浦富 공원에서 하루를 쉬었다. 어제 오전에는 178번 주도로를 벗어나 외진 해안도로를 헤매다가 고이즈미 교小泉橋를 만났다. 덴리쓰 교天立橋와 마찬가지의 모습을 띠고 있던 고이즈미 교는 규모가 좀 클 뿐 우리나라 경포호와 비슷한 칼데라 호인데, 차이가 있다면 아직 바다와 연결되고 있다는 점이다. 덴리쓰 교나 고이즈미 교나 사람들이 그럴듯한 이름을 갖다 붙인 이것들도 우주시계의 분침이나 초침이 움직이고 나면 온전한 칼데라 호가 되고, 분침이 움직이면 상전벽해桑田碧海처럼 바뀔지도 모를 일이다.

남쪽으로 많이 내려와서인지 낮에는 무척 덥고 밤에는 쌀쌀함보다 포근함이 느껴졌다. 어제의 무리한 주행으로 오늘은 휴식을 자주 취하면서 길을 가야 했다. 홋카이도에서는 더위로 크게 고생을 하지 않았는데 다시 혼슈로 넘어오니 늦더위가 맹렬했다.

오래간만에 만난 미치노에키에서 따가운 햇살을 피해 지도를 보고 있는데 트럭 운전수가 다가오더니 자판기에서 뽑은 캔커피를 건네주었다. 그러더니 "간바테"라는 말을 남기고는 내가 향할 방향으로 트럭을 몰고 떠났다. 아마도 길 위에서 힘겹게 페달을 밟고 있는 나를 보았던 모양이다.

많은 땀을 흘리기 때문에 공원이나 공중화장실에서 급수한 물을 연신 마시지만 마신 만큼의 물이 곧장 땀으로 배출되는 것 같았다. 따가운 햇살과 찌는 듯한 도로의 열기는 많이 익숙해져서 아무 문제도 되지 않지만 속옷을 흠뻑 적시는 땀과 습기는 엉덩이 상처를 도지게 하지 않을까 무척 신경이 쓰였다. 여행 초기에는 잊지 않고 선크림도 챙겨 바르고 폼 나게 선글라스도 썼다. 하지만 곧 며칠 되지 않아 선크림과 선글라스가 귀찮아지더니 이제는 버리지 못하는 짐이 되고 말았다.

한일 우호교류 공원이 있는 미치노에키에서 도시락과 맥주로 점심을 먹은 다음 젖은 옷을 말리며 한숨 낮잠을 잤다. 햇살이 한풀 꺾인 오후 2시부터 다시 길을 잡아 요나코米子로 향했다. 마이즈루에 도착한 후 떨어진 쌀을 구입하지 못해왔다. 그런데 대형마트를 발견하여 쌀 2킬로그램과 라면과 부식을 사 자전거에 실으니 늘어난 무게가 꽤 크게 느껴졌다. 얼른 먹어 치우는 수밖에 다른 도리가 없을 것 같다.

요나코 시가를 벗어나 해안도로를 타고 가다 제법 규모가 있는 공원을

지금까지 알고 있던 집과는 다른 느낌의 '집'이 떠올랐다.
어쩌면 그 '집'을 찾기 위해 여행을 하고 있는지도 모르겠다.

발견했다. 날도 저물고 해서 이곳에서 하루 쉬어 갈 요량으로 공원 주변을 살폈다. 그런데 해안 바로 옆이라 바람이 많이 불고 공원이 너무 단정히 정리되어 있어 텐트 칠 공간이 마땅치 않았다. 야영과 노숙으로 여행을 하는 나 같은 이들에겐 공원이 너무 깨끗해도 부담이 될 것 같다.

세계에서 가장 큰 모래시계

새벽 4시, 일어나 대충 씻고 텐트 안에서 밥을 지었다. 버너 위에 쌀을 안치고 어두운 밖을 내다보고 있으려니, 과연 이번 여행을 통해 무엇을 얻고 있는지, 무엇을 얻고자 하는지, 또 쓸데없는 사념과 쓸쓸한 감상에 젖는 것 같아 뜸을 들이는 동안 히라가나와 가타카나를 다시 외웠다. 한 가지 확실히 얻게 되는 게 있다면 히라가나와 가타카나는 띄엄띄엄이나마 읽을 수 있게 될 것이라는 점인데 그것만으로도 큰 수확일 것이다. 일본어가 친숙해진다는 의미는 그만큼 일본이 새로운 의미로 다가온다는 뜻일 테니까.

장기 자전거배낭여행의 지속성을 위한 체력 안배, 여행의 여유, 휴식과 기타 정비를 위한 시간 등을 고려하면 장기 자전거배낭여행의 적당한 주행거리는 100킬로미터 내외인 것 같다는 생각이 들었다. 과도한 주행은 매번 몸을 불편하게 만들고 여행을 지치게 만드니, 지속가능한 여행을 위해서는 정신적·육체적 능력의 안배를 잘 해야 한다.

바람의 언덕이라는 공원에서 늦은 점심으로 라면을 끓여 먹고 한숨 자고 일어났는데 이상하게 몸이 무거웠다. 여행 들어 처음으로 집에 돌아가고 싶다는 생각이 들었다. 집, 그러고 보니 집에 대해 참으로 오래간만에 생각해보는 것 같았다. 아니 처음일지도 모르겠다. 집은 그저 집이었고, 언제나 돌아가 쉴 수 있고, 나를 기다리는 사람들이 있는 그런 정도의 일상적인 의미였다. 그런데 이상하게 지금까지 생각해왔던 집과는 다른 느낌의 '집'이 떠올랐다. 어쩌면 나는 지금 그 '집'을 찾기 위해 여행을 하고 있는지도 모른다는 생각이 들었다.

오키나와를 포기하고 바로 귀환하는 것은 어떨지 생각해봐야겠다고 마음먹으면서 일어섰지만 맥이 풀린 게 좀처럼 기운이 나지 않았다. 근처 편의점에서 이온음료 1리터를 모두 마시고 나니 그제야 겨우 정신이 돌아왔다.

오늘 묵어 가려 했던 해수욕장을 내리막길의 가속도를 제어하지 못하고 지나치고 말았는데 다행히 얼마 못 가 세계에서 가장 큰 모래시계가 있다는 공원을 찾았다. 모래박물관이 폐관해서 아쉽게도 1년의 시간을 재는 세상에서 가장 큰 모래시계를 볼 수는 없었다. 하지만 아기자기하게 꾸며진 공원에는 조명시설이 갖추어진 야구장이 있었고, 그 옆에 돔형의 널찍한 공간과 화장실이 있어서 하룻밤 쉬어가기에는 부족함이 없었다.

마침 야구장에는 사회인 야구팀으로 보이는 중년의 아저씨들이 편을 나누어 야구경기를 하고 있었는데 그 모습이 무척이나 진지하고 즐거워 보였다. 내일 아침까지 생각해서 지은 밥 한 솥을 모두 먹어치우고 피로함에 젖은 포만감을 느끼며 밤바람을 쐬고 있는데, 낮 동안 달궈진 몸이 좀처럼 식지 않았다.

펑크, 타이어 교체

새벽녘, 욱신대는 몸이 나를 깨웠다. 몸은 어서 빨리 길을 가자고 보채는데 피곤하고 몽롱한 의식은 꿈과 현실의 경계를 헤매고 있었다. 어차피 가야 할 길이고, 또 원하는 길이기에 자리를 털고 일어나 그다지 당기지 않았지만 밥을 지었다. 어두운 새벽부터 공원을 산책하는 사람들이 스쳐 지나가며 고개를 숙여 인사를 건네왔다. 현지 주민들 눈에 거슬리지 않게 일찍 텐트를 접고 밥을 먹었다.

오늘은 하늘에 구름이 많이 끼어 있는데 비만 오지 않는다면 오히려 자전거 타기에는 좋은 날씨다.

로드용 타이어로 교체한
펭이가 눈 위를 미끄러지듯이
굴렀다.
무거운 등산화를 벗어 던지고
가벼운 조깅화를 신은
느낌이었다.

    두 시간을 달려 고쓰江津 시내 진입을 눈앞에 두고 있었는데 뒷바퀴에 펑크가 났다. 금방이라도 비가 쏟아질 것 같아 버스정류장 안에서 정비에 들어갔다. 짐을 내리고 앞·뒷바퀴를 살펴보니 타이어가 많이 닳아 군데군데 실밥이 드러나 있어 타이어 자체를 갈아야 할 지경이었다. 겨우 펑크를 때우고 시내에 진입하여 자전거수리점을 찾았다. 이 기회에 아예 앞·뒷바퀴 모두 타이어를 갈 생각이었다.
    자전거포 주인에게 타이어 상태를 설명하고 가격을 물으니 로드용 타이어를 가지고 나온 주인은 1만 엔을 요구했다. 히타치 오토바이 상점에서 4500엔 주고 타이어를 교체했으니 비교적 적당하다는 생각이 들었다. 예상 밖의 비싼 가격을 요구하면 타이어만 구입해 직접 교체하려고 했다. 그런데 펑크 난 곳도 의심스럽고, 무엇보다 구질구질한 날씨에 거리에서 타이어를 교체하는 게 피곤하고 귀찮아서 자전거포 주인에게 '팽이'를 맡겼다.

60세가 넘어 보이는 아저씨는 내가 한국인이라는 것과 홋카이도를 비롯해서 일본 전역을 자전거로 여행하고 있다는 사실에 큰 흥미를 보이며 능숙한 솜씨로 자전거 수리에 들어갔다. 지금껏 일본에서 만난 대부분의 자전거여행자들은 산악용이 아닌 로드용 타이어를 장착한 자전거를 타고 있었기에 날렵하게 생긴 로드용 타이어에 왠지 모르게 신뢰가 갔다. 앞바퀴 타이어를 교체하고 뒷바퀴 타이어를 교체하려 할 때 뒷바퀴에 났던 펑크를 다시 한 번 체크해주기를 부탁하니, 아니나 다를까 내가 붙인 펑크 패치에서 바람이 솔솔 빠지고 있었다. 주인 아저씨는 패치를 뜯어내고는 사포질부터 해서 본드를 바르고 패치를 붙이는 전 과정을 나에게 자세히 설명해주었다.

비록 제대로 알아들을 수는 없었지만 사포질 단계를 대강 건너뛰고 펑크 패치를 붙인 게 실수였다. 펑크 난 곳을 수리하고 타이어 교체까지 모두 마친 아저씨는 줄톱, 펑크패치, 본드를 나에게 내밀었다. 본드와 펑크패치는 가지고 있다고 했으나, 내가 가지고 있던 본드와 패치를 점검하더니 일본 게 더 좋다고 하며 선물이라며 주기에 받지 않을 수 없었다. 게다가 교체한 앞바퀴 타이어를 또 쓸 때가 있을지 모른다면서 튜브 2개와 함께 끈으로 묶어 자전거에 실어주었다.

궁핍한 자전거배낭 여행자에게 1만 엔이라는 적지 않은 돈이었지만, 아깝지 않을 만큼 친절함과 섬세함이 느껴진 자전거수리였다.

수리한 자전거를 타고 비 내리는 고쓰 시내를 달리는데 로드용 타이어로 교체한 팽이가 눈 위를 미끄러지듯이 굴렀다. 무거운 등산화를 벗어 던지고 가벼운 조깅화를 신은 느낌이랄까. 아스팔트가 착착 바퀴에 감기는 게 내복을 벗은 것처럼 홀가분하고 상쾌한 느낌이었다. 이 느낌 그대로 쭉 오키나와를 거쳐 서울까지 갈 수 있었으면.

달릴 때는 뒤를 돌아보지 말 것

아름다운 해변에서 하루를 잘 쉬었다. 나보다 일찍 야영장에 텐트를 치고 있던 오토바이로 여행 중인 일본 청년과 이런저런 이야기를 나눈 뒤 잠자리에 들었다. 잔뜩 꼈던 구름이 걷힌 아침 하늘이 투명했다.

커피를 끓여 땅콩잼을 바른 식빵을 한 입씩 베어 물며 밝아오는 아침 바다를 마주했다. 어제는 펑크 수리와 타이어를 교체하는 바람에 꽤 많은 시간을 허비했는데도 예상했던 거리를 무난하게 주행했다. 운 좋게 하루 종일 비가 오락가락했음에도 거의 비에 젖지 않은 게 필시 보이지 않는 손이 나를 돕고 있는 듯했다. 오늘은 하기를 다시 찾을 예정이다. 깨끗한 동해를 접하고 있던 평화롭고 고요한 하기의 항구.

하기로 향하는 191번 도로는 매우 한적했다. 토요일 아침, 맑게 갠 하늘 아래 펼쳐진 길 위를 애마 팽이가 미끄러지듯 구르고 있어 자족감에 취한 나는 휘파람을 불었다. 평온한 길과 해이해진 마음 때문인지, 아니면 타이어 교체 후에 달라진 주행감 때문인지 나도 모르게 자꾸 짐이 옳게 실려 있는지 궁금해져 자전거 꽁무니를 돌아다보았다.

자기 꼬리를 물고자 뱅글뱅글 맴도는 어리석은 여우처럼 그렇게 뒤를 돌아다보며 주행을 하다가 아차, 하는 순간 그만 중심을 잃었다. 붕 떠서 공중에서 한 바퀴 제비를 돌아 인도 턱을 넘어 처박혔다. 마른하늘에 날벼락도 아니고 자전거 위에서 생쇼 하는 것도 아니고 어처구니가 없었다.

다행히 소싯적에 배운 낙법으로 다친 데 없이 일어나 놀란 가슴을 쓸어내렸다. 자칫 골로 갈 수도 있는 상황이었는데 상처 하나 없이 약간의 흙먼지만 뒤집어썼기에 다시 한 번 내 곁에 있는 그 누군가의 도움에 감사했다.

이번 사고를 통해 또 하나의 소중한 경험을 했다. 주행 중엔 절대 뒤를 돌아다보지 말 것! 뒤를 살피고자 한다면 반드시 시야를 확보하고 자전거를 멈춰 세운 후에 할 것! 후시경을 장착한 자전거여행자를 보면서 저런 것까지 달 필요가 있을까 했는데 다 쓰임새가 있는 모양이었다. 그렇다고 꼭 후시경을 달 필요는 없을 것 같았다. 오히려 후시경으로 집중력이 분산될 수 있다는 생각이 들었다. 뒤따라오는 차량을 확인하고자 할 때는 멈춰 서서 하고, 주행시 뒤에 신호를 보내야 할 때는 적절한 수신호를 보내기만 하면 주행 중에 굳이 뒤를 돌아보는 위험한 행동을 하지 않고도 안전주행을 할 수 있을 것 같다.

인생길도 그러하지 않을까. 과거의 집착이나 버리지 못한 미련으로 어리석은 우리들은 종종 길을 달리며 뒤를 돌아다본다. 그렇게 넘어져 무릎팍이 까지고 피가 난 후에야 비로소 깨닫는다. 지나온 시간과 다가올 시간이 멈춘 길, 그곳에 서 있는 자신을…….

바람이 이토록 좋은 이유가
바람 속에 보이지 않는 당신이 있기 때문인 줄 알겠습니다.

바람, 보이지 않는 당신

하기로 들어서는 길에 묘진이케明神池를 지나 지중해의 미항을 연상시키는 항을 만나 걸음을 멈췄다. 만을 따라 호화스런 요트들이 줄지어 정박되어 있고, 깨끗하게 단장된 제방 위에서는 태공들이 한가롭게 낚싯대를 던지고 있었다. 아름다운 풍경, 그 아름다운 풍경을 기록하고 소유하고자 하는 어리석은 욕심에 카메라를 꺼내다가 홋카이도에서 지무쓰 상이 선물로 준 깃발이 없어진 걸 발견했다. 어이없는 낙마사고의 손실 같았다. 잃어버린 깃발이 아깝고 못내 아쉬운 것은 이 또한 눈에 보이는 것들에 집착하는 얄팍한 속성 때문인가 보다.

> 바람이 좋습니다.
> 좋다… 좋다… 좋다…
> 참, 바람 좋다 하며
> 바람 속에 서 있으니
> 바람이 이토록 좋은 이유가
> 바람 속에 보이지 않는 당신이 있기 때문인 줄 알겠습니다.

한 번 지나친 곳을 다시 찾아온 곳은 하기가 처음이었다. 근 2개월 전에 찾았던 하기 항구. 조용하고 평화로웠던, 머물러 살고 싶다는 생각이 들었던 곳에 다시 이르렀다. 그래봤자 고작 두 번밖에 밟지 않은 길인데 아무도 밟지 않은 눈 위에 발자국을 남기듯 조심스럽고 설렜다. 충만한 행복감을 만끽하기 위해 맥주 한 캔을 사들고 하기 항에 들어서니 2개월 전에 보았던 낚시를 하던 두 명의 청년 대신 토요일 오후의 많은 태공들이 맞아주었다.

넘쳐흐르는 기쁨을 주체하지 못해 나지막이 소리를 질렀다. 눈부신 날이었다.

> 언제던가 꿈속에서 당신을 만났습니다.
> 꿈인 줄 알았지만 그날 하루는 무척 행복했습니다.
> 마치 그 꿈을 다시 꾸고 있는 기분입니다.

살다보면 시간이라는 형이상학적인 여행을 통해 얻게 된 형이상학적인 짐들의
양과 무게를 줄여야 할 때를 만난다. 그때는 미련 없이 떠나야 한다.
나를 버릴 수 있는 먼 곳으로, 응아하러.

길 위에서 만난 친구

꿈의 페달을 밟고 달리자

하기를 벗어나 나가토^{長門}로 들어가는 길은 험준한 산맥 못지않은 오르막길이었다. 무척 힘들었지만 교체한 타이어 덕분에 한 번도 자전거를 멈춰 세우지 않고 산을 넘을 수 있었다.

나가토를 지나 노을이 아름답게 지고 있는 오토캠핑장을 만나 자리를 폈다. 땀을 씻어내고 옷을 갈아입은 후 땀에 젖은 옷을 빨아 넌 다음 밥을 안쳤다. 텐트 바로 옆에는 오토바이여행 중으로 보이는 20대 초반의 여성 두 명이 두런두런 이야기를 하며 쾌활한 웃음소리를 허공에 날리며 저녁을 먹고 있었다.

오늘도 약 90여 킬로미터를 달렸다. 이곳에서 시모노세키까지는 60여 킬로미터. 일본에서 첫날밤을 보낸 시모노세키 히노야마 유스호스텔에서 편안히 하루 쉬어가는 것도 좋을 것 같고, 간몬 터널을 지나 도심 외곽으로 조금이라도 빨리 빠져나가는 것도 좋을 것 같았다.

오늘 어머니에게 전화를 드려 이왕 고생하는 거 좀더 하다 돌아가겠다고 여쭈니, 추석 전까지는 올 수 있냐고 물으셨다. 그러고는 다시 돌아올 때는 꼭 새로운 사람이 되어 돌아오라는 당부도 잊지 않으셨다. 목소리 높여 대답은 했지만 얼마나 변화된 모습으로 돌아가게 될지 모르겠다. 새카맣게 탄 얼굴로 무사히 돌아가게 되는 것만으로도 다행이겠지.

어제는 미친 듯 달렸다. 아니 미쳐서 달렸다. 나가토 유곡 오토캠프장에서 시모노세키, 규슈로 들어선 모지門司 항에서 다시 다카쓰를 지나 이곳 구리시마 포구까지 160~170킬로미터를 달렸다. 아침 5시 30분에 시작된 주행이 어둠이 짙게 깔린 7시 30분이 되어서야 끝났다.

날이 어두워져 예상했던 해수욕장을 찾지 못하고 해안 산길을 헤매다 만난 공원 휴게소에서 하룻밤을 보냈다. 주요 국도에서 벗어난 지방도로 한 옆에 자리한 휴게소는 영업시간이 끝난 탓에 인적 없는 어둠과 정적에 싸여 있었다. 자판기 불빛과 간혹 가다 지나가는 차량의 불빛만이 내가 지금 어디에 있는지 확인할 수 있는 전부였다. 하지만 새벽이 지나 아침을 맞이하자, 어젯밤에 보이지 않던 것들이 눈에 들어왔다. 목재로 지은 8미터 높이의 전망대에 올라 작은 포구를 내려다보았다.

나를 버릴 수 있는 먼 곳

여행이 계속될수록 짐은 줄어드는 게 아니라 오히려 늘어난다. 특히 장기여행은 더욱 그렇다. 아마도 여행자의 IQ에 반비례하여 짐은 더 많이 늘어나는 것 같다. 이동과 운반의 제약과 제한 때문에 늘어난 짐은 항상 여

자판기 불빛과 가끔씩 어둠을 쓸고 지나가는 헤드라이트가
지금 내가 어디에 있는지 확인할 수 있는 전부였다.

행자의 골머리를 앓게 만든다. 그것들을 버리지 못하고 가방이 터져라 구겨 넣는 것도 어리석은 여행자의 욕심 때문이다. 그렇다고 늘어난 짐을 줄이지 못하고 끌어안기만 한다면 여행은 지속될 수 없다. 그럴 때는 과감히 짐을 줄여야 한다. 아깝고 아쉽고 미련이 남지만 어쩔 수 없다.

오늘 줄인 나의 짐.
시오미 오사무 아저씨가 준 메모노트약 *200g*

히라가나, 가타카나 50음도를 뜯어낸 위풍당당 일본어 회화^{약 200g}

여행 중 한번도 사용하지 않은 작은 몽키스패너^{약 200g},

땀에 절은 반팔 티셔츠^{약 200g},

주머니와 패드가 달린 라이더용 겹 반바지^{약 1kg}

완전히 방전되지 않은 소형 건전지 3개^{약 50g}

    살다보면 시간이라는 형이상학적인 여행을 통해 얻게 된 형이상학적인 짐들의 양과 무게를 줄여야 할 때를 만난다. 그때는 미련 없이 떠나야 한다. 나를 버릴 수 있는 먼 곳으로, 응아하러.

백수여행지원본부

    묵묵히 길을 가다보니 이스탄불에서 시안까지 걸어서 여행한 베르나르 올리비에가 떠올랐다. 그는 걸어서 실크로드를 여행했다. 『나는 걷는다』란 그의 여행기는 진짜 여행과 진짜 여행기란 무엇인지를 느끼게 해준다.

    도보여행의 절대적인 신봉자 베르나르 올리비에, 그는 인간이 행하는 모든 여행이 걸음에서 시작되어 걸음으로 끝났다는 단순한 사실을 직관했음이 틀림없다. 그리고 '걷는다'라는 행위가 가지는 육체적이면서 철학적인 의미를 개인 차원에서 완성시켰을 뿐만 아니라 사회 차원으로까지 확대 적용시키는 모험적인 여정을 시도했다.

    2000년, 그가 창설한 '쇠유'^{SEUIL, 문턱} 협회는 비행청소년들이 '걷기'를 통하여 몸과 정신의 균형을 되찾아 사회로 복귀할 수 있도록 돕는 프로그램을 운영하고 있다. 아이들이 둘씩 짝을 이루어 동행자와 더불어 배낭을 메고 길로 나선다. 유럽의 산책로나 작은 도로를 따라 2500킬로미터를 걷는다. 의무사항은 오직 단 한 가지. 녹음된 형태의 음악을 가져가서는 안 된다는 것.

감옥이나 보호시설에 있어야 하는 비행청소년들은 도보여행을 통해 그들이 저지른 과실에 따른 대가를 치르고 그 대가를 통해서 그들의 삶을 재정비할 수 있는 시간을 갖는다. 그렇게 도보여행은 비행청소년들에게 감옥의 대안이 된다.

문득 이런 생각이 들었다. 청년실업 100만 시대에 걸맞게 '청년백수' 문제를 다른 각도에서 바라보면 어떨까. 실업대책을 쏟아내놓고, 일자리 창출을 약속하고, 각종 국비지원 프로그램을 운영하는 것도 중요하지만, 다른 관점에서 '청년백수' 문제를 바라본다면 다른 대안을 모색할 수 있지 않을까. 마치 감옥의 대안으로 '쇠유'가 보여주는 도보여행처럼 정부나 사회단체에서 청년백수들에게 자전거배낭여행을 비롯한 각종 여행지원을 해주면 어떨까.

'청년백수' 문제의 근본은 단순히 그들이 왕성히 일을 해야 할 시기에 일을 하지 않거나 일을 못 한다는 데 있지 않다. 과거에는 일이 곧 삶이었고 인생이었으며 삶과 인생의 의미를 찾는 중요한 수단이자 목적이었다. 하지만 오늘날 '노동의 종말' 시대를 살고 있는, 그리고 살아야 하는 청년백수들에게 '일'은 더 이상 과거의 의미처럼 다가올 수 없고 다가와서도 안 된다.

그들에게 중요한 것은 일자리가 아니라 자신의 인생과 삶을 바라보는 자기만의 시선이다. 삶과 일, 인생과 세계를 바라보는 인식. 이러한 인식을 바탕으로 그들은 그들의 다양한 개성을 살려 그들이 원하는 그들만의 꿈을 꿀 수 있어야 한다. 하지만 일과, 자신의 꿈으로부터 소외된 청년백수들은 건강하지 못하고 조화롭지 못한 인식에서 시름시름 앓는 경우가 많다.

물론 건강하고 조화로운 인식의 척도가 무엇이라고 딱 잘라 말할 수는 없다. 비록 사회적으로는 상식적이고 관습적인 건강하고 조화로운 인식의 척도가 존재하더라도 그것을 개인에게 강요할 수 없으며, 강요해서도 안 된다. 어쩌면 오늘을 살아가는 청년백수들은 건강하지 못하고 조화롭지 못한 인식을 가지고, 또 그런 세상에서 끝없이 건강하고 조화로운 인식을 찾아야 하는 운명을 천형天刑처럼 받은 이들일지도 모른다. 그래서 그들은 스스로 느끼고 깨닫는 균형잡히지 못한 인식을 재조정하거나 조화롭게 만들기 위해 노력한다.

이런 눈물겨운 노력은 다양한 행위와 실천으로 나타난다. 이때 몸으로 직접 체험하고 겪는 여행은 그들의 인식을 재점검할 수 있는 이상적인 수단이 된다. 특히 낯선 세계로의 여행은 균형잡히지 못한 인식을 반성하고 재검토해볼 수 있는 거의 완벽에 가까운 기회다.

따라서 정부는 삶과 일에 대해 인생과 세계에 대해 치열하게 고민하는 수많은 청년백수의 문제를 개인의 문제로만 여겨 방치하지 말고 청년백수들이 그들의 삶과 일, 인생과 세계를 다시금 생각해보며 그들의 인식을 재정비할 수 있는 기회를 주어야 한다. 그들에게 그들의 인식을 되돌아볼 수 있는 '여행'을 적극적으로 지원한다면 수심 깊은 '청년백수'의 그늘을 조금은 덜어낼 수 있지 않을까.

여행의 형태는 다양하다. 다양한 여행의 형태 중에서 여행자가 자신의 인식과 근본적으로 대면할 수 있는 여행은 '도보여행'과 같은 단순한 형태의 여행이다. 단순한 형태의 여행이란 여행자가 자기 육체를 이동수단으로 삼아 숙식을 해결하는 여행이다. 이런 단순한 여행은 크게 돈이 들지 않는 장점도 있다.

그런 점에서 도보여행과 마찬가지로 자전거배낭여행 역시 단순한 형태의 여행이라 할 수 있다. 다른 점이 있다면 도보여행이 보다 순례적인 성향을 띠고 정신적 내면으로 향하는 여행이라면, 자전거배낭여행은 보다 육체적이고 외부로 향하는 여행이라는 점이다. 내가 생각하기에 청년백수에게 자전거는 그들의 육체와 정신을 절묘하게 조화시킬 수 있는 여행수단이다.

아무쪼록 정부나 사회기관에서 '백수여행지원본부' 같은 단체를 설립하여 청년백수들에게 필요한 '단순한 여행'을 적극 지원해준다면, 우리나라는 보다 살기 좋은 나라가 될 것이다. 아니, 그리는 못 되어도 적어도 일과 꿈에서 소외된 좌절한 청년백수들에게도 결코 희망의 끈을 놓지 않는 그런 나라는 되지 않을까.

길 위에서 만난 친구

어제 온천장이 있는 미치노에키에서 자전거여행을 하는 히로시를 만났다. 온천에서 몸을 풀고 나와 카페 테라스 옆에서 맥주와 빵으로 저녁을

길 위에서 친구를 만나 길 위에서 이별을 했다.
태양만큼이나 강렬한 동지애가 아스팔트를 녹였다.

먹고 있었는데 멀리서 설거지를 마친 히로시가 쭈뼛쭈뼛 다가와 환한 미소로 내게 인사를 건넸다.

나와 마찬가지로 홋카이도를 비롯해서 일본 열도를 자전거로 여행하고 있는 히로시와 자전거여행과 삶과 인생에 대해 띄엄띄엄한 영어로 즐겁게 이야기를 나누며 맥주를 마셨다. 대학교 2학년인 히로시, 지상의 모든 젊은이들이 그렇듯이 그 또한 자신의 앞날을 걱정하고 있었다. 하지만 그 걱정이 무척 건강하고 밝게 보였다.

아침에는 히로시가 만든 파스타와 빵을 먹고 미치노에키 상인들의 격려를 받으며 함께 자전거에 올라탔다. 함께 길을 간다는 것, 비록 다른 언어로 다른 생각을 하며 각자의 페달을 밟고 있지만 한여름 낮의 뜨거운 태양만큼이나 강렬한 동지애가 길 위에 펼쳐진 아스팔트를 녹였다.

　노을에 물든 아름다운 사타미사키佐多岬가 보이는 고개 정상에서 히로시와 함께 사진을 찍으며 숨을 골랐다. 이곳부터 기리시마霧島까지 8킬로미터의 다운 힐. 어둑어둑해지는 내리막길을 엄청난 속도로 질주하는 공포와 쾌감은 놀라움 그 자체였다. 내리막길을 거의 내려와 안도의 숨을 내쉬며 속도를 줄이니 앞서 내려간 히로시가 자전거를 세워놓고 기다리고 있었다. 급경사로 이어지는 8킬로미터 다운 힐, 재팬알프스에서 두 시간 가까운 다운 힐을 경험하기도 했지만, 이번 다운 힐은 굽이굽이 돌아가는 산속 도로가 아닌 직선으로 쭉 뻗은 길이기에 실로 엄청난 가속도를 느낄 수 있었다. 팽이를 세우자, 속도계를 손에 쥔 히로시가 환한 웃음을 지으며 말했다.
　"맥시멈 스피드 72킬로미터."

작별, 새로운 시작

　바람이 무척 사나운 아침이었다. 히로시와 이대로 헤어지게 되는 것이 아쉬워 간밤에는 마트에서 맥주와 소주 그밖의 먹을거리를 구입해 참치잡이 배들이 드나드는 작은 어항에서 텐트를 치고 조촐한 파티를 열었다. 짧은 시간 동안 120킬로미터를 달려 몸이 고되었지만 무척이나 유쾌하고 아름다운 밤을 보냈다.

히로시가 만든 파스타와 식빵과 잼, 커피로 아침식사를 마치고 다시 도로 위에 섰다. 작별의 시간이었다. 히로시는 사타미사키로 가기 위에 밑으로 내려가고, 가고시마로 가는 나는 위로 올라가야 했다. 비록 이틀간의 짧은 시간이었지만 마치 오래도록 정든 친구와 다시 만나지 못할 이별을 하는 것 같았다. Be careful, be careful, be careful!

"와타시와 도테모 니혼가 스키데스."^{저는 매우 일본을 좋아합니다}

마지막으로 히로시에게 물어 알게 된 일본 말을 건네자, 히로시가 환한 웃음을 지으며 어색한 한국어 발음으로 받았다.

"저는 한국을 많이, 많이, 많이, 마──니 좋아합니다."

글쎄요. '많이, 많이, 많이'와 '마──니'의 차이를 내가 히로시에게 잘 설명했는지, 히로시가 잘 이해했는지 모르겠다.

히로시 상, 사요나라.

자전거 위에서 만난 돌고래

돌고래를 만났다. 히로시와 헤어진 다음 해안도로를 따라 가고시마로 향하고 있었는데 출렁이던 푸른 파도에서 무언가 불쑥 솟아나더니 바다 속으로 사라졌다. 그러더니 점점 더 해안 쪽으로 다가와 또다시 불쑥 튀어 올랐는데 돌고래떼였다. 달리는 자전거 위에서 돌고래를 보게 될 줄은 정말 꿈에도 몰랐다.

도로변에 자전거를 세우고 서둘러 카메라를 꺼내 들었는데 유유히 물

가고시마로 가던 길에
돌고래를 만났다.
달리는 자전거 위에서 돌고래를
보게 될 줄은 정말 꿈에도 몰랐다.

살을 가르던 돌고래떼는 어느새 사라지고 보이지 않았다. 아쉬운 마음에 멍하니 바다를 바라보고 있으니, 바로 코앞에서 수면 위로 등지느러미를 내놓고 가만히 있는 돌고래 한 마리가 눈에 들어왔다. 무리에서 떨어졌는지, 잠시 쉬기 위해 해안으로 왔는지 알 수 없었지만 담배 한 대를 피우며 바라보다 인사를 하고 일어났다.

가고시마에 도착하자마자 페리 항을 찾았다. 오키나와 근처의 섬들을 연결하는 허브 항답게 가고시마 항에는 여러 선착장이 있어, 사람들에게 물어 다네가시마種子島와 야쿠시마屋久島로 가는 페리 항을 찾아야 했다.

오키나와까지 가고 싶었지만 여러 정황상 무리였다. 할 수 없이 다네가시마와 야쿠시마로 오키나와 근방을 맛보는 것으로 만족해야 했다. 두 섬 다 배가 하루 한 편밖에 없고, 아침 8시에 출발하며, 당일 발매한다는 것을 페리 창구 직원이 치열한 보디랭귀지로 설명해주었다.

느긋하게 가고시마 시내를 자전거를 타고 유람하다 늦은 점심을 먹고 목욕탕에서 피로를 풀었다. 규슈에 들어선 뒤 하루 평균 130여 킬로미터를 달려왔으니 지친 게 당연했다.

깨끗이 씻고 나서 여유롭게 산보하듯 자전거를 타며 시내를 구경하다 섬에 가기 위한 준비를 위해 쇼핑을 했다. 물론 일본 그 자체가 하나의 큰 섬이지만. 등산용품전문점에 들러 티타늄 잔을, 바이크 가게에서는 자전거용 장갑을 샀다. 마트에서 가스와 부식을 보충하고 나서 하룻밤을 보낼 공원을 찾아 나섰다. 항구에 있는 공원에서 하룻밤을 보내려고 했으나 바다와 바로 접한 까닭에 바람이 무척 세게 불어 외곽에 있는 공원으로 자리를 옮겨야 했다.

늦은 저녁으로 카레밥을 짓고 티타늄 잔에 미소 된장국까지 끓여, 마트에서 사온 오징어 튀김과 맥주를 펼쳐놓으니 풍성한 저녁상이었다.

인생은 미스터리라고 말하던 참치잡이 선원, 그의 말처럼 세상은 수많은 미스터리로 이루어진 것 같다. 7200년을 살아온 조몬스키 삼나무를 보지 못한 게 못내 아쉽지만 그 미스터리의 한 자락을 만난 것 같다.

두 개의 섬, 야쿠시마와 다네가시마

별, 그리고 외로움

　커피와 식빵, 라면으로 아침을 해결하고 페리터미널로 향했다. 터미널은 비교적 한산했는데 매표소 창구 문이 닫혀 있어 순간 당혹스러웠다. 사람들에게 물어 수하물 선착장에서 표를 끊고, 자전거를 배에 실었다. 그러고 나니 비록 오키나와까지는 아니지만 오키나와 근처에 있는 섬까지는 간다는 생각에 뿌듯해졌다.

　페리 안내 직원에게서 얻은 지도를 보며 다네가시마와 야쿠시마 섬 투어 일정을 짜보다가, 섬이다보니 들고나는 여객선 시간이 최우선으로 고려되어야 하기에 다시 데스크를 찾아야 했다. 태풍으로 인해 다네가시마에서 야쿠시마로 출항하는 페리가 확실하지 않다고 말하는데도 그다지 걱정이 되지 않았다. 아마도 감색 유니폼을 곱게 차려입고 방긋방긋 웃고 있는 여승무원 때문인 것 같았다.

　지금까지 만난 일본 여자들에게서는 나이가 많건 적건 간에 자연스럽게 몸에 밴 여성스러움을 느낄 수 있었다. 여성스러움에 대한 정의에는 상당한 편견과 차별이 내포되어 있을 수 있겠지만 오히려 일본 여자들은 그 여성스러움을 당당히 드러내는 것 같았다.

여자다운 여자, 하늘거리는 긴 치마를 입고 하얀 긴 팔목 장갑을 끼고서, 꽃무늬가 새겨진 양산을 들고, 한 손으로는 자전거 핸들을 잡은 채, 눈부신 햇살 속으로 꼿꼿이 사라지는 일본 여자.
섹시한 모든 여자가 아름다운 것은 아니지만 여성스러운 모든 여자는 아름답고 또 이 세상을 아름답게 만드는 것 같다는 생각이 들었다.

다네가시마 도착 시간은 12시 10분. 항구에서 점심을 먹고 오이처럼 길쭉한 섬 끝으로 내려가 야쿠시마의 미야노우라宮之浦로 출발하는 페리가 있는 시마마島間 항 근처까지 자전거를 탈 생각이다. 오늘은 대략 60여 킬로미터를 달릴 것 같다.
내가 일본 여성에게 환상과 호의를 갖고 있는 것은 받침이 없는 일본어 특유의 리듬감 때문이기도 하지만, 그것보다는 네팔에서 만난 점쟁이 때문이었다.
안나푸르나 트래킹의 출발과 도착 기점이 되는 포카라에서 우연히 한 보석상을 만났는데 그는 별자리와 보석의 상관관계를 설명하며 하등의 관계없는 별자리 점과 보석판매를 연결하려 노력했다. 그는 내가 일본 여자와 결혼할 것이라는 예언 아닌 예언을 했는데 보석구매에 전혀 관심이 없던 나로서도 호기심이 동할 수밖에 없었다. 그래서 그에게 물어야 했다.

"그럼 언제쯤 결혼하게 될까요?"

그러자 그가 태연히 대답했다.

"I don't know"

돌팔이 땡중에 사기꾼 같은 점쟁이지만 그 후부터는 왠지 일본 여자들이 남다르게 보이기 시작했다. 역시 말은 주술적인 힘을 가지고 있다. 그런 점에서 한시도 말하지 않고는 살 수 없는 인간들은 모두 다 돌팔이 점쟁이인 동시에 위대한 예언가인지도 모르겠다.

네팔에서 만난 터무니없는 점쟁이의 예언을 생각해보니 어쩌면 이번 일본 자전거여행은 농촌 총각이 배필을 구하기 위해 베트남이나 우즈베키스탄으로 여행을 가듯, 점쟁이가 점찍은 내 인생의 반려자를 구하기 위한 사전답사인지도 모르겠다. 꽤 오랫동안 파도를 헤치는 선두에 앉아 있었더니 머리가 어지럽다.

다네가시마에 도착, 점심을 먹고 우주센터로 이동했다. 오후 5시경에 도착한 우주센터와 전망대는 해안 바로 옆에 자리하고 있었는데 뉘엿뉘엿 해가 지는 바다에서 수많은 젊은이가 파도타기를 즐기고 있었다. 그 모습이 무척 자유롭고 평화스러워 보였다. 하지만 우주센터 기지는 야영하기에는 그다지 적당치 않아 우주센터에서 7킬로미터 떨어진 해안공원으로 자리를 옮겼다.

휴가 시즌이 지나서인지 외진 곳이어서인지 공원엔 인적이라고는 찾아볼 수 없었고, 풀들이 수북이 자라고 있어, 마치 버려진 놀이터 같았다. 다행히 깨끗한 화장실이 있어 하루 묵어 가기에 그다지 불편하지 않을 것 같았다.

하늘거리는 긴 치마를 입고
꽃무늬 양산을 들고
한 손으로 자전거 핸들을
잡은 채 눈부신 햇살 속으로
꼿꼿이 사라지는 일본 여자.

저녁이 되어 어둠이 내리자 공원은 적막에 싸이고 파도 소리만이 빈 공원을 가득 채웠다. 산등성이 너머로 뿌옇게 빛나는 희미한 불빛 외에는 어떤 불빛도 찾을 수 없어 두려움보다 외로움이 먼저 찾아들었다.

어둠 속에서 맥주를 홀짝이고 있으니 밤하늘에 별들이 하나둘 켜졌다. 인공위성을 쏘아 올리는 다네가시마, 밤하늘을 수놓은 손에 잡힐 것 같은 수많은 별이 왜 이곳이 우주기지가 되었는지 설명해주었다. 그렇게 별을 보고 있자니 더 이상 문명의 불빛이 그립지 않고 외롭지도 않았다.

야쿠시마 가는 길

새벽에 일어나 별들이 총총히 빛나는 하늘에서 쏟아지는 비를 피해 텐

말은 주술적인 힘을 가지고 있다.
그런 점에서 한시도 말하지 않고는 살 수 없는 인간들은
모두 다 돌팔이 점쟁이인 동시에
위대한 예언가인지도 모른다.

트와 자전거, 짐을 장애인 화장실 안으로 옮겼다. 커피를 마시고 밥을 짓고 나자 비가 그치면서 하늘이 밝아졌다. 야영을 하다보면 일상 속에서 아무런 느낌 없이 행하던 수많은 일이 매우 소중하고 편리한 것이었음을 새삼 느끼게 된다. 손을 씻는 것에서부터 화장실을 이용하는 것, 밥을 짓는 것과 설거지를 하는 것, 편안한 자세로 느긋하게 누워 뒹굴대는 것 등등.

 야영의 불편함과 괴로움에 견주어보면 도시의 일상 속 삶은 천국과도 같다. 하지만 힘들고 불편한 야영은 매번 무엇인가를 깨닫게 해주는데, 그것은 지금 이 순간 내가 뭘 하고 있으며, 뭘 해야 하는지에 대한 확실한 믿음 같은 것이다. 그 믿음으로 얻게 되는 살아 있음의 확인, 그게 야영인지도.

 10시 45분에 시마마 항에서 야쿠시마로 출발하는 배를 타기 위해 길을 잡았다. 약 20킬로미터에 가까운 길을 세 시간에 걸쳐 가면 되기에 서두르지 않고 신선한 아침 공기를 마셨다. 자전거 위에서 바라보는 아침 풍경은 늘 새롭고 아름답게 다가온다.

 9시에 시마마 항에 도착, 대합실을 찾아 들어갔다. 매표소 유리창에 출발 한 시간 전에 창구를 연다는 문구가 붙어 있어 대합실 나무 의자 위에 쓰러져 눈을 붙였다. 잠깐 눈을 붙였다 떴는데 시계가 10시 15분을 가리켰다. 시간이 되었는데도 매표소 창구는 열려 있지 않고 대합실 안에는 아무도 없어 좀 이상한 느낌이 들었다. 밖으로 나가 측량을 하고 있는 몇몇 사람에게 물으니 오늘은 배가 없다는 것이다. 내일도 태풍으로 인해 배가 뜨지 않을 것이라고 하니 정신이 번쩍 들었다.

 태풍으로 고생할 것을 예상하긴 했지만 막상 이틀이나 이곳에 발이 묶

자전거를 실을 수 없다는 직원과 실랑이를 벌이고 있자, 상사로 보이는 이가 나와 진심으로 어떻게든 도와주려고 애를 썼다.

이고 또 어떤 짐작할 수 없는 상황이 벌어질지도 모른다고 생각하니 그제야 다네가시마가 아주 먼 오지처럼 느껴졌다. 그렇다고 맥없이 주저앉아 있을 수도 없고, 근처 해수욕장에서 이틀의 시간을 허비할 수 없어, 입도한 니시노오모테西之表 항으로 돌아가기로 마음을 다잡고 일어섰다. 시마마 항보다 큰 니시노오모테 항에는 어쩌면 배가 있을지도 모르고, 여차하면 야쿠시마를 포기하고 가고시마로 돌아가겠다는 생각에서였다. 계획이 틀어졌지만 그 덕에 다네가시마를 일주하게 되었다.

소나기가 한 차례 내리고 나더니 다시 뜨거운 햇살이 쏟아졌다. 태풍과는 그다지 관계가 없어 보이는 사우나의 한증막 같은 날씨였다. 니시노오모테 항에 도착해 야쿠시마행 배를 수소문하니 자전거를 실을 수 있는 카고 페리는 태풍으로 오늘내일 모두 결항이고, 기상상태에 따라 내일모레도 결항이 될 수 있다고 했다. 하지만 고속페리는 운행을 계속하고 있어 창구 직원을 붙잡고 사정을 했다.

자전거를 실을 수 없다는 직원과 실랑이를 벌이고 있자 상사로 보이는 남자 직원이 나와 어떻게 해서든 나를 도와주려고 애를 썼다. 그의 노력 덕분에 팽이의 앞바퀴와 안장 받침대를 몸체에서 분리한 후 박스로 포장을 해서 겨우 야쿠시마로 가는 고속페리에 승선할 수 있었다. 규정에는 폴더형 자전거 외에 일반자전거는 실을 수 없다고 한다.

꽃비가 내리는 야쿠시마

가는 빗줄기가 야쿠시마 도착을 환영해주었다. 하지만 페리터미널을 빠져나오자, 빗줄기는 장대비로 바뀌어 오도 가도 못하는 상황을 맞았다. 간신히 근처 공원 화장실에서 비를 피하며 쪽잠을 잤다.

새벽녘 일찍 아침을 지어 먹고 짐을 챙겨 일어서는데도 비는 그칠 기색이 없었다. 시내를 벗어나 비와 땀에 젖으며 미야노우라 산을 올랐다. 등산이 시작되는 매표소에 이르러 입산요금 300엔을 치렀다. 그러자, 안내원이 비 때문에 통행이 불가능한 코스와 가능한 코스를 친절히 설명해주고 비닐 우의까지 내주었다.

1년 내내 쏟아 붓는 비로 습기를 가득 머금은 산은 울창한 나무와 이끼

야영은 매번 무엇인가를 깨닫게 해준다. 지금 이 순간 뭘 하고 있으며 뭘 해야 하는지에 대한 믿음 같은 것.

로 짙은 녹음을 이루고 있었고, 계곡으로는 세찬 물줄기가 맹렬히 쏟아져 내렸다. 여행 들어 처음으로 도로가 아닌 등산로를 자전거 없이 오르는 순간이었다. 욕심 같아서는 등산로를 따라 계속 올라가 산장에서 하루 묵고 정상을 밟고 싶었지만 등산 준비를 제대로 하고 올라간 것이 아니기에 미야노우라를 맛만 보고 내려와야 했다.

　오래된 삼나무 숲, 태고의 신비로움을 간직하고 있는 나무와 이끼들, 그리고 그 틈새로 난 길을 따라 올라가니 '모노노케히메'의 숲이 펼쳐졌다. 미야자키 하야오의 애니메이션 「원령공주」의 배경이 된 숲, 숲의 정령들이 노니는 영지에 몰래 숨어든 느낌을 오래 지속하지 못하고 다시 산을 내려올 수밖에 없는 게 너무도 안타까웠지만 어쩔 수 없었다.

오래된 삼나무 숲,
태고의 신비로움을
간직하고 있는 나무와 이끼들.
그 틈새로 난 길을 따라
올라가니 '모노노케히메'의
숲이 펼쳐졌다.

    하산하는 길에 수령이 3000년으로 추정되는 삼나무 곁에서 잠시 비를 피하며 나무가 간직한 3000년 동안의 이야기에 귀를 기울여보았지만, 비에 흠뻑 젖은 몸은 너무나 추웠다.

이자카야에서 만난 참치잡이 선원

    더 이상 빗속을 뚫고 가는 게 무모하게 느껴질 즈음 버스정류장을 만나 비를 피할 수 있었다. 거미들이 집을 짓고 있는 나무로 지은 간이화장실 크기의 버스정류장 안에 팽이를 들여놓고 쉬고 있는데 물세례를 퍼부으며 지나쳐 달리던 버스가 멈춰 서더니 다시 내 쪽으로 후진해 왔다. 버스 기사가 탈 거냐고 손짓해왔는데 그저 웃음으로 나의 애마를 가리킬 수밖에 없었다. 이런 나의 모습을 지켜보고 있던 차 안의 승객들이 저마다 빗줄기가 흘러내리는 유리창에서 고개를 숙여 나에게 인사를 보내왔다.

안보 항安房港을 벗어난 곳에서 도로 바로 옆에 있는 쉬어 가기 좋은 전망대와 공원을 발견했는데 처마가 널찍한 전망대와 화장실이 비 피하기에 적당했다. 게다가 장애인 화장실에 달린 샤워 꼭지에서 쏟아지는 온수는 금상첨화였다.

비에 젖은 몸을 따뜻한 물로 씻고 옷을 갈아입으니 기분이 한결 좋아져 전망대에 올라 어두워지는 항구와 옹기종기 모인 시내의 불빛들을 바라보며 식빵을 뜯다 이른 시간에 텐트 치기도 그렇고 술 한잔하면 좋겠다 싶어 동네 이자카야를 찾았다.

문을 열고 들어간 술집 안에는 중년의 남자들이 바에 앉아 TV를 보며 술을 마시고 있었다. 야키도리와 소주를 주문하고는 멀뚱멀뚱 알아듣지도 못하는 쇼 프로그램을 보며 소주를 홀짝였다.

소주 도쿠리 하나를 비웠을 때쯤 잠이 덜 깬 듯한 젊은이가 인사를 하며 가게에 들어서더니 내 옆자리에 앉았다. 참치잡이를 한다는 그는 인도를 네 번이나 갔다 왔고, 처음 간 인도에서 1년 동안 머물렀다고 하며 내 여행에 깊은 관심을 표했다.

그의 얼굴에서 바라나시나, 마날리 계곡에 틀어박혀 대마를 피우고 있을 일본 청년들을 떠올릴 수 있었다. 인도 여행의 추억을 나누며, 야쿠시마의 날씨에 대해, 술과 여자와 인도에서 마셨던 라씨와 인도에서 피웠던 하시시의 추억에 대해 부족한 영어로 부족함 없는 흥거운 이야기를 나눴다. 그러고는 자신의 방에서 머물기를 권하는 그의 친절한 유혹을 겨우 뿌리친 뒤에야 얼큰히 취한 걸음으로 공원으로 돌아왔다. 그의 말대로 내일은 날씨가 좋았으면 좋겠다.

Feel so good! 유도마리 온센

잠이 깬 새벽에도 비가 내리는 것을 보니 비는 밤새 계속되었나 보다. 다행히 짐을 챙겨 출발할 즈음 빗줄기가 가늘어지더니 햇살이 비치기 시작했다. 뚝뚝 빗물이 듣는 거리에서 바라보는 섬과 산은 비와 구름에 가려있던 모습과는 전혀 다른 모습이었다. 험준하게 솟은 봉우리, 계곡을 따라 거침없이 쏟아져 내리는 폭포의 물줄기, 맑게 개인 남태평양과 드넓은 대양을 향해 입술을 내민 작은 항구, 그리고 비에 촉촉히 젖은 도로.

구슬 모양의 야쿠시마는 일주 거리가 102킬로미터로 마음만 먹으면 하루 주행거리도 안 되지만 느긋하게 길을 음미하며 페달을 밟을 생각이었다. 어차피 내일 오후나 되어야 가고시마로 향하는 페리가 있으니 오늘은 마음에 드는 적당한 곳을 찾아 푹 쉴 예정이다.

그렇게 더할 것도 뺄 것도 없는 걸음으로 길을 가고 있는데 나를 앞질러 가던 두 대의 오토바이가 다시 유턴을 하더니 샛길로 빠졌다. 길을 자세히 살피니 손바닥만한 나무 입간판에 빨간 페인트로 '湯泊' 유도마리 두 글자가 씌어 있었다. 『투어링 마플』에서 24시간 개방하는 무료 노천온천이란 간략한 정보를 얻어 알고는 있었다. 꼭 들러야겠다는 생각은 없었는데 막

우리는 야쿠시마의 날씨와 술과 여자,
인도의 날씨와 하시시에 대해 이야기를 나눴다.

상 앞질러 가는 이들을 보니 왠지 따라가고 싶은 마음이 들었다.

우연찮게 찾아간 유도마리 온센은 아름다운 바닷가에 자리 잡은 사진에서나 볼 법한 노천온천이었다. 탕에는 연세가 지긋이 든 노인 서너 명과 예닐곱 살 되어 보이는 아이 두 명이 물장난을 치고 있었고, 탕 밖에는 오토바이 여행 중인 청년들이 중요한 곳을 수건으로 가리고 탕으로 들어서려 하고 있었다.

나 또한 탕 옆에 옷을 벗어놓고 수건으로 대충 가린 다음 나무판자로

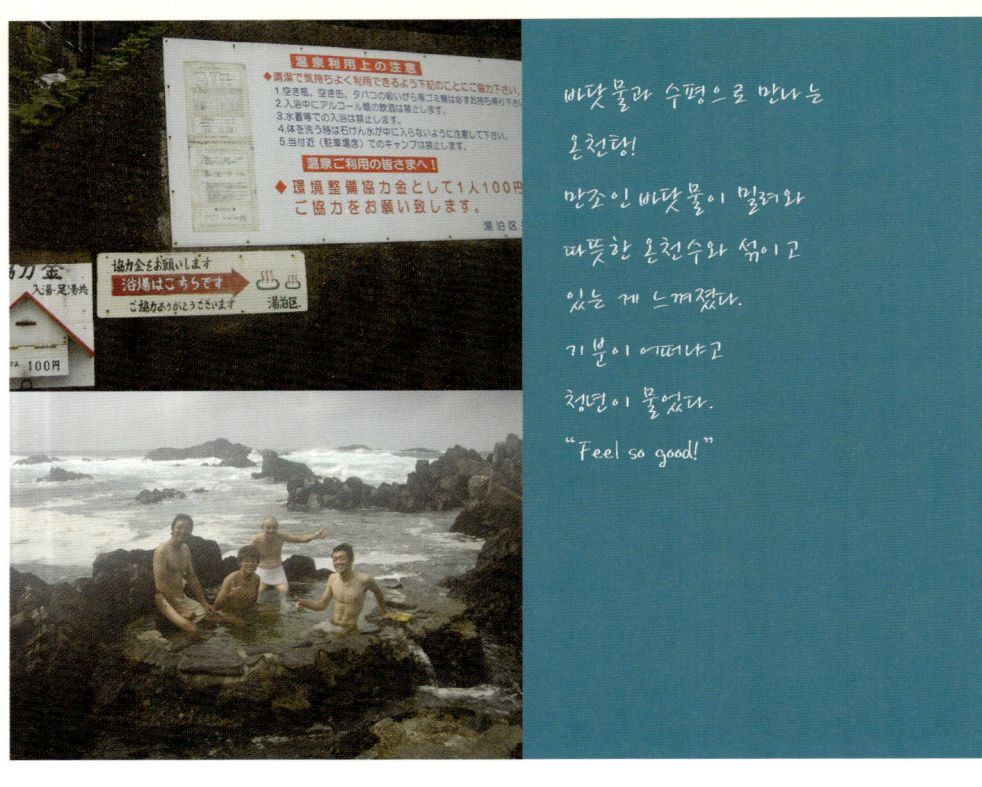

바닷물과 수평으로 만나는
온천탕!
만조인 바닷물이 밀려와
따뜻한 온천수와 섞이고
있는 게 느껴졌다.
기분이 어떠냐고
청년이 물었다.
"Feel so good!"

 탕을 이분한 아무도 없는 곳에 몸을 담갔다. 그런 나를 보고 수군대는 목소리가 들리더니 청년 한 명이 고개를 내밀어 내가 들어가 앉은 곳이 여성용이라고 일러주었다. 얼른 탕을 옮기니 먼저 몸을 담그고 있던 이들이 앉을 자리를 만들어주었다.

 온천에 몸을 담그고 바라보는 바다가 이루 말할 수 없이 아름답고 알몸을 내보인 채 낯선 이들과 나누는 이야기도 무척 새로웠다. 홋카이도와 도쿄 출신인 23세의 청년들은 두 달째 오토바이로 일본을 여행하고 있었는데 내 여정을 듣고 나더니 "스고이" 대단해요를 연발하며 주위 사람들에게 내 이야기를 해주었다.

지역 주민인 아저씨가 나와 청년들에게 더 좋은 곳이 있다며 안내를 해 따라가니 기가 막힌 곳이 나왔다. 바닷물과 수평으로 만나는 온천탕! 그곳은 말 그대로 천연의 노천온천욕장이었다.

아저씨와 청년들과 기념사진을 찍고 난 후 탕에 몸을 담그니 만조된 바닷물이 밀려와 따뜻한 온천수와 섞이고 있는 게 느껴졌다. 사람들이 모두 자리를 뜬 후에도 나는 밀려온 바닷물이 서서히 만드는 냉탕에 몸을 맡기며 한동안 감상에 젖었다. 그렇게 홀로 한적한 시간을 보낸 후 다시 따뜻한 온천탕으로 자리를 옮기니 청년이 기분이 어떠냐고 물어왔다.

"Feel so good!"

두 개의 섬, 야쿠시마와 다네가시마

어제는 일찍 잇소一湊 해수욕장 근처의 공원 정자에 자리를 잡았다. 낮 하루 동안 그림같이 깨끗하던 하늘이 저녁이 되자마자 비를 퍼부었다. 비를 피하기 위해 처마 밑으로 텐트를 옮겼다. 하지만 세찬 비바람 앞에서는 속수무책이어서 밤새 뜬눈으로 보내야 했다. 힘들게 밤을 보내고 맞은 아침, 하늘 반쪽은 잔뜩 구름이 끼어 비가 오락가락하고 반대편 하늘에서는 무지개가 뜨고 있었다.

인생은 미스터리라고 말하던 참치잡이 선원, 그의 말처럼 세상은 수많은 미스터리들로 이루어진 것 같다. 7200년을 살아온 조몬스키 삼나무를 보지 못한 게 못내 아쉽지만 왠지 그 미스터리 한 자락을 만

은밀함 그윽함을 간직한 골짜기와 숲으로 이루어진 야쿠시마가 여자라면
별이 총총한 하늘 밑에 우주센터가 있는 다네가시마는 남자다.
무지개가 뜬 하늘 반쪽과 비 내리는 하늘 반쪽이
내 가슴을 양분하고 있다.

난 것 같다.

　야쿠시마와 다네가시마 섬을 떠나고 있다. 거리로는 얼마 되지 않은 이 두 섬은 지형부터 여자와 남자처럼 다르다. 은밀함과 그윽함을 간직한 골짜기와 숲으로 이루어진 야쿠시마가 여자라면, 별들이 총총한 하늘 밑에 우주센터가 있는 다네가시마는 남자다.

　이 두 섬을 찾는 이들의 모습도 제각각인데, 파도타기를 즐기는 사람들은 다네가시마를, 산과 숲을 즐기는 사람들은 야쿠시마를 찾는다고 한다. 심산유곡의 야쿠시마는 내부로의 지향을, 수많은 별 속으로 로켓을 쏘아 올리는 다네가시마는 외부로의 지향을. 내부로의 지향이 정주성이라면 외부로의 지향은 유목성이 아닐까.

　두 섬을 떠나는 지금, 야쿠시마에서 보았던 무지개 뜬 하늘 반쪽과 비 내리는 하늘 반쪽이 내 가슴을 양분하고 있다.

 믿고 싶어. 우리들이 떠나야 하고 떠날 수밖에 없다면,
떠나는 우리들을 위해 그곳에, 그리고 지금 이곳에 변치 않고 남아 우리들을 기다리는 게 있을 거라고.

여행, 한 여자에 관한 명상

이마에 내리꽂히는 빗방울

　가고시마 항으로 돌아와 섬으로 떠나기 전에 이용했던 목욕탕에서 피로를 풀고 근처 식당에서 제육볶음과 비슷한 음식으로 배를 배불리 채웠다. 꽤 아늑한 밤을 보낼 수 있었던 공원을 다시 찾아야겠다고 생각하면서도 이상하게 발걸음은 다른 곳을 향했다. 가고시마 시청 옆 중앙공원 벤치에 누워 도시의 불빛들을 바라보고 있는데 어두운 하늘에서 빗방울이 떨어지기 시작했다.

　툭— 툭—, 순간 반사적으로 튀어 올라 비 피할 곳을 찾아 두리번거리다가 나도 모르게 웃음이 나왔다. 당황스러울 것도, 아쉬울 것도, 비를 맞는다 하여 달라질 것도 없는데……. 다시 벤치에 누워 가로등 불빛에 비치는 빗줄기, 나무와 나뭇잎, 밤하늘을 올려다보며 문득 나를 둘러싸고 있는 이 세계가 무척 평화롭다는 생각이 들었다.

　툭툭, 이마에 떨어지는 빗방울, 아득히 먼 세계를 달려왔을 빗방울이 나뭇잎에 맺혔다가 떨어져 가고시마 공원 벤치에 누워 있는 내 이마에 부딪혀 터지는 순간, 그 순간이 이루 말할 수 없이 행복했다. 좀처럼 짐작할 수 없는 그 신비로운 순간순간마다 지금껏 경험해보지 못한 새로운 세상이 열리는 것 같았다. 아주 잠시 동안 열렸다 닫히는 눈이 부시도록 아름다운 세상, 그 세상으로 가고 싶다는 생각이 들었다.

여행, 한 여자에 관한 명상

 길은 고요했어. 언제나. 하지만 길을 가는 마음은 그렇지 못했지. 고요하고 평화로운 길 위에서 몸을 혹사시키듯 페달을 밟았어. 작열하는 태양, 흘러내리는 땀방울, 거칠어지는 숨소리.
 언젠가 오체투지로 길을 가는 이의 모습을 전생의 기억을 더듬듯이 엿본 적이 있어. 푸석푸석 먼지가 날리는 척박한 돌무더기 길 위에서 합장을 하고, 무릎을 꿇고, 팔꿈치와 손바닥 그리고 이마를 길바닥에 내던지는 모습. 경건하고 간절한 구도의 심정은 아니었지만 무언가 속죄라도 하고 싶은 심정이었어.
 하지만 도대체 뭘? 걱정과 동요에 사로잡혀 몸부림치던 어리석은 젊음을, 게으름으로 탕진한 아름다운 시간을, 집착과 아집에 갇혀 당신의 마음을 헤아리지 못한 속 좁은 마음을…… 기대하지도 않았지만 길은 대답하지 않았어.
 생이 이해할 수 없는 길의 침묵. 어쩌면 길이 가진 미덕은 침묵 속에 있고, 길 위에서 얻는 나그네의 깨달음이란 침묵의 깊이에 대한 사색인지도 모르지. 길이 보여주는 이해할 수 없는 침묵 속에서 만나는 당신. 과거의 업보와 차마 놓지 못하는 미련의 끈으로 빚어진 당신을 이제 그만 잊어야겠어.

한 여자를 잊기 위해서거나, 한 여자를 만나기 위해서 그는 길을 떠난다고 했어. 그래서 모든 여자는 오직 한 여자로 수렴되고, 오직 한 여자는 모든 여자에게 투영된다고 했지. 길의 침묵에서 만나게 되는 한 여자. 한 여자이면서 모든 여자, 모든 여자이면서 한 여자. 집착일까. 생이 이렇게 허전하고 외로운 것은.
왜 이렇게 갈 길이 멀고 가야 할 길은 슬프기만 한 걸까. 하지만 이 슬픔의 이유는 당신을 잊으려 하기 때문이 아니야. 더 이상 당신을 사랑하지 못하는 마음 때문이지. 그래서 떠날 수밖에 없었는지도 모르지. 당신을 잊기 위해서가 아니라 당신을 사랑하기 위해서. 하지만 그만 당신을 잊어야 한다는 걸 알아.
당신의 기억, 당신이 남긴 감각, 그 모든 것을 하얗게 잊어야 내 스스로 만든 '당신'이라는 감옥에서 벗어날 수 있을 거야. 그래야만 눈물로도 보내지 못한 당신을 환한 미소로 놓아 보낼 수 있을 것 같아. 잘 가. 네가 가는 길 위에서 항상 행복하기를 바랄게, 안녕. 그렇게 인사하고 나면 눈물이 날까. 이별이 만드는 기쁨의 눈물. 그렇게 극복할 수 없는 나의 모순을 더 아파하고 사랑할 수 있을까.
아마 나는 당신을 잊은 채 조금씩 세상살이에 지쳐가겠지. 그렇게 어느 날 밤 구둣소리 또각또각 울리는 어두운 골목길에서 발걸음을 멈추고 밤하늘을 올려다보겠지. 밤하늘은 조금 더 커져 있을 테고, 깨진 유리알 같은 별들은 희미하게 빛나고 있겠지. 낭만일까. 누추하고 쓸쓸한 생을 위로하는 것은.

여행은 한 여자에 관한 명상인 것 같아. 아마도 이런 생각은 어린 시절 TV 앞에서 각인된 만화영화「은하철도 999」의 영향인 것 같아. 엄마 잃은 소년 철이와 철이를 인도하는 메텔의 이야기. 이 이야기는 여행이 무엇이고, 그게 무엇을 의미하는지도 모르는 시절에 여행의 어떤 원형적인 이미지를 나에게 심어준 것 같아.

당신은 농담처럼 물었지,「은하철도 999」의 마지막 장면을. 기억나? 실제 극 중에서 기계인간의 꿈을 포기한 철이와 메텔이 서로 다른 기차를 타고 서로 다른 차창을 내다보며, 엇갈려 떠나가는 장면이 마지막이라고, 당신은 말했어. 나는 농담처럼 우겼지, 마지막은 슬프다고. 그건 마지막이 아니라 새로운 시작이라고.

생각해보니 여행에 관한 만화영화는 꽤 많은 것 같아.「보물섬」,「신밧드의 모험」,「엄마 찾아 삼만 리」,「이상한 나라의 폴」. 아니, 어쩌면 모든 이야기가 여행인지도 모르고 모든 여행이 이야기의 시작인지도. 그런데도 은하철도 999가 여행의 어떤 원형적인 이미지로 남은 것은 메텔이라는 여자 때문인 것 같아.

여자, 한 여자. 이 여자도 아니고 저 여자도 아니고 모든 여자도 아닌 오직 한 여자. 한 남자에게 한 여자는, 한 여자에게 한 남자는 모든 이야기의 시작이면서 끝이고, 끝이면서 시작인 여행일 거야.

엄마 잃은 철이에게 메텔은 모성이라는 여성성의 상징이었겠지. 하지만 철이에게 메텔이 모성이라는 여성성의 상징으로만 머물렀다면 당신 말대로 「은하철도 999」의 이야기는 끝났을 거야. 그래서 엄마의 그리움으로 가득 찬 철이는 엄마와 같은 메텔의 고운 손에 이끌려 기계인간의 운명을 선택했을지도 모르지.

「은하철도 999」의 마지막이 새로운 시작인 이유는 한 여자와의 이별이 있기 때문이야. 메텔과의 이별, 나아가 엄마에 대한 그리움의 극복, 그건 철이에게 성장을 위한 아픔이겠지. 그래서 철이는 엄마 잃은 소년에서 엄마와 메텔의 기억을 간직한 채 한 여자를 만나기 위해, 또는 한 여자를 잊기 위해 우주를 여행하는 나그네가 된 걸 거야. 지금쯤 철이는 여전히 구멍 뚫린 낡은 모자와 허름한 넝마를 뒤집어쓰고, 어떤 낯선 별의 플랫폼에 서서 가야 할 별을 바라보고 있을지도 모르지.

믿고 싶어. 우리들이 떠나야 하고 떠날 수밖에 없다면, 떠나는 우리들을 위해 그곳에, 그리고 지금 이곳에 변치 않고 남아 우리들을 기다리는 게 있을 거라고.

길이 만들어주는 미소

머리만 겨우 가릴 수 있는 편의점 처마 그늘 밑에 등을 기댔다. 마땅히 쉴 만한 그늘을 찾을 수 없었지만 괜찮았다. 이미 몸과 마음은 뜨거운 햇살과 햇살이 만드는 그늘에 무심해졌고, 별 차이마저 느끼지 못했다.

정오의 햇살에 무방비로 노출된 길가 편의점에서 빵을 뜯으며 지도를 살폈다. 가고시마에서 이어진 길은 구마노熊野에 이르러 규슈 서쪽 해안을 따라 북상 중이다. 그렇게 쪽빛 바다를 끼고 달리다 몇 개의 섬을 지나 나가사키長崎에 당도하면 다시 해안도로를 따라 후쿠오카로 향할 것이다.

그렇게 남은 일정을 잡아가면 추석연휴를 고스란히 일본에서 보내야 한다. 추석 전에는 돌아오는 거냐는 어머니의 물음에, 가게 되면 가고 못 가게 되면 못 간다고 마치 남의 일처럼 대답했는데, 벌써 추석이라니.

지도를 보며 빵을 씹고 있는데 딸랑거리는 편의점 문소리가 들리더니 불쑥 아스팔트 바닥에 그림자가 드리워졌다. 고개를 들었다. 비스듬히 햇살을 빗겨 선 남자가 그림자 속에서 내게 비닐봉지를 내밀었다. 그는 내게 빈틈을 찾을 수 없는 차분한 미소를 보냈고, 그런 그의 미소를 나는 실없는 환한 웃음으로 받았다. 그가 내민 비닐봉지 안에는 빵 두 개와 초코우유 하나가 들어 있었다.

나를 위해 일부러 편의점에 들러 산 것일까. 길 위에서 힘들게 페달을 밟는 나를 보기라도 한 것일까. 또다시 실없는 웃음으로 그가 내민 선의를 선뜻 받아들자, 그는 내 앞에 쭈그려 앉아 바닥에 놓인 지도를 살폈다. 내가 할 수 있는 답례라는 게 고작 지도 위에 표시된 지나온 여정을 설명하는 것이 전부였지만 그는 예의 진지하고 차분한 미소를 띠며 나의 말에 고개를 끄덕였다.

내심 그의 입에서 "스고이"란 말이 나오기를 기다렸지만, 나의 예상은 빗나갔다. 오히려 "스고이"이란 말은 그의 입이 아니라 내 입에서 튀어나왔다. 그는 젊었을 때 자전거를 타고 유라시아를 가로지르는 실크로드 초원길과 안데스 산맥을 따라 남미를 횡단했다고 말했다.

나는 그의 목소리가 그의 미소만큼이나 차분하고 온화한 것을 깨달았다. 더 놀라운 점은 세월이 흐른 다음 자전거로 여행한 그 먼 길을 다시 한번 도보로 여행했다는 것이다.

짐작하기도 믿기도 힘든 이야기였지만 그의 차분한 미소에서 일말의 의구심도 찾을 수 없었다. 그가 과거의 추억을 부풀려 말해야 할 이유도 없었겠지만 설사 그가 거짓으로 말을 꾸미고, 또는 불완전한 언어소통으로 내가 잘못 이해했다 하더라도, 나는 자전거와 도보로 실크로드와 남미를 여행한 사람, 아니 아득히 먼 길을 몸으로 직접 걸어본 자만이 지을 수 있는 미소를 보았다고 확신할 수 있었다.

그가 왜 자전거로 갔던 그 길을 다시 걸어서 여행했는지 조금은 이해할 수 있겠다는 느낌이 들었을 때 40대 중반쯤 되어 보이는, 그저 평범하다고 말할 수밖에 없는 그가 평범해 보이는 작은 트럭에 올라타고는 이내 사라졌다.

그의 트럭이 내 시야에서 완전히 벗어나자, 그의 이름을 묻지 않은 것과 더 많은 이야기를 나누지 못한 것이 못내 아쉬워졌다. 하지만 그가 남긴 울림은 깊은 산속의 산사에서 울려나오는 종소리같이 웅숭깊이 퍼져갔다.

차분하고 온화한 그의 미소에서 나는 앞으로 가야 할 아득히 먼 길과 그 아득히 먼 길이 만들어내는 아름다움에 대해 생각했다. 세월이 흘러 내가 그의 나이쯤 되었을 때 길 위의 지친 나그네를 만나게 된다면 나도 그처럼 길이 만들어준 아름다운 미소로 먼저 손을 내밀 수 있었으면 좋겠다.

절망이 끝난 나의 계절로

집에 돌아갈 날을 세어보지는 않았지만 비자만료일이 가까워오고 있었다. 남은 기간 동안 일본에서의 자전거배낭여행을 마치고 일본을 떠나야 한다. 들어온 곳이 후쿠오카이니 나가는 곳도 후쿠오카가 되어야 할 터. 두 개의 섬 야쿠시마와 다네가시마를 떠나와, 가고시마 공원 벤치에 누운 내 이마에 떨어져 환하게 터지던 빗방울을 만난 이후, 심정적으로는 이미 서울을 향하고 있었는지도. 아니, 어쩌면 집을 나서던 그 순간부터 돌아가야 할 집을 그리워하고 있었는지도.

일본 자전거배낭여행을 시작해서 지금까지 어느 정도의 거리를 달려왔는지, 또 몇 번이나 페달을 밟았는지 궁금해졌다. 일본에서의 첫날, 졸음운전으로 속도계가 고장이 나 정확한 주행거리를 알 수 없었지만, 어떻게 보면 속도계가 고장 난 것이 잘된 일이었는지도 몰랐다. 그렇지 않아도 가뜩이나 거리에 대한 집착이 심했는데, 속도계마저 멀쩡했다면 숲이 아니라 나무에 집착하는 어리석음을 짐작하고도 남았다.

어쩔 수 없이 자전거를 멈춰 세워야 했던 날들과 얼마 달리지 못한 날들을 감안하더라도 계획대로 하루 평균 100킬로미터를 무난히 달려온 것 같다. 지금까지 대략 7000킬로미터. 이 거리를 달려오는 동안 자전거 페달을 몇 번이나 밟았을까. 26인치인 자전거 바퀴. 이 바퀴의 원둘레 길이를 계산하면, 1인치가 2.54센티미터니까 $26 \times 2.54 \times 3.14^{\pi}$로 대략 2미터가 조금 넘는다.

최고 고단 기어에서 페달을 한 바퀴를 저으면 바퀴가 네 번 굴러 약 8

미터의 거리를 이동하게 된다. 중간 기어에서는 약 6미터의 거리를 이동하는데, 오르막 내리막을 고려하여 평균적으로 중간 기어에서 페달을 저었다 치면 대충 잡아도 133만 3천 번, 적게 잡아도 최소 100만 번은 페달을 밟았을 것이다. 100만 번의 페달질, 100만 번의 들숨과 날숨 그리고 길 위에 뿌린 100만 송이의 장미.

여름의 끝자락이 붉다! 붉은 울음을 삼키는 태양. 서울에 두고 온 나의 절망은 장난스럽게 붉은 꽃을 매달았을까. 이성복 시인이 쓴 「그 여름의 끝」의 마지막 구절처럼 이 여름의 끝자락을 달리는 나는 두고 온 나의 절망이 장난처럼 끝났기를 바랐다.

온몸이 불꽃이다. 굽이굽이 길을 따라 사그라지면 피어오르고 사그라지면 다시 피어오르는 불꽃, 페달을 밟는다. 콧등을 스치는 한 줄기 바람이 몸의 열기를 한 움큼 덜어간다.

페달을 밟는다. 다시 불꽃이 일어난다. 페달을 밟고, 불꽃이 일고, 나는 생각해본다. 길을 멈춰 세웠을 때 만나게 될 한 덩어리의 침묵에 대해. 저 멀리 펼쳐진 길을 응시하는 시선은 어쩌면 만나야 할 침묵의 질감을 미리 만지고 있는지도. 그리하여 마침내 절망이 끝난 나의 계절로 한 덩어리의 침묵을 안고 돌아갈 것이다.

다시 보는 달

• 에필로그

대문 빗장을 풀고 자전거를 끌고 들어섰다. 밤 한 시가 훌쩍 넘었는데 마당이 환했다. 거실에서는 TV 소리가 흐릿하게 새어 나왔다. 툭툭, 가볍게 문을 두드렸지만 대답이 없었다.

"엄니, 저 왔어요. 엄니."

깜짝 놀란 어머니의 얼굴을 기대했는데 문을 열어주신 어머니의 표정은 담대했다.

"어떻게 왔어?"

"어떻게는요, 배 타고, 차 타고, 자전거 타고 왔죠."

그랬다. 후쿠오카에서 배를 타고 부산에 닿아 부산 고속버스터미널까지 자전거를 타고 가, 고속버스에 올라 자정 무렵 서울에 도착, 다시 자전거를 타고 한강 고수부지를 달려 집에 돌아온 것이다. 후쿠오카에서 부산을 거쳐 서울까지, 집에 오는 데는 채 하루가 걸리지 않았다.

"너는 홍길동이냐, 전화도 없이? 추석 때까지 못 오는 줄 알았더니."

"엄마 보고 싶어서 그냥 왔어요. 잘했죠?"

나가사키와 후쿠오카로 갈라지는 갈림길에서 마음은 또 변덕을 부렸다. 집으로 가자!

마당에 짐을 대충 풀어놓고 거실로 들어서자, 부엌에서 명절 음식준비를 하고 계셨을 어머니가 한 손에 국자를 들고 나왔다.

"어디 보자, 검둥이가 아니라 아예 깜둥이가 됐구나."

어머니는 그렇게 국자를 든 손으로 내 두 손을 포개어 잡고 서서 기도를 하셨다. 어머니는 하늘에 계신 아버지께 감사했다. 아들이 무사히 돌아온 것, 오직 그 한 가지만으로도 감사의 마음이 흘러 넘쳤다. 그런 어머니를 내려다보고 있자니 왠지 눈물이 날 것 같았다.

기도가 끝나고 나는 떼를 쓰는 아이처럼 어머니를 끌어안았다.

"엄니―."

그리고 어머니의 한 손을 잡고 춤을 추듯 스텝을 밟았다.

"엄니, 이 노래 알아요? 월남에서 돌아온 새카만 김 상사 이제야 돌아왔네, 월남에서 돌아온 새카만 김 상사 너무나 기다렸네."

노래가 끝나기도 전에 어머니는 자신에 손에 들린 국자의 용도를 변경했다.

"이그, 이 녀석아. 아직도 정신 못 차렸냐."

"엄니, 제가 정신 차리면 큰일 나요."

"큰일? 뭔 큰일. 큰일 좀 나봤으면 좋겠다. 이 녀석아."

"제가 정신 차리면요, 천지가 개벽하고 이 나라가 발칵 뒤집힐지도 몰라요. 그러니 정신 차리지 않는 게 저를 위해서도 국가와 민족을 위해서도 좋은 일이에요."

결국 또 한 번 국자가 머리를 강타했다.

"암튼 잘 왔다, 잘 왔어."

"그렇죠, 정말 잘 왔죠."

"달팽아, 내일은 엄마랑 같이 전이나 부치자. 할 게 너무 너무 많다. 그리고 송편도 좀 빚고."

"캬—, 우리 엄마 해도 해도 너무하신다."

"너무하긴 뭐가 너무해."

"아니 그렇잖아요. 월남에서 겨우 살아 돌아온 김 상사에게 기껏 하신다는 말씀이 같이 전이나 부치자, 이건 좀 아니죠."

"아니긴, 뭐가 아냐. 왔으면 하나라도 거들어야지. 그냥 가만있으면 누가 떡을 줘, 밥을 줘. 그리고 세상 그렇게 공으로 살려고 하면 안 된다. 이 녀석이 정신 좀 차렸나 싶었더니, 나가! 이 녀석아."

"엄마! 이제 왔는데 또 가긴 어딜 가요."

"낸들 알아, 다시 일본을 가든 월남을 가든, 당장 나가라. 더 이상 우리 집에 놀고먹는 백수는 없다."

"알아요, 알아. 그러니깐 김 상사가 월남에서 죽지 못하고 살아 돌아온 거예요."

영화 「지중해」에 이런 말이 나온다.

"이 시대에 꿈꿀 수 있는 길은 오직 도피뿐이다."

참으로 오랜 시간 나를 위무했던, 고통스런 현실을 잠시나마 잊게 만들어주던 독주 같은 말이다. 그러고 보면 무던히도 홀로 이 독주를 즐겼다. 하지만 더 이상 이 말을 사랑하지 않을 것이다.

한때 도피가 내가 꿈꾸었던 방법이었음을 부인하지 않겠지만, 이제는 더 이상 꿈꾸기 위해 도피하지는 않을 것이다. 왜냐하면 도피로서 꾸는 꿈은 단지 꿈일 뿐이며, 그 꿈과 독주는 지속될 수 없고, 언젠가는 깨어나야 하며, 깨어날 때마다 참을 수 없는 현실의 자학적인 고통을 동반하기 때문이다.

존재하는 현실에서 꿈꿀 수 없다면, 나는 꿈꿀 수 없는 현실에 반항하고 도전할 것이다. 그리하여 보다 적나라하고 디테일하게 현실의 모순과 나의 모순을 더 아파하고 더 깊이 껴안을 것이다. 그리하여 나의 반항과 도전, 딴지와 모험은 아주 작고 사소한 구체적이며 일상적인 행위들로 이루어질 것이며, 그 행위를 통해 나는 다시 꿈꿀 것이다. 꿈꿀 수 없는 현실에서 꿈꿀 권리, 그것이야말로 백수의 특권이니까.

마당에 나와 오늘의 마지막 담배를 피운다.

달이 참 우울하게도 밝다.

그 후 2년

자전거를 타고 돌아온 백수가 그 후 어찌 되었냐고 묻지 마시라. 그저 악착같이 시간을 견뎌야 했을 뿐이고, 그래서 간신히 사랑을 시작했을 뿐이고, 그리하여 사랑의 아픔을 겨우 달래고 있을 뿐이라는 것을. 어쩌면 이것이 백수의 누추하고 허름한 삶의 전부라는 것을 담담히 받아들여야 함을 새롭게 깨닫고 있다고…….

당신 또한 '백수白手'인가? 당신이 지금 백수가 아니라 해도 상관없다. 당신은 언제든 백수가 될 가능성이 농후하다. 그리고 언젠가는 반드시 백수가 될 운명이다. 이렇게 말하면 좀 우울한가? 그럼 질문을 바꿔보자. 당신은 백수를 꿈꾸는가? 백수의 꿈을 꾸면서 보다 자유로운 인생을 상상하는가?

구태여 백수의 외형적인 변화를 따진다면, 그 후 백수는 정직하게 땀

흘려 돈 좀 벌어보겠다는 의욕으로 선배와 함께 작은 사업 구상을 하다가 진행이 여의치 않아 또다시 좌절하여 실의에 빠졌다. 백수의 강점이자 약점이기도 한 암중모색을 거듭하던 끝에 2008년 여름, 중국으로 건너가 새로운 모험을 시작했지만, 결국 백수가 되어 서울로 돌아왔다. 그러고는 다시 입에 풀칠할 수 있는 직업을 찾아서 현재에 이르고 있다.

 '백수'라는 개념은 어느덧 내게 '직업의 유무'라는 단순한 차원에서 벗어나 있다. '백수'라는 단어에 내포된 미처 발견하진 못한 의미, 또는 함축시키고자 하는 의미를 아직까지는 정확히 표현할 수는 없다.

 마치 광막한 우주공간을 부유하는 먼지를 허브 망원경으로 좇고 있는 느낌. 아직은 까마득히 먼 시간과 공간에서 아무런 의미 없어 떠도는 먼지 같지만 언젠가 우리들 삶의 대기권에 닿으면 엄청난 파괴력을 지닐 그런 먼지.

 '백수'라는 이 티끌 속에 어쩌면 자유와 부자유, 독립과 피지배, 주체성과 객체성, 능동과 피동, 참여와 소외, 소통과 단절 등의 이분법적 개념을 살포시 뛰어넘어 궁극적으로 인간이 추구해야 하는 어떤 이상理想이 담겨 있을지 모른다는 다분히 백수적인 생각이 들기도 한다.

 그래서 나는 이 '백수'라는 의미심장한 단어와 함께 다시 기나긴 여행을 떠날 것이다. 그리하여 능력이 닿고, 힘이 남는다면 나는 '백수예찬'이라는 기나긴 여정의 기록을 남길 것이다.

 지난 5월 초, 막 이 책의 원고를 퇴고하기 시작했을 무렵 근 2년 전 홋카이도에서 만난 오사무 아저씨와 요시코 아주머니가 관광차 한국을 찾았다. 아저씨와 아주머니는 그 아름답던 홋카이도에서 만났던 새벽별처럼 환하게 나를 안아주었다.

하지만 서울이라는 갑갑한 환경 탓이었는지 아저씨와 아주머니는 조금 지쳐 보였다. 지금쯤 아저씨와 아주머니는 햇살에 그을린 건강하고 풍요로운 미소로 아주머니 고향인 야마구치 현에서 캠핑을 시작했을지도 모르겠다. 그리고 올 9월 홋카이도 니네하마 작은 포구에서 아저씨는 연어를 기다리고, 아주머니는 또 어느 낯선 나그네를 위해 주먹밥을 쌀 것이다.

나는 요즘 자전거를 타고 출퇴근을 한다. 영등포에서 송파까지 대략 25킬로미터 거리를 한 시간 반에서 두 시간에 걸쳐 달린다. 하루 세 시간에서 많게는 네 시간, 나는 자전거여행을 한다. 그렇게 달리고 나면 머릿속이 하얘진다.

달릴 때만큼은 정말 아무 생각이 안 난다. 멍청해지는 것 같기도 하고, 간혹 지금 내가 이럴 때가 아니라 시간을 보다 유용하게 보내야 한다는 생각이 들기도 한다. 그러나 그렇게 달리고 나면 무언가 정리가 되는 듯한 느낌이 든다. 또 힘든 하루를 소화했구나 라는 뿌듯한 느낌.

일상 속의 작은 여행을 하면서 나는 앞으로 행할 또 다른 여행을 준비하고 있다. 3년 후, 애팔래치아 트레일 종주가 그것이다. 신변상의 별다른 문제가 없다면 나는 2000마일 트레일 종주와 함께 불혹의 목전을 맞이할 것이다. 불혹, 왜 2000마일 숲길보다 더 길고 외로운 길이 떠오르는지 모르겠다.

간혹 이런 생각이 든다. 어린 조카들을 위해 좀더 풍요로운 삶을 살고자 발버둥치는 형과 형수를 볼 때나, 결혼해서 아이를 낳고 키우는 게 장난 아니게 힘들다고 말하는 지인들을 만날 때, 그리고 특히 40년 넘게 남편과 아내, 아버지와 어머니로 살아온 늙으신 부모님의 소박한 기쁨을 마주할 때마다 어쩌면 진정한 여행은 사랑하는 사람, 아니 사랑할 사람을 만나 자식새끼 낳아 놓고 아옹다옹거리며 늙어가는 것일지도 모른다는 생각. 그러고 보면 우리들의 일상은 우리들이 잘 알지 못하는 가장 위태롭고 모험적인 여정이다.

이 놀라운 여정을 뚜벅뚜벅 걸어갈 수 있는 건강한 몸과 마음을 주신 부모님께 이 책을 바친다.
끝으로 재미없는 원고를 재미있게 봐주신 한길사에 깊은 감사의 마음을 전한다.

이 시대의 졸렬하고 위대한 모든 백수들을 위하여……!

2009년 6월
정원진

 이 장은 일본으로 자전거배낭여행을 떠나려 하거나 계획하고 있는, 충분히 가난하고 넉넉히 무모한, 차고 넘치도록 열정적인 백수를 위해 어떻게 먹고 마시고 자며 자전거를 타고 여행을 할 것인지, 그에 필요한 준비물은 어떤 것이 있으며, 어떤 점에 유의해야 하는지를 경험에 비추어 살펴보고자 한다.

 그에 앞서 우선 자전거배낭여행의 특성에 대해 일부분 정의를 내릴 필요가 있다. 왜냐하면 그래야만 여행 특성에 맞는 준비를 철저히 할 수 있으므로.

 일본 자전거배낭여행은 앞서 밝혔듯이 자전거를 타고 이동하면서 대부분의 숙식을 자체 해결하는 여행으로, 일본에서 최소비용으로 최대한 장기간 동안 자전거를 타는 여행이다. 이런 형태의 여행은 높은 환율에도 불구하고 충분히 저렴한 비용으로 일본 자전거여행을 즐길 수 있어 경제적으로 어려운 백수들에게 매우 유용한 여행 형태다.

    자전거라는 기본 이동수단의 확보와 숙식의 자체해결은 상당 부분의 비용절감을 가져온다. 따라서 아무리 물가가 높은 일본이라고 해도 비용에 대한 걱정은 크지 않다. 물론 여행자가 그때그때의 상황에서 어떤 선택을 하느냐에 따라 여행 비용은 천차만별로 달라지는 것은 당연하다.

    그럼 이런 특성에 맞춰서 코스 설정·여행의 기본 준비물·음식·야영·도로 등에 대해 구체적으로 알아보자. 주의해야 할 점은 여기에 제시된 정보나 경험들은 어디까지나 개인적인 체험과 느낌에 기반하고, 과거의 상황에서 비롯되었다는 것을 충분히 고려하시기 바란다.

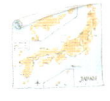  

코스 설정

코스는 자전거배낭여행자가 스스로 결정하게 마련이지만 많은 자전거여행자들이 이미 이용한 루트를 참고하는 것이 시간절약도 되고, 보다 쾌적하고 안락한 여행을 위해서도 바람직하다.

또한 여행을 어디서 시작할 것이며 어디서 끝맺을 것인지를 기본적으로 고려해서 코스를 설정해야 한다. 물론 어디까지나 코스는 여행자의 일정과 체력 등을 생각해 자신에게 적합한 기본 노선을 설정하고, 설정한 루트와 여정에 집착하기보다는 상황에 맞는 선택으로 유동적으로 대처하는 것이 원활하고 안전한 자전거배낭여행에 도움이 된다는 것을 유념해야 한다.

한국에서 일본으로 건너가기

일본으로의 입국 방법은 배와 비행기 두 가지 수단이 있다.

비행기는 비용과 자전거 운반이라는 문제(비행기 수화물로 자전거를 운반할 때, 포장과 취급을 주의하지 않으면 파손 위험이 있다고 함)를 쉽게 해결할 수 있다면 매우 편리하고, 여행의 시작을 도시별로 다양하게 잡을 수 있다는 장점이 있다.

선박 입국 방법으로는 부산—시모노세키, 부산—후쿠오카, 부산—모지, 부산—오사카를 운항하는 페리(쾌속정은 자전거를 실을 수 없다는 점에 유의할 것)가 거의 매일 있으며, 부산국제여객터미널 홈페이지에서 운항정보와 요금을 확인할 수 있다.

비용절감에 신경을 써야 하는 이들에게는 배편으로 일본에 들어가는 것이 유익하다.

부산까지 이동하는 방법으로는 직접 자전거를 타고 갈 수도 있고, 기차나 고속버스를 이용할 수도 있다. 고속버스 짐칸에 자전거를 실을 수 있는데 거의 대부분 무료로 실어준다.

후쿠오카 · 시모노세키—도쿄 코스

후쿠오카나 시모노세키 입국을 기준으로 코스를 설정할 땐 재팬사이클링네비게이터 홈페이지에 나온 후쿠오카—도쿄 코스를 추천한다. 메인 코스답게 이 사이트에서는 지역별 세부 지도와 도로환경·지역 볼거리를 등을 자세히 소개하고 있다.

이 코스의 특징은 일본 주도인 혼슈 섬과 시코쿠를 가로질러 가며 일본의 주요도시와 유적들을 둘러보며 대강의 일본 전모를 나름 파악할 수 있다는 점이다. 처음 일본 자전거배낭여행을 계획하고 있는 이들에게 매력적이라고 할 수 있다.

한 가지 유념해야 할 점은 재팬알프스와 구누마 고원 등 계속 이어지는 고지대를 넘어야 하기 때문에 체력적으로 자신이 없는 여행자에게는 부담이 될 수 있다.

규슈 섬 일주 코스

배로 입·출국을 고려한다면 후쿠오카나 시모노세키에서 규슈 일주도 고려해볼 만한 코스다. 규슈 섬을 일주하면서 가고시마에서 야쿠시마(「원령공주」의 배경, 7200년 조몬스키 삼나무)와 다네가시마(일본 우주센터), 아름다운 사타미사키 섬을 둘러볼 수 있고 남방의 정취를 만끽할 수 있어서 좋다.

하지만 이 코스는 일본의 주도인 혼슈와 히로시마·오사카·교토·나라·도쿄 등 주요 도시를 둘러볼 수 없다는 점에서 아쉬움이 남을 수 있다.

홋카이도 코스

홋카이도 코스는 거대한 자연을 만끽할 수 있다는 점에서 분명 매력적이다. 일본 도시에서는 느낄 수 없는 자연의 광대함에 빠질 수 있는 홋카이도 코스는 다양한 캠핑장과 야영하기 좋은 미치노에키를 쉽게 찾을 수 있다.

또한 재팬사이클링네비게이터 홈페이지에 별도의 홋카이도 코스가 나와 있다. 일본 최북단 와카나이와 '세상의 끝' 시레토코를 넘어가는 홋카이도 해안도로 일주도 매력적이다. 홋카이도 코스를 즐기기 위해서는 비행기를 타고 입국하거나 홋카이도까지 찾아가는 수고를 해야 한다는 점이 부담스러울 수 있다.

일본 일주 코스

혼슈·규슈·시코쿠·홋카이도 섬을 연결해서 코스를 잡거나, 두루두루 돌아다니기 위해서는 최소 2~3개월 정도의 일정을 잡는 게 바람직하다. 여행자의 체력과 상황에 따라 다르겠지만, 하루 평균 80~100킬로미터 내외를 적정 이동거리로 잡고 여행을 하는 게 여행의 지속성을 위해 좋다.

일본 자전거배낭여행 준비물

항목별 준비물을 살펴보기 전에 필자가 여행을 떠나기 전 준비한 물품을 살펴보면 다음과 같다.

자전거, 페니어(여행용 짐받이), 수통 게이지, 자전거용 헬멧, 마라톤 모자, 장갑, 비옷(라이더용 상의), 가벼운 방풍 재킷(마라톤 대회 참가 기념품), 긴팔소매 마라톤 셔츠 3장, 반팔마라톤 셔츠 2장(가볍고, 땀 배출과 세탁이 용이함), 엉덩이 패드가 달린 반바지 두 장, 7부 쫄바지, 쫄반바지, 얇은 면바지, 긴팔 남방, 트렁크 팬티 3장, 검은색 발목양말 3켤레, 수건 1장, 페니어 방수커버, 텐트(2~3인용, 프라이와 플라스틱 고정못을 제외한 텐트 본체와 폴대), 자전거수리용 공구 세트(펑크패치 일체와 작은 스패너), 스페어 튜브, 공기주입기와 폴더, 등산용 소형 휴대 가스버너, 가스, 코펠 하나(라면 세 봉지 끓일 수 있는 크기), 숟가락과 젓가락(코펠에 딱 들어가는 작은 크기), 오토바이 그물(안장받침대에 실을 짐을 고정시키기 위한 용도), 라면 2개(비상용), 커피믹스 5개와 초코바 5개를 담은 지퍼 비닐팩, 휴대용 칫솔, 치약, 면도기가 들어간 간이세면가방, 1인용 간이 비닐돗자리, 수통 2개, 자전거 전방 라이트 겸용 손전등, 1번 국도를 따라가는 서울―부산 간 지명을 출력한 A4용지, 일본자전거여행 사이트에서 출력한 일본지도(후쿠오카에서 도쿄까지), 『론리 플래닛』 일본편, 『기초일본어회화』 문고판, 일기장과 볼펜, 디지털카메라와 건전지, 핸드폰과 손목시계, 여권과 지갑, 담배와 라이터.

자전거

자전거배낭여행의 기본 준비물은 당연히 자전거다. 자전거 종류(MTB, 로드용바이크, 사이클, 생활자전거 등)는 매우 다양하다. 어떤 종류, 어떤 스펙의 자전거가 일본 자전거배낭여행에 적합한지는 여행자의 생각에 따라 다를 수 있다.

자전거배낭여행의 성패는 기본적으로 자전거 종류와 자전거 스펙에 달린 것이 아니라 오로지 여행자의 신념·체력·열정에 좌우된다. 생활자전거를 비롯한 어떤 자전거로도 자전거배낭여행을 할 수 있음을 믿어 의심치 말기 바란다.

실제로 도쿄를 벗어나는 길과 홋카이도의 시레토코를 넘어가는 길에서 일본인 자전거여행자를 만났는데, 그들은 생활용 세발자전거를 타거나 끌면서 여유롭게 자전거여행을 하고 있었다. 짐칸에 온갖 짐들을 가득 싣고서.

참고로 74일간 일본을 달린 나의 '팽이'의 스펙을 소개한다.

펑크 세 번과 타이어 교체 두 번 외에 팽이는 아무런 불평 없이 묵묵히 약 7000킬로미터를 달렸다.

'팽이' 의 기본 스펙

— 시마노 DEORE 앞 변속기
— 시마노 CS-HG50-9 스프라켓(11-34T)
— 시마노 DEORE 변속레버(분리형)
— 시마노 DEORE 기어크랭크(44T)
— 시마노 XT 뒤 변속기

자전거 부속장비

- **페니어**(자전거용 부착 배낭)
- **여행용 짐받이**(페니어를 장착할 수 있는 짐받이)

숙식을 자체 해결해야 하는 자전거배낭여행은 필연적으로 많은 짐을 동반한다. 따라서 자전거에 짐을 싣지 않을 수 없고 그에 따른 장비가 필수적이다. 물론 자전거에 아무런 짐을 싣지 않고 라이더가 직접 배낭을 메고 갈 수도 있으나, 자전거배낭여행자의 많은 짐을 고려할 때 쉽지 않다.

무거운 배낭을 메고 자전거를 타는 것은 배낭을 메고 배를 타는 것과 같이 어리석을 수 있다. 일반 짐받이에 최소한의 짐을 싣는 것으로 만족할 수 있겠지만 그 최소한의 짐의 무게(?)를 일반 짐받이가 감당할 수 있을지는 미지수다. 따라서 자전거배낭여행의 적정한 짐을 고려해서 여행용 짐받이와 페니어를 장착하거나, 캐리어를 다는 것이 바람직하다.

참고로 여행초기에 만났던 휴대용 간이 짐받이를 장착한 청년은 여행한지 얼마 안 가서 휴대용 간이 짐받이가 파손되는 낭패를 보았는데, 장기 자전거배낭여행의 특성상 어느 정도 중량이 나가는 짐을 감안한다면 튼튼한 여행용 짐받이에 페니어를 장착하는 것이 보다 편리하고 안전하다. 자전거여행의 코스와 기호에 따라 보다 많은 짐을 실을 수 있는 캐리어를 장착할 수도 있다.

- **헬멧과 장갑**

헬멧은 기본적인 안전장비이니 불편하더라도 만일의 사태를 위해 꼭 착용해야 한다. 장갑은 장시간 핸들을 쥐어야 하는 자전거여행자에게 피로감을 줄여줄 뿐만 아니라 안전·방한을 위해서도 매우 유용하다.

- 수통게이지와 수통
- 펑크패치와 여분의 타이어 · 튜브, 기본적인 수리 공구
- 전 · 후방 라이트(야간 주행 때 반드시 필요함)
- 자물쇠(도난방지용)
- 줄 또는 오토바이 그물(짐받이에 실은 짐을 고정시킬 수 있는 줄)

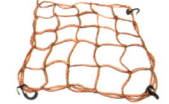

오토바이 정비소나 대리점에서 구입할 수 있는 오토바이 그물은 매우 편리하게 짐들을 안전하게 고정시킬 수 있다. 74일 동안 여행을 하면서 오토바이 그물이 느슨하게 풀어지거나 끊어져 짐들이 떨어지는 낭패를 한 번도 겪지 않았다. 적극 추천!

자전거 정비

자전거배낭여행은 자전거를 이동수단으로 삼기 때문에 여행자는 기본적인 자전거 정비인 타이어 공기주입, 펑크 패치 부착, 튜브와 타이어 교체 등을 도구를 갖춰 스스로 정비할 수 있어야 한다. 따라서 여행 출발 전에 기본 정비 요령, 특히 펑크 수리만큼은 확실히 익혀두는 것이 바람직하다.

펑크 수리

펑크 수리는 자전거 정비의 기본이다. 왜냐하면 펑크는 가장 빈번하게 일어나는 잔고장이기 때문이다. 펑크 이외에도 브레이크 고장, 체인교체 등을 수리할 수 있으면 더 좋겠지만, 펑크 이외의 고장은 한 번의 점검만으로도 상당 기간 아무 탈 없이 버틸 수 있다. 따라서 펑크 수리만이라도 제대로 할 수 있다면 자전거배낭여행을 하는 데 큰 무리는 없다.

그럼 펑크 수리에 대해 자세히 알아보자.

1. 우선 펑크를 수리하기 위해서는 기본 공구가 필요하다. 공구로는 펑크 패치 · 본드 · 사포 · 타이어 레버가 있다. 휴대용 펑크튜브패치 키트에는 제품에 따라 본드 없이 붙이는 것과 본드를 사용하는 것이 있다.

2. 펑크 난 바퀴를 자전거에서 분리한다. 자전거 몸체에서 분리하지 않고 펑크 수리를 할 수도 있으나 오히려 불편할 수 있다. 바퀴를 프레임에서 분리한 후 공기 주입 부분의 나사나 밸브를 풀거나 눌러 타이어 튜브의 바람을 뺀다. 그런 다음 튜브를 타이어에서 빼낸다.

튜브를 빼낼 때 타이어 레버를 이용하여 림에서 한쪽 부분을 끄집어 낸 다음, 다른 타이어 레버를 림 안쪽에 넣고 돌려서 완전히 빼낸다.

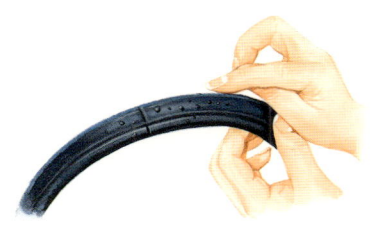

3. 림에서 타이어를 꺼낸 후 타이어에서 튜브를 빼낸다. 이때 튜브의 밸브가 손상되지 않도록 주의해야 한다. 빼낸 튜브에 공기를 주입하여 바람이 새는 부분을 찾는다.

눈으로 찾거나, 새는 바람 소리를 통해 구멍난 곳을 찾을 수도 있으나 보다 확실한 방법은 물속에 튜브를 집어넣어 올라오는 공기방울을 통해 펑크 난 곳을 확인하는 것이다.

4. 펑크 난 곳을 찾았다면 튜브의 표면을 깨끗이 닦고, 펑크 패치를 붙여야 할 부분을 사포로 잘 문질러 준다. 사포를 문질러야 패치와 튜브가 잘 붙는다. 본드를 바른 후 약 2~3분 지난 뒤 패치를 붙인 다음 힘껏 눌러준다. 본드 칠이 되어 있는 휴대용 패치라면 별도의 본드 칠 없이도 바로 붙일 수 있다.

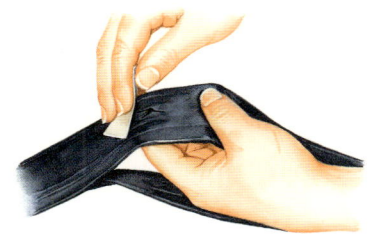

5. 튜브를 다시 타이어에 넣기 전에 타이어 안쪽 바깥쪽을 손으로 확인하여 이물질을 제거한 다음 타이어 넣는다. 이때 튜브에 약간의 공기가 주입되어 있어야 작업이 쉽고 튜브가 타이어 안에서 접히는 것을 막을 수 있다.

6. 공기 주입 밸브 부분의 타이어를 림 안으로 넣는다. 그다음 바람을 넣고 타이어가 림과 잘 맞물려 있는지 확인한 다음 바퀴를 자전거에 끼운다. 마지막으로 타이어에 바람을 넣고 공기압이 적정한지를 확인한다.

주행 전 자전거 체크 사항

브레이크, 타이어, 체인 점검은 자전거 타기 전후에 꼭 해야 하는 일상적인 점검이다.
또한 자전거 상태를 수시로 체크하는 것이 안전운행의 지름길이라는 점을 명심해야 한다.

• 브레이크 상태 체크

브레이크를 걸었을 때 와이어에서 이상한 소리가 나면 점검을 받아야 한다. 브레이크에 이상이 있으면 와이어를 교체·조정하거나 고무패드의 마모 상태를 확인해야 한다. 브레이크를 당겼을 때, 핸들의 반 정도까지 당겨지면 괜찮은 상태다.

• 타이어 상태 체크

타이어를 손가락으로 눌러보아서 조금 들어가는 정도가 양호한 상태다.
공기가 너무 적으면 펑크 날 가능성이 높으므로 유의해야 한다.

• 체인 상태 체크

체인의 한가운데 근처를 손가락으로 눌러 느슨함이 위·아래 3cm 이내라면 괜찮은 상태다. 이보다 느슨하면 주행하다가 벗겨질 위험성이 있으니, 그럴 경우엔 자전거 수리점에서 미리 점검을 받아야 한다.

텐트

1인용이나 2~3인용 텐트가 적당하다. 나는 짐의 중량을 줄이기 위해 플라이와 고정못을 제외했다. 간혹 비바람 속에서 야영할 경우에는 플라이가 아쉬웠지만, 이상적인 배낭 무게와 부피를 고려한다면 플라이와 고정못을 짐에 포함시키지 않는 편을 권하고 싶다.

매트리스

여행 초기엔 1인용 비닐돗자리만으로 야영을 했는데 추위를 경험한 이후엔 매트리스의 필요성을 절감했다. 여름철이라고 해도 산속의 추위와 수시로 만나는 비, 습기를 막지 못하면 야영이 무척 곤혹스럽다. 매트리스의 큰 부피 때문에 준비물에 포함하기 부담스러워도 야영을 위해서는 반드시 준비하는 게 좋다.

코펠·등산용 컵·수저

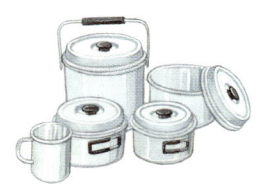

등산용 컵은 매우 유용하다. 등산용 고리를 이용해 자전거나 배낭에 쉽게 매달 수 있고, 굳이 코펠을 사용하지 않더라도 수시로 컵을 이용해 커피나 스프 등을 끓여 먹을 수 있어 편리하다. 특히 티타늄으로 만들어진 등산용 컵은 일반 등산용 컵에 비해서 좀 비싸지만 무척 가벼워서 좋다.

더운 여름철에 자전거배낭여행을 한다 하더라도 시시때때로 엄습해오는 추위를 막기는 좀처럼 쉬운 일이 아니다. 따뜻한 커피나 수프 등을 끓여 먹으며 추위를 쫓고 허기를 채워야 하는데, 이때 등산용 컵을 요긴하게 사용할 수 있다.

휴대용 버너와 가스

부피가 작고 무게가 적게 나가는 휴대용 버너로 준비한다. 휴대용 버너는 야외용 버너와 가정용이 있는데, 사용하는 가스연료가 다르다. 나는 야외용 버너를 가지고 여행을 했는데 가스를 구입할 때 상당 부분 불편을 겪었다. 야외용 버너 가스를 취급하는 곳은 대형마트나 등산용품점뿐이어서 그때그때 필요에 따라 가스를 구입해야 하는 자전거여행자에게는 불편할 수밖에 없다. 이에 반해 가정용 가스(선 버너용 가스)는 일본 전역 어디서나 만날 수 있는 편의점에서 구입할 수 있다.

손전등

부피를 크게 차지하지 않는 소형 손전등이 적합하다.

전방 라이트 겸용의 탈부착이 용이한 손전등을 추천한다. 비상시를 대비해 예비 손전등을 준비하는 것도 좋다.

의류

활동성이 편한 우비는 필수다. 여름이라 하더라도 방한을 고려해 얇은 방풍 재킷도 미리 챙기는 것이 좋다. 그밖에 다른 옷은 중량과 부피를 고려해서 준비하고, 필요에 따라 현지에서 보충하는 게 합리적이다.

음식물

쌀, 라면, 커피, 통조림, 고추장 등과 기호에 따른 기타 부식 등, 숙식을 자체 해결해야 하는 자전거배낭여행자는 음식물을 가지고 이동해야 한다. 이때 최소한의 주식과 부식거리를 미리 사두고 필요할 때마다 현지에서 보충하는 게 좋다. 대도시를 비롯해 소도시에도 제법 큰 마트가 있기 때문에 보다 저렴하게 다양한 음식거리를 준비할 수 있다.

지도

자전거배낭여행의 필수 준비물로 지도가 빠질 수 없다. 『애틀랜틱 재팬 로드』와 『투어링 마플』 등 현지에서도 다양한 지도를 구입할 수 있다. 만약 여행 코스가 한 지역에 국한된다면 『투어링 마플』을 추천한다. 비록 일본어로 되어 있지만 기초 한자를 읽을 수 있는 능력이 있다면 미치노에키道の驛・유적・캠핑장・라이더하우스 등 유용한 정보를 지도상에서 얻을 수 있고, 구간별 거리도 확인할 수 있는 장점이 있다.

또한 『투어링 마플』은 일본을 권역별(간사이, 간부쿠, 간토, 홋카이도, 규슈 등)로 나누어 1:140000, 1:50000으로 자세한 정보를 제공해준다. 하지만 권역별로 나뉘어 있어 여러 지역을 여행할 때에는 여러 권의 『투어링 마플』 지도가 필요하다는 점이 경제적으로나, 배낭 무게 차원에서 단점이 될 수 있다.

규슈에서 만난 히로시는 일본 전역을 여행하면서 권역별 『투어링 마플』을 모두 구입했다. 그런데 여행 말미에는 이 책의 부피와 무게 때문에 규슈 지역 『투어링 마플』을 제외한 나머지 지도책은 우편으로 집에 발송했다.

가이드북

무겁더라도 일본 여행의 전반적인 가이드북(『론리 플래닛』) 한 권 정도는 가지고 갈 것을 권장한다. 자전거여행이라는 특성상 많은 짐을 가지고 다닐 수 없어 별도로 읽을 책을 지니고 다니기란 쉽지 않다.

일본에 대해 많은 정보를 알고 있다 하더라도 일본의 지역별 정보와 일본에 대한 개략적인 정보를 총망라한 가이드북은 여행의 길잡이와 조언자 역할을 하며, 외로운 여행자에게 좋은 친구가 되어 일본에 대한 여러 가지 모습을 알려준다.

기타

세면도구, 디지털카메라, 일기장, 메모지, 필기구, 여분의 건전지, 세탁비누, 여분의 비닐봉지 등.

일본 자전거배낭여행자에게 좋은 야영 장소

저렴한 비용으로 일본 자전거배낭여행을 하려고 하는 이들(특히 가난한 백수들)은 반드시 야영을 해야 하고, 부득이한 상황에 따라서는 노숙도 감수해야 한다.

일본 자전거배낭여행에서 성공의 관건은 야영과 노숙을 얼마나 잘 해결해나가느냐에 달려 있다. 야영과 노숙의 차이를 말 그대로 텐트(머리를 가릴 수 있는 지붕)와 취사도구의 유무로 판단한다면, 자전거배낭여행자는 야영 위주의 여행을 해야 한다. 노숙은 안전성(야간에 외부와의 접촉)이나 경제성(음식물 구입), 여행자의 건강(외부 노출에 따른 영향)에 좋지 않아 장기 자전거배낭여행에는 부담이 된다.

일본 자전거배낭여행자가 캠핑장 이외의 장소에서 야영을 해야 할 경우 야영 장소 선택의 첫째 조건은 화장실의 유무다. 화장실이 있으면 기본적으로 생리현상을 해결할 수 있을 뿐만 아니라 하루 동안 흘린 땀을 씻어낼 수 있고, 식수(화장실 수돗물)를 사용할 수 있어 취사가 가능하기 때문이다. 또한 화장실은 갑작스런 일기의 변화 등 유사시 대피 장소로도 이용될 수 있다. 둘째 조건은 지역주민을 비롯한 현지인에게 피해를 주지 않고, 다른 사람들의 시선으로부터 편안해질 수 있는 곳(주변 화장실에서 가까운 곳)을 찾는 일이다.

일본에서 화장실과 텐트를 칠 수 있는 공지를 이상적으로 갖춘 곳을 찾는 것은 그리 어렵지 않다. 널리고 널린 공원과 놀이터, 시민 야구장과 미치노에키는 자전거배낭여행자가 편안히 캠핑할 수 있는 비합법적인 캠핑장이다. 비합법적인 캠핑장인 만큼 합법적인 캠핑장, 즉 정해진 장소에서 요금을 지불하고 시설물을 이용하는 캠핑장보다 더 신중한 자세로 접근해서 지역주민과 현지인에게 약간의 피해도 주지 않도록 신경써야 함은 물론 야영의 흔적을 티끌 하나 남기지 않는 용의주도함이 필요하다.

비합법적인 캠핑장에서 만나는 현지인들은 낯선 자전거배낭여행객에게 상당히 관대하며, 일정 시간이 지나면 대부분 그들만의 일상 공간으로 돌아간다. 따라서 시간적으로 저녁 늦게 야영을 시작하여 새벽 일찍 텐트를 접는 게 바람직하다. 또한 여름철 한낮 더위를 피해 자전거를 타야 하는 것을 감안한다면 새벽 일찍 텐트를 접고 상쾌한 오전 시간과 더위가 한풀 꺾인 오후에 라이딩에 집중하는 것이 바람직하다.

캠핑장

사전에 캠핑장 정보를 가지고 있고, 캠핑장이 자신의 루트에서 멀리 벗어나 있지 않다면 캠핑장 이용을 적극 추천한다. 캠핑장은 요금이 저렴할 뿐 아니라 때때로 '공짜'로 이용할 수 있으며, 무엇보다 비합법적인 장소에서의 야영이라는 불안을 해소하고 편한 야영을 할 수 있기 때문이다.

캠핑장 정보는 지역관광 안내소에서 쉽게 얻을 수 있는데, 대개의 캠핑장은 도심에서 벗어난 외곽에 있어서 발품을 많이 팔아야 한다. 일본어에 능숙하다면 일본 캠핑장 정보 사이트에서 일본 전역의 지역별 캠핑장에 대한 정보를 얻을 수 있다.

미치노에키

일본 자전거배낭여행자는 도로에서 미치노에키라는 '도로휴게소'를 만나게 된다. 일본 전국 도로에 산재해 있는 미치노에키는 여행자에게 안락한 휴식공간과 각종 편의시설, 지역정보를 제공하고 각 미치노에키 특성에 따라 온천과 야영을 할 수 있는 시설도 갖추고 있다.

도로 위에서 만나는 미치노에키는 자전거여행자가 별도의 노력 즉, 루트에서 벗어난 캠핑장과 공원 등 야영장소를 찾아야 하는 수고로움 없이 쉽게 이용할 수 있는 캠핑장소가 된다는 점에서 매력적이다.

또한 미치노에키의 편의 시설(화장실·온수·에어컨 등)은 궁핍하고 지친 자전거배낭여행자가 무료로 이용하면서 지친 몸을 달래고 짐과 장비를 정비할 수 있는 최적의 환경을 제공한다.

미치노에키가 도로 위에 산재해 있다 하더라도 '미치노에키'와 '미치노에키' 사이의 거리를 미리 확인해두는 것이 좋다. 홋카이도 미치노에키에서 지역별 미치노에키가 자세히 나와 있는 안내서를 얻을 수 있다. 일본 국토교통성도로국 미치노에키 정보 사이트에서도 지역별 미치노에키 정보를 확인할 수 있다. 일본 자전거배낭여행자에게 미치노에키는 사막의 오아시스 같은 역할을 한다.

공원·놀이터·시민 야구장시설

대도시나 소도시 안에서 야영할 때는 공원이나 놀이터, 시민 야구장 등을 야영장소로 이용할 수도 있으나 좀더 세심한 주의가 필요하다.

그밖의 숙소

- **라이더하우스**

주로 오토바이 여행객들을 위한 숙소인데, 저렴한 가격으로 공동침실을 이용하며 자전거여행자·히치하이킹족 등의 가난한 이색적인 여행자와 만날 수 있는 좋은 장소이다.

- **유스호스텔**

저렴한 가격으로 편안히 머물 수 있는 곳으로 해당 지역 관광안내소에서 어렵지 않게 정보를 얻을 수 있다. 일본 유스호스텔 정보 검색 사이트에서 한국어로 지역별 유스호스텔 정보를 검색할 수 있다.

일본의 도로

자전거 전용도로가 비교적 잘 정비된 일본의 도로는 자전거여행자에게 안전한 환경을 제공한다. 하지만 자전거 전용도로라 하더라도 사정에 따라 폭이 좁으며, 수많은 '턱'을 넘어야 한다. 특히 내리막길에서 만나는 좁은 폭의 자전거 전용도로는 오히려 차로 주행보다 위험할 수 있다.

또한 일본에서 만나게 되는 수많은 터널 가운데 대개는 자전거 전용도로가 없으므로 터널을 통과할 때는 주의해야 한다. 도심에서는 국도라 할지라도 자동차전용도로로 이어지는 경우가 있어 자전거 통행이 불가능한 도로도 있다는 점에 유의해야 한다.

언어

일본어를 자유롭게 구사할 수 있다면 좀더 즐겁고 편안하고 안전한 여행을 할 수 있겠지만 일본어를 모른다 해도 여행하는 데 크게 문제되지 않는다. 히라가나와 가타카나, 기초 한자 정도만 알고 있어도 충분하다. 대다수의 일본인은 대다수의 한국인과 비슷한 수준의 영어실력을 가지고 있다. 따라서 최소한의 영어로 기본적인 의사소통이 가능하다.

전화 · 통신

일본의 거의 모든 편의점에는 공중전화가 설치되어 있다. 이 공중전화로 수신자 부담 국제통화도 가능하다. 나는 도로에서 만나는 편의점이나 미치노에키에서 공중전화기를 이용하여 국제 수신자 부담으로 전화를 했는데 요금이 얼마나 드는지는 알 수 없었다.

도쿄와 오사카 같은 대도시에서는 쉽게 인터넷을 사용할 수 있다고 하나, 미야지마 유스호스텔과 센다이로 진입하는 길에 발견한 인터넷 카페에서는 한국어가 지원되지 않아 사용할 수 없었다. 중소도시에서는 대도시에 비해 인터넷 환경이 좋지 않음을 감안하시기 바란다.

돈

장기여행의 특성상 많은 돈을 몸에 지니기보다는 일본 편의점 현금인출기(ATM)에서 인출할 수 있는 은행(시티은행)에 돈을 입금해놓고 필요에 따라 적정 단위의 돈을 편의점에서 수수료를 고려해가며 인출하는 게 적당하다.

나는 써야 할 돈의 규모를 일주일 단위, 또는 한 달 단위로 구분해서 항상 몸에 지니고 다녔으며, 여행 중 두 번에 걸쳐 예금을 인출했다. 국내에서 개설한 시티은행구좌(해외예금인출이 가능한 구좌) 카드로, 한 번은 홋카이도 편의점에서 ATM을 이용해 인출했으며, 또 한 번은 오이타 은행에서 예금을 인출했다.

시티은행의 현금 카드를 개설할 때, 카드를 두 장 발급받았는데 마그네틱이 손상되어 해외에서 예금을 인출할 수 없는 사태를 대비해서였다. 실제로 지갑에 항상 넣고 다니던 현금카드 한 장은 마그네틱이 손상되었는지 쓸 수 없었다.

세탁

중소도시에서도 동전세탁소를 어렵지 않게 찾을 수 있다. 세탁부터 건조까지 동전세탁소를 이용하면 편리하지만, 시간적·경제적으로 부담이 될 수 있고 세탁을 위해 도심을 방황할 수도 있다.

따라서 자전거배낭여행자는 여행의 대부분을 자기 힘으로 해결한다는 원칙 아래 그날의 야영장소나 숙소에서 그날의 세탁물을 해결하는 것이 가장 좋다. 세탁한 빨래는 이동 중 자전거를 이용해 말리거나 정오의 뜨거운 햇살을 피해 휴식을 취하면서 건조시키는 것이 바람직하다. 참고로 나는 이동할 때 오토바이 그물에 양말과 수건 속옷 등을 매달아 건조시켰다.

세면

야영 위주의 여행에서 가장 곤혹스러운 것은 세면을 비롯한 몸을 씻는 일이다. 일상생활에서 익숙한 따뜻한 물로 몸을 씻는 기쁨을 야영하면서 누리기란 대단히 어렵다. 유목민이 그러하듯, 자전거배낭여행자 또한 최소한의 물로 최대한의 청결을 유지해야 한다. 편의점·공원·미치노에키 화장실에서 언제든 간에 세면을 할 수 있다.

특히 공간이 넓은 미치노에키 장애인 화장실은 주변인들의 시선을 의식해야 한다는 것 외에는 간편하게 몸을 씻거나 샤워를 하는 데 큰 지장이 없다. 또한 도심에서 쉽게 찾을 수 있는 목욕탕(말 그대로 진짜 목욕탕)이나 일본 전역에 분포되어 있는 온천을 이용해 몸을 씻는 즐거움을 어렵지 않게 누릴 수 있다.

참고할 만한 사이트

- 부산국제여객터미널: www.busanpa.com
- 재팬사이클링네비게이터: www.japancycling.org
- 자여사(네이버카페, 자전거로 여행하는 사람들): http://cafe.naver.com/biketravelers
- 자출사(네이버카페, 자전거로 출퇴근하는 사람들): http://cafe.naver.com/bikecity.cafe
- 일본 캠핑장 정보 사이트: www.autocamp.or.jp
- 일본 국토교통성도로국 미치노에키 정보 사이트: www.mlit.go.jp/road/station/road-station
- 일본 유스호스텔 정보 검색 사이트: www.jyh.or.jp/kr/main.htm

일본 자전거배낭여행 경비 내역

(74일간, 서울-부산-일본 일주)

여행 출발 전에 들어간 경비

- **자전거(중고) 구입**: 500,000원
- **자전거 관련 장비**: 300,000원
- 페니어, 여행용 짐받이, 헬멧, 장갑, 라이트, 자물쇠, 예비튜브, 기본 수리공구와 장비, 우비, 텐트, 휴대용버너, 코펠, 등산용 컵, 방수커버, 매트리스, 오토바이 그물, 일본 관련 책(『기초 일본어 회화』, 가이드북)

- **서울-부산 경비**
- 2박 3일 동안의 숙박비, 식비, 간식비, 사우나, 이발요금 등: 약 120,000원
- 부산에서 후쿠오카 페리 운임(자전거 운임 1만 5천 원 포함): 약 100,000원

일본에서 쓴 경비

- **유스호스텔 요금**: 약 6,000엔
- 시모노세키 히노야마 유스호스텔, 미야지마 유스호스텔 등 2번의 유스호스텔 이용 외에는 야영과 노숙으로 해결함.

- **캠핑장 요금**: 약 2,000엔
- 니치하라 캠핑장 500엔, 홋카이도 오토 캠핑장 1200엔, 니네하마 캠핑장 700엔 사용, 그 외 다수의 캠핑장은 무료로 이용함.

- **일일 평균 식비**: 약 2,000엔
  － 하루 중 한 끼나 두 끼는 자체해결(아침, 저녁은 주로 야영할 때 취사)하고 편의점·식당을 이용해 간식이나 부식을 구입함.

- **선박 요금**: 약 45,000엔
  － 다카마쓰~소도시마: 약 2,000엔
  － 소도시마~히메지: 약 3,000엔
  － 오마~하코다테: 약 4,000엔
  － 오타루~마이즈루: 약 12,000엔
  － 가고시마~다네가시마: 5,000엔
  － 다네가시마~야쿠시마: 약 4,000엔
  － 야쿠시마~가고시마: 약 6,000엔
  － 후쿠오카~부산: 약 9,000엔

- **자전거 정비 비용**: 14,000엔
  － 히타쓰에서 뒷바퀴 타이어 교체: 5,000엔
  － 홋카이도에서 앞·뒷바퀴 타이어 교체: 9,000엔

- **기타 경비**: 약 30,000엔
  － 관광지 입장료: 약 1,000엔
  － 건전지 구입: 약 4,000엔
  － 기념품 구입: 약 10,000엔
  － 온천 요금(총 6번): 약 5,000엔
  － 주점(이자카야): 약 10,000엔

- **부산-서울 경비**
  － 고속버스 요금: 약 30,000원

일본 자전거배낭여행 총 경비
－ 원화: 약 1,050,000원
－ 엔화: 약 237,000엔

합계: 약 3,420,000원
(2007년 7월 당시 환율 1000원-100엔 기준)